新しい教職概論

教師と子どもの社会

南本長穂

［編著］

ミネルヴァ書房

まえがき

　本書は，大学・短期大学の教職課程の講義，特に教職課程における最初に履修する教職科目である「教職概論」を念頭においたテキストです。大学・短期大学の入学式を終えた大学生がまず考えることは，大学での生活の送り方であり，そして，大学卒業後の生き方です。高校での勉強はどうしても希望の大学への合格をめざすスパンの狭いものになりがちですが，大学での勉強は大学が提供する科目を無作為に履修し，規定の卒業単位をそろえて，おわりと考える学生はいません。自分のこれからの人生を構想し，どのように生きるかを考えます。今日の社会では，大学卒業後，働くということが人生で大きな位置を占めるようになってきています。明治や大正時代の大地主のように，自ら働かなくて裕福な生活ができ，職業欄には無職と書くのが一種の誇りであったような時代，有閑階級というタームが実質的な意味をもっていた時代は過ぎ去りました。今日の社会では，どのような働きをしているか，どのような職業で自らの能力や適性を発揮するかが重要な意味をもつ時代です。

　本書は，大学卒業後の職業として教師という職業（教職）を考えようとする学生の方々を対象（読み手）として考えて編集しています。講義の教科書や参考書として役に立つ本というだけでなく，将来どのような職業に就こうかと迷われたり，自分が将来就こうと考える職業の選択肢のひとつとして教職はどうだろうと思われたときには，教師の仕事のなかみをじっくりと考えたいと思うはずです。こうしたときに，必ず役にたつ教職にかかわる知識や考え方を提供したいという基本方針のもとで編まれた本です。

　では，本書の概要について簡単に説明しておきます。

　本書には，大きく3つの柱があります。まず，1つ目の柱は「Ⅰ　教師はどのように養成され，何が求められるか」です。第1章で教員になるにはどのような資格や要件が求められるか。そして，どのように教員として採用され，教師としての一歩を踏み出すかを述べています。第2章で「授業」，第3章で

「学級」，第4章で「学校経営・校務分掌」について述べています。教師の主な仕事は，授業をおこない，学級をつくり，そして学校の教職員の一人として学校という「ティーム」で教育活動を進めていくことです。こうした教師の仕事のなかみをわかりやすく各章で述べています。また，第5章で教師に必要な資質能力，第6章で教師の法的な身分や地位，遵守すべき法的な服務（義務），さらに，第7章では，諸外国の教員養成についても述べています。

　2つ目の柱は，「Ⅱ　教師はどのように取り組んでいるか」です。教師という仕事は「教えること」（teaching）です。第8章では，何（内容）を，どう教える（教育方法）かについて述べています。教師が授業で教える内容と教える授業時数を教育課程（curriculum）と呼びますが，教育課程はどう編成されているのか。第9章で教育課程を構成している道徳，第10章で特別活動，第11章で教科の1つとして社会科を取り上げて，授業をどう構成し，授業を実施していくかについて詳しく述べています。「指導法」とか「教科教育法」の講義等で役立てて下さい。

　3つ目の柱は，「Ⅲ　子どもの世界を理解するために」です。教師が学校で，学級で向かい合い，働きかける対象は子ども（児童・生徒）です。子どもの世界について理解することから教師の一歩が始まります。空想的な子ども観ではうまく子どもとかかわりがつくれません。また，子どもが好きだからだけでは教師の仕事は勤まりません。それで，第12章で教育心理学的な知見を基に子どもの発達と学習，第13章で教育社会学的な知見を基に高校生の学習と生活，第14章で21世紀に入りわが国の大きな教育問題になった子どもの学力，そして，第15章で子どもの遊びとスポーツについて述べています。

　なお，本書の出版に際しては，ミネルヴァ書房に大変お世話になりました。編集部の浅井久仁人さんには実に細やかなご配慮をいただき，辛抱強く，多大のご尽力をいただきました。深く感謝申し上げます。

　　　2016年2月

　　　　　　　　　　　　　　　　　　　　　　　　　　　南本長穂

新しい教職概論　目　次

まえがき

I　教師はどのように養成され，何が求められるか

第1章　わが国における教員養成と採用 … 2
1　学校に勤務する教員の資格の現状 … 2
2　教員採用選考 … 6
3　戦後の教員養成制度 … 8
4　戦前の教員養成制度 … 11

第2章　授業をつくる教師──教師の仕事 … 17
1　求められる学力と授業 … 17
2　授業を支える「考え方」と省察の視点 … 20
3　学習する集団づくりと授業観の転換 … 22
4　「学び続ける教員」と校内研修の充実 … 27

第3章　学級をつくる教師──「いじめ」問題への対応をヒントとして … 33
1　「いじめ」の生起と学級集団 … 33
2　「いじめ」が起きにくい学級 … 37
3　学級づくりの方法論 … 39
4　学級をつくる … 42

第4章　管理・運営を担う教師──学校経営・校務分掌 … 44
1　学校教育実践の構造と学校経営観の転換 … 44
2　学校経営における「組織マネジメント」と校務分掌 … 49
3　学校経営における「カリキュラム・マネジメント」と学校評価 … 53

第5章　教員の資質能力──答申・研修 …………………………………… 59
　1　教員の資質能力はなぜ注目されるか ……………………………… 59
　2　教職の役割とその魅力 ……………………………………………… 62
　3　答申にみられる教員の資質能力 …………………………………… 63
　4　研修を通した資質能力の向上策──法定研修 …………………… 67
　5　教員免許更新制 ……………………………………………………… 72

第6章　教員の地位と服務 ………………………………………………… 74
　1　教員の身分と任用 …………………………………………………… 74
　2　教員の服務 …………………………………………………………… 78
　3　教員の懲戒・分限 …………………………………………………… 83
　4　希望降任制度 ………………………………………………………… 87

第7章　諸外国の教員養成 ………………………………………………… 89
　1　EU諸国における教員養成 ………………………………………… 89
　2　アメリカの教育事情と教員養成の状況 …………………………… 94
　3　東アジアの教員養成 ………………………………………………… 97

II　教師はどのように取り組んでいるか

第8章　教育課程の編成と学習指導要領 ………………………………… 108
　　　　──文部科学省，教育委員会と学校
　1　学校で教育課程はどのように編成されるのか …………………… 108
　2　学習指導要領の変遷──教育課程の編成に果たす文部（科）省の役割 ……… 112
　3　教育課程編成に果たす教育委員会の役割 ………………………… 118

第9章　道徳を指導するために …………………………………………… 122
　　　　──教師に求められるもの
　1　道徳教育の意義と重要性についての理解を図る ………………… 122

2　道徳教育の具体的取り組みについての理解を図る……………… *124*
　3　具体的な計画の立案と実践学習……………………………………… *125*
　4　「特別の教科　道徳」設置の背景……………………………………… *128*
　5　「特別の教科　道徳」の目標はどうなっているのか………………… *130*
　6　「特別の教科　道徳」の内容はどうなっているのか………………… *131*
　7　「特別の教科　道徳」の評価はどうなっているのか………………… *133*
　　　──絶対評価で伸び代を記述式で評価する
　8　「特別の教科　道徳」の指導方法をどう工夫するか………………… *134*

第10章　特別活動を指導するために──教師に求められるもの……… *137*
　1　特別活動の意義や役割を理解する……………………………………… *137*
　2　指導の心構えを考える…………………………………………………… *139*
　3　子どもの思いや願いを大切にする指導………………………………… *141*
　4　集団のなかで活躍できる子どもを育てる指導………………………… *144*
　5　学校の文化・校風を創造する指導……………………………………… *146*
　6　特別活動を大切にする教師像（資質と指導技術）…………………… *149*
　7　特別活動の授業を組み立てる方法……………………………………… *152*
　8　特別活動が指導できる教師が子どもたちを主人公にする…………… *153*

第11章　社会科を指導するために──教師に求められるもの………… *155*
　1　社会科教師に求められる力とは………………………………………… *155*
　2　社会科授業をどうつくるか……………………………………………… *158*
　3　子ども理解と社会科授業づくり………………………………………… *163*
　4　社会科授業力の向上に向けて──社会科授業力スタンダードの活用……… *165*

Ⅲ　子どもの世界を理解するために

第12章　児童・生徒の発達と学習……………………………………… *172*
　1　21世紀を担う子どもに求められる資質・能力………………………… *172*

 2 自己概念の発達的変化に見られる日本の子どもたちの現状 …………… *175*
 3 子どもの学校適応とキャリア教育で育成する能力の関係……………… *181*

第13章 高校生の学習と生活──高校生の学習観を中心に …………… *186*
 1 近年の高校教育を取り巻く状況……………………………………… *186*
 2 進学校と中堅校における高校生の学習の特徴………………………… *188*
 3 高校生の学習観 ……………………………………………………… *192*

第14章 児童・生徒の学力…………………………………………… *201*
 1 学力概念の変遷……………………………………………………… *201*
 2 学力に関する実証的調査……………………………………………… *204*
 3 各調査から示唆されること…………………………………………… *212*
 4 今後の学力研究へ向けて……………………………………………… *214*

第15章 子どもの遊びとスポーツ ………………………………………… *218*
 1 小学生の遊びとスポーツ……………………………………………… *218*
 2 中学校運動部………………………………………………………… *222*
 3 日本のこれからのスポーツのあり方 ………………………………… *224*

人名索引／事項索引

I　教師はどのように養成され，何が求められるか

第1章

わが国における教員養成と採用

　教員という職業は誰にとっても最も身近な職業のひとつである。子どもであれば，登校すれば，先生に呼びかけ，あるいは先生から呼びかけられて，授業に参加し，一日の大半を教師という大人とかかわりをもつ。一般の大人も保護者も学校や教師に関心を向ける。あるいは，自分が学校に通っていた時の経験に基づき，教師とはどのような仕事をする職業人であるかについてほぼ了解している。わが国に学校教育が誕生して140年が過ぎ，就学の経験がないとか，進学した経験をもたない国民はほとんどいなくなった。教員は誰もが知っているという気持ちをもてる職業のひとつである。だが，学校教育を担ってきた教員は，どのように養成され，採用されて教員という職に従事しているのかについては必ずしも知られていない。

　そこで，教員の養成や採用に関する現状を概観し，さらにわが国における今日までの教員養成を戦後と戦前とに区分し，教員養成の歴史を概観してみよう。

1　学校に勤務する教員の資格の現状

　「学校」に勤務し，教育の仕事を担っているのが教員（法律用語では教育職員）である。わが国において「学校」とは，学校教育法第1条で，「学校とは，幼稚園，小学校，中学校，義務教育学校，高等学校，中等教育学校，特別支援学校，大学及び高等専門学校とする。」と，法律で学校の範囲が定められている。なお，本章では，高等教育（大学及び高等専門学校等）を除いた，幼児教育，初等教育，中等教育の各段階の学校に勤務する教員を取り上げる。7校種（幼稚園，小学校，中学校，義務教育学校，高等学校，中等教育学校，特別支援学校）の教員の職に就く際には，資格として「免許状」の取得が義務づけら

表 1-1　わが国の学校・教員・幼児児童生徒数（2014年5月1日現在）

	学校数	教員数	幼児・児童・生徒数
幼稚園	12,879 (8,139)	111,059 (87,355)	1,557,461 (1,287,284)
小学校	20,651 (222)	416,475 (4,889)	6,600,006 (77,543)
中学校	10,476 (777)	253,832 (15,122)	3,504,334 (245,800)
高等学校	4,872 (1,318)	235,306 (60,368)	3,324,615 (1,032,850)
中等教育学校	51 (17)	2,432 (698)	31,499 (7,915)
特別支援学校	983 (14)	79,280 (299)	135,617 (803)
合計	49,912 (10,487)	1,098,384 (168,731)	15,153,532 (2,652,195)

（出所）　文部科学省『学校基本調査報告書』（平成26年度）
（注）　学校数は本校のみ，教員は本務者のみ。なお，括弧の中は私立の内数。
　　　　中等教育学校は前期課程と後期課程の合計数。

れている。

　わが国における学校教員（表1-1参照）は，2014（平成26）年度現在で，義務教育学校を除く6校種の教員数を合計すると約109万人である。なお，学校の合計数は約5万校弱，幼児・児童・生徒の合計数で約1,515万人である。また，この表では，私立学校の数値を内数で示しているが，学校の設置者別にみると，都道府県市町村等が設置する公立校，国立大学の附属学校等の国立校，私立学校法人が設置する私立校に区分される。私立学校の占める比率が高いのは，義務教育ではない幼稚園と高等学校，および中等教育学校（後期課程）である。

　初等および中等教育における教員の養成は，戦後，大学（短大を含む）段階での養成に移行した。また，教育学部だけが教員養成を担うのでなく，教育学部以外の学部である文学部，理学部，法学部等のいわゆる一般学部においても，教員養成は行われる。

　教員の職に就くための主な要件となる免許状に関する法律が「教育職員免許法」（以下，「免許法」と略）である。そして，この法律の目的を第1条では，次のように示している。

> 第1条　この法律は，教育職員の免許に関する基準を定め，教育職員の資質の保持と向上を図ることを目的とする。

つまり、教員の養成機関で、教員という職に就こうとする者にどのような知識や技能の習得が必要であるかの基準を示している法律である。

> 第2条　この法律において「教育職員」とは、学校教育法（略）第1条に規定する幼稚園、小学校、中学校、義務教育学校、高等学校、中等教育学校及び特別支援学校（第3項において「第一条学校」という。）並びに就学前の子どもに関する教育、保育等の総合的な提供の推進に関する法律（略）第2条第7項に規定する幼保連携型認定こども園（以下「幼保連携型認定こども園」という。）以下同じ。）の主幹教諭（幼保連携型認定こども園の主幹養護教諭及び主幹栄養教諭を含む。以下同じ。）、指導教諭、教諭、助教諭、養護教諭、養護助教諭、栄養教諭、主幹保育教諭、指導保育教諭、保育教諭、助保育教諭及び講師（以下「教員」という。）をいう。

なお、この免許法の第2条で示す「教育職員」には、校長、副校長、教頭は含まれていない。それは、免許法による教諭の専修免許状又は一種免許状を有していなくとも、学校の運営上特に必要がある場合には、校長、副校長、教頭には、免許状を有していない者を任命し又は採用できるように定めているからである（学校教育法施行規則第22条および第23条参照）。

また、第3条では、教員は各相当の免許状を有することとされている。つまり、小学校に勤務する教員には小学校の免許状が、中学校に勤務する教員には中学校の免許状が必要である。そして、第4条では、免許状の種類が定められており、普通免許状、特別免許状、及び臨時免許状の3種類がある。すなわち、普通免許状には学校の種類ごとの教諭の免許状、養護教諭の免許状、栄養教諭の免許状があり、それぞれ専修免許状、一種免許状、二種免許状（高等学校教諭の免許状は専修免許状、一種免許状）に区分されている。

なお、特別免許状は、学校の種類ごとの教諭の免許状であり、免許状の授与権者である都道府県が実施する教育職員検定に合格した者に授与される。1988（昭和63）年の免許法の改正で、優れた知識や経験、技能を有する社会人を学校教員にむかえる趣旨で制度化された。2013（平成25）年度の授与件数は59件で、免許法改正による制度創設からの累計では608件である。

臨時免許状は、学校の種類ごとの助教諭の免許状および養護助教諭の免許状

である。普通免許状を有する者を採用することができない場合に限り，教育職員検定に合格した者に授与される。なお，臨時免許状の効力は授与されたときから3年間で，授与権者の置かれる都道府県においてのみ効力を有する。2013（平成25）年度の授与件数は9,307件である。

　第5条では，免許取得に必要な基礎資格，必要な習得単位数など免許状の授与に関することを定めている。たとえば，専修免許状の基礎資格は修士の学位を有すること。一種免許状の基礎資格は学士の学位を有すること。二種免許状の基礎資格は短期大学士の学位を有すること。そして，大学で習得することが必要な一種免許状の最低単位数は，小学校教諭免許状では「教科に関する科目」8単位，「教職に関する科目」41単位，「教科又は教職に関する科目」10単位，中学校教諭免許状では「教科に関する科目」20単位，「教職に関する科目」31単位，「教科又は教職に関する科目」8単位，高等学校教諭免許状では「教科に関する科目」20単位，「教職に関する科目」23単位，「教科又は教職に関する科目」16単位である。この所要資格を基準にして，各大学学部（学科）では，所要資格を得させるための課程として，文部科学省からの認定を受け，所定の単位を修得した者には免許状の取得が可能となる。

　文科省の調査では，2014（平成26）年5月1日現在で，大学で課程認定を受けているのは，国立82校のうち77校（93.9％），公立84校のうち58校（69.0％），私立586校のうち472校（80.5％），合計752校の大学うち607校。なお，短期大学では246校が，大学院では428校が，専攻科では45校が，短期大学専攻科では20校が，指定教員養成機関では42校が課程認定を受けている（『教育委員会月報』平成27年6月号）。

　次に，表1-2により免許状が1年間にどの程度授与されているか，その授与件数をみておこう。2014（平成26）年3月に大学等を卒業した者の免許状取得状況である。2013（平成25）年度の授与された免許状の総数は，182,272件。平成25年度に課程認定大学等を卒業した60万9,435人のうち，免許状を取得した者は10万8,023人（卒業者17.7の％）である。

　なお，2014年3月に大学等を卒業した者を含め，授与権者（都道府県教育委員会）から授与された免許状の総数は，21万8,547件である。学校種別では，

I　教師はどのように養成され，何が求められるか

表1-2　学校種類別の免許状取得状況（平成25年度大学等新規卒業者）

	専修免許状	一種免許状	二種免許状	合計
幼稚園	189	15,113	27,243	42,545
小学校	1,363	19,947	1,445	22,755
中学校	4,275	41,592	1,705	47,572
高等学校	5,439	54,322	—	59,761
特別支援学校	213	3,789	234	4,236
養護教諭	61	2,664	742	3,467
栄養教諭	17	1,191	728	1,936
合計	11,557	138,618	32,097	182,272

（注）　新規卒業者数は，60万9,435人，免許状取得者の実数は，10万8,023人。
（出所）「教育委員会月報」平成27年6月号，54～55頁及び5月号参照。

幼稚園教員免許状4万4,699件，小学校教員免許状3万1,537件，中学校教員免許状5万5,169件，高等学校教員免許状6万9,951件，特別支援学校教員免許状1万96件，養護教諭免許状4,784件，栄養教諭免許状2,221件である（『教育委員会月報』平成27年5月号）。

2　教員採用選考

　公立学校教員の採用選考についてみていく。平成25年度（平成25年4月）に採用する教員の選考は平成24年度に実施される。それで，平成24年度に実施された採用選考は，「平成25年度公立学校教員採用選考試験」と呼ばれる。平成24年度における公立学校教員の採用は，その任命権者である47都道府県・20指定都市・大阪府の豊能地区の計68の教育委員会で実施されている。
　表1-3に実施状況の結果，および表1-4に採用者の推移を示した。
　採用者に占める女性の比率をみると，小学校が58.4％，中学校が42.7％，高等学校が32.9％，特別支援学校が61.5％である。なお，養護教諭，栄養教諭はほぼ全員が女性である。
　47都道府県の競争率をみると，小学校（平均倍率4.3）では，高いのは青森（17.4），鹿児島（12.7），宮﨑（11.4）で10倍を超える。逆に低いのは山口（2.5），香川（2.5），広島（2.8）で3倍を切っている。中学校（平均倍率7.5）

表1-3　平成25年度公立学校教員採用選考

	受験者数	採用者数	倍率	新規学卒者受験者数	新規学卒者採用者数	採用者に占める新規学卒者の比率
小学校	58,703	13,626	4.31	18,178	5,206	38.21
中学校	62,998	8,383	7.51	19,322	2,467	29.43
高等学校	37,812	4,912	7.70	10,610	1,315	26.77
特別支援学校	10,172	2,863	3.55	1,877	690	24.10
養護教諭	9,827	1,171	8.39	2,853	292	24.94
栄養教諭	1,390	152	9.14	639	51	33.55

（出所）　文部科学省編『教育委員会月報』平成26年3月号。

表1-4　公立学校教員の採用者の推移

年度	小学校		中学校		高等学校	
	採用者数	競争率	採用者数	競争率	採用者数	競争率
16	10,483	4.8	4,572	11.8	2,985	14.1
17	11,522	4.5	5,100	11.7	2,754	14.0
18	12,430	4.2	5,118	11.7	2,674	13.3
19	11,588	4.6	6,170	9.8	2,563	14.2
20	12,372	4.3	6,470	9.1	3,139	10.8
21	12,437	4.2	6,717	8.4	3,567	9.4
22	12,284	4.4	6,807	8.7	4,287	8.1
23	12,883	4.5	8,068	7.8	4,904	7.7
24	13,598	4.4	8,156	7.7	5,189	7.3
25	13,626	4.3	8,383	7.5	4,912	7.7

（出所）　文部科学省編『教育委員会月報』平成26年3月号。

では，高いのは福島（17.9），宮崎（16.2），長崎（14.3），青森（14.0）などであり，低いのは群馬（4.1），香川（4.6），富山（4.7）などである。高校（平均倍率7.7）では，高いのは沖縄（21.6），鳥取（19.2），鹿児島（18.0）であり，低いのは滋賀（3.7），長野（5.6），香川（6.2）である。

また，既卒採用者に占める教職経験者や民間企業経験者をみると，小学校では，既卒採用者（8,420人）のうち教職経験者は6,213人（比率は73.8％），民間企業経験者は654人（比率は7.8％）。中学校では，既卒採用者（5,916人）のうち教職経験者は4,421人（比率は74.7％），民間企業経験者は442人（比率は7.5％）。高等学校では，既卒採用者（3,597人）のうち教職経験者は2,456人（比率は68.3％），民間企業経験者は369人（比率は10.3％）。特別支援学校では，

既卒採用者（2,173人）のうち教職経験者は1,592人（比率は73.3%），民間企業経験者は197人（比率は9.1%）。各学校種において教職経験者の比率が高い。なお，教職経験者とは，公立学校教員採用前の職として非常勤を含め国公私立の教員であった者である。民間企業経験者とは，教員採用前の職として教職以外の継続的な雇用（アルバイト経験は除く）にかかる勤務経験のあった者である。

なお，選考の方法に関しては，受験者の資質能力，適性を多面的に評価するというねらいから，毎年度7月から9月にかけて実施される。試験内容は，筆記試験をはじめ，個人や集団での面接，実技，作文・論文，模擬授業，指導案の作成，大学推薦や特別選考等，多様な方法を組み合わせて，人物評価を重視した選考というねらいで実施している。また，受験年齢制限の緩和は2000年代に入り急速に進み，68の教育委員会のうち，制限を設けていない教育委員会も18に達し，受験可能年齢の上限を35歳以下に設定する教育委員会はない。

3　戦後の教員養成制度

1947（昭和22）年3月に教育基本法，学校教育法を制定，発布して戦後の学校教育が始まった。1947（昭和22）年4月に初等教育機関である小学校および前期中等教育機関である普通教育を行う中学校が発足，翌年の1948（昭和23）年4月に後期中等教育機関である高等学校が発足した。つまり，戦後の学制では，6年制の小学校に続き，新しく3年制の普通教育を行う新制中学校が創設され，義務教育年限が6年から9年に延長された。そして，中学校に続く3年制の新制高等学校は，戦前の中等教育の諸学校（中学校，高等女学校，実業学校等）を統合する形で発足した。

戦後の教員養成の基本的な考え方として，幅広い教養と高度の専門知識を備えた人材を育てることだとされた。1947（昭和22）年の教育刷新委員会の建議の趣旨に基づき，戦後の教員養成は，大学教育の段階で行うこととなり，教員養成を主とする大学・学部だけでなく，どの大学においても教員養成ができる，いわゆる開放制が採用された。そして，教員の資格制度として，「教育職員免

許法」が1949（昭和24）年5月に公布され，9月から施行された。そして，この免許法では，学校の校長，教員，教育委員会の教育長，指導主事はすべて免許状が必要なことと，免許状の種類は普通・仮免・臨時の3種，普通免許状は一級および二級とされた。なお，1954（昭和29）年に，免許法が改正され，仮免許状と校長，教頭，指導主事についての免許状は廃止された。

　大学における教員養成をみると，戦前の師範学校や青年師範学校を母体とし，1949（昭和24）年5月の国立学校設置法により，各都道府県に置かれた国立大学に教員養成を主とする学芸学部，教育学部が設けられた。なお，単科大学の場合には，主に学芸大学の名称で発足した。義務教育年限が6年から9年に延長され教員需要が急増したことにより，教員資格取得の臨時的年限短縮の措置により，教員養成を主とする国立大学の教員養成の課程に2年修了の教員養成課程も置かれた。小・中学校の教員の養成は，各都道府県における教員の需給状況を勘案し，国立大学の教員養成大学・学部で養成されることとなり，高等学校教員の養成に関しては，教育学部以外の学部と学科専攻に関連した教科の免許状を取得させる課程が設けられた。1953（昭和28）年には，一般の大学における免許状取得に必要な単位は文部大臣が認定した課程で習得することとなった（課程認定制度の発足）。

　1960年代後半に入ると，学芸大学・学部の名称を，教育大学・教育学部に改めることとなった。また，より高度な専門性を備え，指導的な立場に立つ教員の養成を目ざすために，国立の教員養成大学に大学院修士課程の設置の動きがでてくる。1966（昭和41）年度東京学芸大学，1968（昭和43）年度大阪教育大学，1978（昭和53）年度愛知教育大学に教員養成の大学院が設置された。なお，1978（昭和53）年から1981（昭和56）年までに現職教員に大学院レベルの研修の機会として，兵庫，上越，鳴門の新教育大学が創設された。その後，国立大学の教育学部において1990（平成2）年度から順次大学院が設置され，教員の資質向上に大きな役割を果たすことが期待された。

　また，1960年代後半から1970年代後半にかけて，国立の教員養成大学には，盲・聾学校教員養成のための4年制課程の設置，養護学校教員養成課程の設置，幼稚園教員養成課程の設置等が進められた。また，小，中学校における養護教

諭の供給を図るために国立の養護教諭養成所が設置された。

なお，教員免許法（第5条の授与に関する項目）をみると，1961（昭和36）年改正免許法では，大学における最低取得単位数は，学士の称号を有する小学校一級免許状では，一般教育科目36単位，専門科目の「教科に関するもの」16単位，「教職に関するもの」32単位。学士の称号を有する中学校一級免許状と高等学校二級免許状では，一般教育科目36単位，専門科目の「教科に関するもの」甲教科40単位，乙教科32単位，「教職に関するもの」14単位。修士の学位を有する高等学校一級免許状では，一般教育科目36単位，専門科目の「教科に関するもの」甲教科62単位，乙教科52単位，「教職に関するもの」14単位。1980（昭和55）年の改正では，最低取得単位数の中から，「一般教育科目」が除かれている。なお，免許状の授与にかかわる大きな変更や改正はほとんどなかった。大きな改正は昭和60年代に入りなされることとなった。

1986（昭和61）年の臨時教育審議会の第2次答申における教員の養成・採用・研修に関する提言を受け，1988（昭和63）年12月には，教育職員免許法の改正がなされ，平成元年度から施行された。この免許制度の改正は，1949（昭和24）年の教育職員免許法の制定以来の最も大きな制度改革であると位置づけられている。すなわち，免許状の種類を，すべての学校種について，基礎資格を大学院修士課程程度を修了とする専修免許状を創設し，学部卒業程度とする一種免許状，短大卒業程度とする二種免許状の3種類とした。なお，専修免許状の創設は，現職教員の修士課程のおける研修の機会という意味を持たせている。また，社会人として有為な人材を教員として活用するために，教育職員検定（制度）により授与される特別免許状が創設された。なお，教職科目として新しく「教育の方法・技術」や「生徒指導」や「特別活動」などの科目の履修が加わり，教職科目の履修単位数が増加した。また，教育実習に関しては，初任者研修制度の創設により，そのあり方が論議されたが，従来通りの期間が残り，運用の改善を図るために，実習校での実習に加えて大学における事前および事後の指導が必須となった。

4　戦前の教員養成制度

　次に，1872（明治5）年8月の学制発布に始まり，明治，大正，そして1945（昭和20）年の第二次世界大戦の終戦までの期間（本章では戦前と呼ぶ）におけるわが国の初等教育および中等教育を担う学校教員はどのように養成されていたのか。簡単に概観することにする。

　文部省は，1872（明治5）年5月に，東京にわが国最初の官立の師範学校を設置することを決定し，20歳以上の者を生徒の入学条件として，同年8月に入学試験を実施し，合格者54人に入学を許可し9月から授業を開始している。学制発布に先立ち師範学校の設立を具体化しているわけである。1874（明治7）年4月に創設時に本科と予科に分けていたのを廃止し，在学期間を2年とした。また，1875（明治8）年11月には女子師範学校が開校し，1885（明治18）年8月に東京師範学校に併合し，東京師範学校女子部になった。なお，官立の師範学校は，東京師範学校以外にも設立されたが，財政難のためにその後廃止され，府県立の師範学校が整備されることになった。

　一方，中等学校の教員養成に関しては，1875（明治8）年8月に中学校教員養成を目的として，東京師範学校に中等師範学科を設置し，1876（明治9）年4月から生徒を入学させた。中学校の教員は大学免状を得た者をもって充てるとされていたが，学制に基づく大学がまだ存在していなかったので，中等師範学科が設置された。修業年限は2年であった。

　1885（明治18）年になると，内閣制度が創設され，文部省に初代の大臣として森有礼が任命され，学校制度の改革が進められた。4つの学校令（小学校令，中学校令，帝国大学令，師範学校令）を公布し，小学校，中学校，大学，師範学校の4つの学校制度を確定した。この師範学校令によって，教員養成のための師範学校制度が確立し，整備されていくことになる。

　なお，学校令による小学校，中学校，師範学校はいずれも尋常と高等の2つの段階をもって編成された。帝国大学は大学院および分科大学で編成された。

　1886（明治19）年4月1日付の勅令「師範学校令」では，第1条で，「師範学

校は教員となるべき者を養成するところ」と定め，師範学校を高等と尋常に区分し，高等師範学校は東京に1校設置し，経費は国庫から支出。卒業生は尋常師範学校長および教員，ただし，各種の学校長および教員に任ずる場合もあると定めている。高等師範学校は，男子師範学科（修業年限3年）と女子師範学科（修業年限4年）に分かれていた。1890（明治23）年3月には女子高等師範学校が創設された。

尋常師範学校は府県に各1校設置し，経費は地方税から支出。なお，尋常師範学校の校長はその府県の学務課長を兼ねるとか，生徒の募集や卒業後の服務に関する規則は文部大臣が定めるとか，生徒の学資を支弁するとかを定めている。卒業生は公立小学校長及び教員，ただし，各種の学校長及び教員に任ずる場合もあると定めている。尋常師範学校の入学資格は高等小学校以上の学力を有し，年齢17歳以上20歳以下の者，修業年限は4年と定められている。高等師範学校の入学資格に関しては，男子師範学科は尋常師範学校を卒業した者，女子師範学校は尋常師範学校第2学年修了者を入学させた。

なお，1886（明治19）年時点での師範学校数は，全国で47校（女子師範学校は0校），卒業者数は，男子3,879人，女子298人。1913（大正2）年には，学校数，卒業者数とも増加し，師範学校数は85校（内，女子師範学校33校），卒業者数は，男子5,153人，女子2,225人に達していた。

なお，1886（明治19）年6月の文部省令「小学校教員免許規則」の第1条では，小学校教員免許状は師範学校卒業生，および満20歳以上で小学校教員学力検定試験に及第した者に授与されると定められた。免許状の種類としては文部大臣が授与し全国で通用する普通免許状（高等師範学校卒業者等）と府知事県令が授与しその管轄地方に限り有効な地方免許状（師範学校卒業者等）の2種類と定められた。また，1890（明治23）年10月の「小学校令」，1900（明治33）年8月の「小学校令改正」において，本科，専科の区別，正教員，准教員の区別，普通免許状と地方免許状の区別，検定の規則などを定めた。

1898（明治31）年4月1日より施行された全11条からなる「師範教育令」をみると，第1条で，高等師範学校は師範学校，尋常中学校，および高等女学校の教員を養成するところ，女子高等師範学校は師範学校女子部，及高等女学校

の教員を養成するところ，師範学校は小学校の教員を養成するところと定め，そして，「順良信愛威重の徳性を涵養することを務べし」と定めている。

　この条項から，師範学校は初等教育を担う教員の養成機関として，高等師範学校は中等教育を担う教員の養成機関として設置されていることがわかる。なお，明治の終わり頃から，師範学校の在学期間は，入学が高等小学校2年（予科）ないし3年の終了時，卒業は19歳であったことから，中等教育段階の学校に相当し，また，高等師範学校は中等教育機関である中学校（5年制）を卒業した者が入学するために高等教育段階の学校に相当すると考えられる。

　なお，高等師範学校と師範学校は戦後になるまで，大学令で制定される大学とか，専門学校令で制定される専門学校の範疇には入っていなかった。戦後の学制改革のもとで，教員養成機関は大学に位置づけられることになり，教員は大学等の高等教育機関で養成されることとなった。

　また，第2条では，高等師範学校および女子高等師範学校は東京に各1校，師範学校は北海道および各府県に各1校もしくは数校設置すると定めた。また，第7条では，生徒の学資は学校より支給すると定めている。そして，これまで法令では「尋常師範学校」と呼ばれてきた小学校の教員養成機関は「師範学校」という名称に改正された。

　また，1900（明治33）年3月の「教員免許令」では，中等学校教員は特別の規定がある場合を除き，教員免許状を所有することと定め，第3条で，「教員免許状は教員養成の目的を以て設置したる官立学校の卒業生または教員検定に合格した者」に文部大臣が授与すると定めた。なお，教員検定として，試験検定と無試験検定の2つを定めている。また，同年9月には，教員免許状を有しない者を教員に充てることが許される規定も作っている。なお，中等学校教員の免許・資格制度はこの教育免許令の成立によって整備・確立に至ったと位置づけられている。

　1902（明治35）年3月の「臨時教員養成所官制」が公布され帝国大学および直轄学校に，「臨時教員養成所」という，師範学校，中学校，高等女学校の教員を養成する臨時の施設を発足させた。修業年限2年で，当初，第一（東京大学），第二（第一高等学校），第三（第二高等学校）など5ヵ所に設置された。

しかし，1914（大正3）年までには1養成所を除いて廃止された。

1910（明治40）年4月の「師範学校規程」では，本科と予備科を置き，本科を第1部と第2部に分けた。ただし，第2部は必置ではなかった。また，予備科を設け，本科第1部に入学する者を受け入れた。予備科の修業年限は1年，本科第1部の修業年限は4年，本科第2部の修業年限は男子生徒が1年（中学校卒業者），女子生徒は2年（4年制高等女学校卒業生）もしくは1年（5年制高等女学校卒業生）と定めた。予備科は，修業年限2年の高等小学校卒業生を入学させ，本科は予備科修了者又は修業年限3年の高等小学校卒業生を入学させることにした。この規程により，教育制度上別系統と位置づけられてきた中学校，高等女学校の卒業者が師範学校に入学できるようになり，小学校正教員になる途を開いた。また，それまで違っていた男女の修業年限を同一にした。

1925（大正14）年4月の「師範学校規程中改正」では，予備科を廃止し，科の構成は本科又は専攻科に改められ，本科第1部は修業年限2年の高等小学校卒業生を入学させ，修業年限は5年（5年制）に，本科第2部は中学校，高等女学校卒業の程度を以て入学資格とし，修業年限は，男子生徒は1年，女子生徒は1年または2年と定められた。また，専攻科は，本科卒業者または同等以上の学力を有する者を入学させ，修業年限は1年。そして，1931（昭和6）年の「師範学校規程中改正」では，本科第2部の修業年限は2年と定められた。それまで，本科第1部が小学校教員養成の本体と考えてきたが，これ以降，対等なものと考えられ，第2部だけの師範学校もつくられることになる。

1943（昭和18）年3月の「師範教育令改正」では，第2条で「師範学校は官立とする」と定められ，府県立から官立（国立）に設置主体が変わった。本科の修業年限は3年，予科の修業年限は2年になり，本科に入学できる者は，当該（師範）学校の予科を修了した者，中学校，高等女学校の卒業者，または，文部大臣の定めによる同等以上の学力があると認められた者，また，予科に入学できる者は，国民学校高等科を修了した者，または，文部大臣の定めによる同等以上の学力があると認められた者と定められた。また，師範学校を卒業した者のために研究科を置くことができるようになった。

また，高等師範学校と女子高等師範学校に関しても，第14条で，ともに修業

年限は4年，高等師範学校に入学できる者は，中学校を卒業した者，または，文部大臣の定めによる同等以上の学力があると認められた者と定められた。女子高等師範学校に入学できる者は，高等女学校を卒業した者，または，文部大臣の定めによる同等以上の学力があると認められた者と定められた。

　なお，大正時代，中等教育の拡充が図られたが，当時高等師範学校は男女合わせて4校で，中等学校教員の需要にこたえることはできなくて，中等学校の教員の供給は臨時教員養成所や教員検定制度に依存していた。

　臨時教員養成所は，1914（大正3）年に1校に削減されていたが，1922（大正3）大正11年4月に「臨時教員養成所規程」改正し，4ヵ所を開設，その後1929（昭和4）年には16ヵ所になったが，1930（昭和5）年から1933（昭和8）年にかけて再び1校に削減された。

　1918（大正7）年の「臨時教育会議」の答申では，帝国大学または官立専門学校の卒業者で，専門学科に加えて教育に関する一定の科目を修了した者に中等学校教員の免許状を授与した。また，1919（大正8）年になると，「高等学校教員規程」が定められ，無試験検定が拡充され，多数の大学・専門学校の卒業者が，高等学校教員だけでなく，中等学校の教員になった。

　なお，1899（明治32）年3月には「実業学校教員養成規程」を文部省令で定め，東京帝国大学農科大学附属農業教員養成所（修業年限1年），東京高等商業学校附設商業教員養成所（修業年限2年），東京高等工業学校附設工業教員養成所（修業年限3年）を設置する。1907（明治40）年9月には，実業学校の教員の資格に関する規程を制定し，実業学校，実業補習学校のそれぞれの資格を定めている。

　なお，実業補習学校とは，1893（明治26）年11月に規程を設けている。入学資格は尋常小学校卒業程度以上で，修業年限は3年以内，初等教育の補習機関であるとともに生徒の従事する実業に関する知識技能を授けようとした。そして，実業学校に関しては，1899（明治32）年2月の実業学校令の公布後，工業，農業，商業などの実業学校に関する規程が制定された。修業年限は各学校とも3年，入学資格は14歳以上で，修業年限4年の高等小学校卒業程度の学力を有する者である。この規程から，実業学校を卒業する年齢と中学校を卒業する年

齢が同じという点から,ともに中等教育機関として位置づけられるが,高等普通教育を行う中学校と実業教育を行う実業学校とに大別される。なお,実業学校としては,当時,工業学校,農業学校,商業学校,商船学校,および性格は少し異にしているが,先の実業補習学校を加えて5種類の学校があげられている。それ以前にあった養蚕学校,山林学校,獣医学校,水産学校等は,農業学校に含まれ,徒弟学校は工業学校に含まれた。主に府県が設置し,公立の中等教育機関と位置づいた。そして,明治30年代後半になると,専門学校令の制定とともに実業学校令も改正され,程度の高い実業学校は実業専門学校になった。

参考文献

市川須美子ほか編集(2014)『教育小六法〈平成26年版〉』学陽書房.
海後宗臣編『教員養成』(戦後日本の教育改革第八巻).
佐藤環(2001)「第2章 戦前の教員養成」山﨑英則・西村正登編『求められる教師像と教員養成』ミネルヴァ書房.
文部省(1954)『学制八十年史』大蔵省印刷局.
文部省(1972)『学制百年史』帝国地方行政学会.
文部省(1996)『学制百二十年史』ぎょうせい.
教員に関する近年の統計データは,主に文部科学省編『教育委員会月報』第一法規,を引用,参照.

(南本長穂)

第 2 章

授業をつくる教師──教師の仕事

　　　本章は4つの節から成る。1節では，次代の学校教育に求められる学力観や授業観を整理する。2節では，一斉指導や「学び合い」の課題を整理し，授業を支える「考え方」が大切であることを示す。3節では，「学習する集団」を育む授業への転換が必要であることを，協同学習の理論に基づいて検討し，そのための視点と方法を具体的に提示する。4節では，校内研修における教師の協働と，それによる学校の組織的実践力の向上こそが，「学び続ける教員」の実現にもっとも重要であることを述べる。

　　　教師の仕事の中心は授業である。授業は，知的学力をはじめとする認知的目標と，社会性や道徳心，望ましい態度を育成するという情意的・態度的目標をもつ。異質で多様な子どもたちを豊かにかかわらせることで，互いの個性を尊重し，良好な人間関係を形成し，課題発見・課題解決をめざす営みである。その意味で，授業は社会の縮図でもある。子どもたちの自発性と主体性を引き出す学習指導の方法は，たしかな授業観に支えられた教師の個性と創造性が生み出すものであり，そこへ向けた教師の協働が必要である。

1　求められる学力と授業

（1）次期学習指導要領への展望

　教育課程は「育成すべき人材像」の基盤であり，子どもたちの学校生活の核である。2014（平成26）年11月20日，文部科学大臣は中央教育審議会に次期学習指導要領のあり方を検討するよう諮問した。次期学習指導要領は2020（平成32）年頃に導入予定である。前回改訂（平成20年および21年）は「生きる力」の育成をさらに重視する見直しであった。そのなかでは，学校教育法第30条第2

項が定める「学力の三要素（①基礎的な知識・技能，②①を活用して課題解決するために必要な思考力・判断力・表現力とその他の能力，③主体的に学習に取り組む態度＝学習意欲）」から成る「確かな学力」の育成がめざされた。

　しかし，前回改訂後のPISA調査や全国学力学習状況調査等の結果によると，日本の子どもたちは，①理由や根拠を挙げて自分の考えを述べること，②自己肯定感や主体的に学習に向かう意欲や態度，③社会参画への意識等に課題がある。一方，次期学習指導要領が適用される2020年代以降は，少子高齢化がいっそう進行し，生産年齢人口も確実に減少する。加えてグローバル化や情報化の急速な進展が，いま以上に予測不能な未来を招来する。これらの事態に対応する最善の方法は，主体的，協働的に社会の変化に対処し，必要な未来を自ら切り拓くことにある。近代化を終えた成熟社会に求められる人材像と，これを支える学力観は，いまや大きく変化した。必要なのは，近代化＝工業化・産業化を支える「従順な労働力」ではない。社会を形成する主体的な市民として，他者と協働しつつ，創造的な課題解決に取り組む人材こそ必要である。

（2）「育成すべき資質・能力」と求められる授業

　次期学習指導要領のあり方について，現在，中教審の教育課程企画特別部会（第7期）が議論を重ねている。2015（平成27）年8月には「論点整理（案）」が公表された。それによると，次期学習指導要領には，教育が普遍的にめざす根幹を堅持しつつ，「社会に開かれた教育課程」としての役割が期待されている。「論点整理（案）」では，この視点から，学校教育が育むべき資質・能力を次の3つの柱に整理している。

　第1に，「何を知っているか，何ができるか（個別の知識・技能）」である。各教科のなかで体系化されている知識・技能であり，学習を通して身につけ，定着させることが必要である。第2に，「知っていること・できることをどう使うか（思考力・判断力・表現力等）」である。身につけた知識・技能を活用し，さまざまな場面で主体的・協働的に問題発見・解決に取り組み，その過程で思考力，判断力，表現力を高めることが必要である。第3に，「どのように社会・世界とかかわり，よりよい人生を送るか（学びに向かう力，人間性等）」

である。意欲をもって学習に向かうこと，多様性を尊重し，互いの良さを生かして他者と協働すること，良好な人間関係を築きつつ，必要な課題解決に迫るリーダーシップやチームワークを発揮すること，そしてこれらを支える人間性の高まりが必要である。

次期学習指導要領は，「子どもたちが「何を知っているか」」だけではなく，「知っていることを使ってどのように社会・世界と関わり，よりよい人生を送るか」を支えることを改訂の視点としている。そして，これを実現する学習指導の方法論として「アクティブ・ラーニング」に注目している。アクティブ・ラーニングとは，「課題の発見・解決に向けた主体的・協働的な学び」である。

日々の授業で質が高く深い学習を実現するには，次の3つの過程を組み込むことが重要である。第1に，習得・活用・探求という学習過程に問題発見・解決の仕掛けを組み込むこと，第2に，他者との協働や相互作用の機会を設定し，自らの考えと他者の考えを開き合う対話的な学習を組み込むこと，第3に，見通しをもって取り組み，自らの学習の成果や課題を意味付け，価値付け，次の学習につなげる機会を設定することである。

「論点整理（案）」も指摘するとおり，アクティブ・ラーニングへの注目が，特定の「型」を押しつけ，結果として授業づくりに対する教師の創造性を妨げるものであってはならない。狭い意味での形式的な授業改善ではなく，学習に向かう子どもたちの自発性と主体性を引き出し，対話的・協働的な課題解決を実現する授業改善こそ求められる。

(3)「アクティブ・ラーニング」の可能性

アクティブ・ラーニングに象徴される学習指導の技法と考え方は，実は決して目新しいものではない。戦後日本の授業実践史をひもとくだけでも「自主学習」「自発協同学習」「小集団学習」「班学習」「バズ学習」「「ひとりで学ぶ」学習」「自主協同学習」「個を生かし集団を育てる学習」等，子どもの集団性の育ちと個の成長とを相即不離のものと捉え，これを実現する学習指導の技法と考え方については，これまでにも数多くの実証研究と実践が積み上げられてきた。

しかしこれらは，授業実践の技法としても，また考え方としても，日本の学

校教育では必ずしも主流のものとして定着しなかった。その背景には，たとえば次のような考え方があった。学力を身につけることは，要するに私事（わたくしごと）である。効率よく学習を進めるには，知識伝達型の授業がもっとも良い。そして受験が象徴する競争文化（学校文化）に耐え，適応することが，誰にとっても将来のより良い暮らしの保証となる。したがって，グループやペアを単なる「技法」として用いることはあっても，その技法の背後にある思想を共有し，学校の授業実践の指導原理を転換させることは容易に実現しなかった。このような経緯を踏まえると，次期学習指導要領が，将来の社会の変化を見据え，その必要からアクティブ・ラーニングを重視する展望を打ち出したことは，実に大きな意義があるといえる。

2　授業を支える「考え方」と省察の視点

(1) 一斉指導の問題点

　限られた時間に一定量の知識を効率よく伝達しようとすれば，チョーク＆トークの一斉指導にまさる手法はない。しかしこの手法は，ともすると教師の一方的な「教えた気分」を優先しがちになる。学校の論理に過剰適応している子どもや，学校以外（＝家庭等）に落ち着いた学習環境をもてる子どもならば，それでも不承不承についてくるだろう。しかし，そこで展開しているのは「学習」ではない。おとなしく板書を転記し，ワークシートの穴埋めに勤しむ「作業」である。「おとなしく教えられる客体」は育てても，「自ら課題をもち，学習する主体」は育っていない。

　戦後日本の学校教育は，「教育の機会均等の理念」が支える民主的単線型教育システムである。すなわち，子どもたちの属性や社会的背景にかかわらず，その子どものなかに眠る資質や能力を開き，可能な限りこれを伸ばそうとする場所である。しかし，一斉指導による習得中心・知識伝達型の授業は，「読める子，できる子，わかる子」を相手にしがちである。その結果，本人の努力ではどうにもならない「不利な条件（家庭の経済状況や社会的・文化的背景，本人の生得的な特性等）」を背負う子どもに，著しく不当な劣等感を抱かせてし

まう。そればかりではなく，その「不利な条件」に「学力」という色づけをする過ちさえ，犯してしまう場合がある。

　もちろん，だからといって一斉指導を全否定するのではない。単元や教材，子どもの発達段階等との関係から一斉指導が有効な場合も当然あり得る。機械的な暗記やドリル学習からはじめて，まずは知識の定着をはかり，発達段階に即して理解に至らせるという順序がふさわしい場合もある。「アクティブ・ラーニングか一斉指導か？」という二者択一ではなく，たしかな授業観に基づいて実践技法を選択したり，創造したりする力が教師に育つことこそ重要である。

（2）「学び合い」の落とし穴

　一方，「学び合い」に象徴される学習指導の方法論も，その安易な使用が学習を阻害する場合がある。一斉指導を止め，授業のなかで子どもたちに活動する場や機会を与えることは，実はそれほど難しいことではない。ペア学習や班学習，ジグソー学習等の方法を採り入れ，活動的に見える授業にすることは比較的容易である。型や方法を変えれば，その目新しさゆえに，子どもたちは活発に学習に取り組む。しかしその効果は一時的である。慣れてしまえば，以前と同じ受身の学習に戻ってしまう。気がつけば，一部の子どもだけが積極的に活躍していたり，教える子どもと教えられている子どもの関係が固定し，かえって人間関係が悪くなっていたりする。

　このことは，「学び合い」を採り入れようと奮闘する教師たちを困惑させる。形だけの「学び合い」では，授業規律を保つことも，学習効果を上げることもままならない。むしろ「学び合い」が露呈させる不具合に，多くの教師は耐えられなくなる。その結果，無難で安全運転のきく一斉指導に，一気に教師たちは回帰してしまう。「学び合い」の授業をすることが目的化してしまうために，かえってこのような不具合が生じる。大切なことは，「そもそも何のための「学び合い」なのか？」を問い，考え抜くことである。

（3）自らの授業を問い直す視点

　特定の型や技法を導入しただけでは，子どもたちの豊かな成長と発達を支え

る授業にはならない。そこには見えない「壁」がある。この「壁」を乗り越え，特定の型や技法を意味あるものとして使いこなせるようになるには，これを支える教師の「授業観」や「考え方」，すなわち「実践知」が育つ必要がある。

たとえば，教育学者の稲垣忠彦は，教師が自らの実践をふりかえる際の視点として次の3点を挙げている（稲垣 1984：175）。

(1) なぜこの教材で教えるのか

(2) なぜこの方法で教えるのか

(3) その教材や方法は，子どもにとってどのような意味と価値をもつのか

非常に簡潔だが，ここには次の含意がある。まず「教材」には，教科書，副教材，資料，ワークブック，ワークシート等がある。また「方法」には，個の自力解決，ペア学習，小集団学習，一斉指導等がある。重要なことは，これらの教材や方法をなぜ用いるのか，その理由と根拠を子どもの側から考え抜くことである。すなわち「学ぶものの立場から教えるという行為を問い直すこと」（稲垣 1984：176）である。稲垣はさらに次のように述べている。「教材は教科書にあるから教える，方法は教師用書にあるから，あるいは一般に行われている方法だからそれに従う，さらに自分が工夫した教え方だから子どもは理解できるはずだという，ともすれば教えるものがおちいりやすい立場を逆転させる本質的な構造をもった問い」であり，「教育内容，方法の意味を問い，さらにそれを子どもを軸として問い返す」，この「第三の問いが教育においてもっとも重要であり，また変えにくいものといえる」（稲垣 1984：175-176）。だからこそ，(3)の視点が重要なのである。

3　学習する集団づくりと授業観の転換

(1) 共同と協働と協同

「学習する集団づくり」とは，学習に対する子どもたちの自発性・主体性を引き出すために，学級に潜む教育力に働きかけ，支持的風土をつくり，課題解決型の学習集団に育むことである。「学習する集団づくり＝グループ学習」ではないことを，まずは指摘しておきたい。

そのうえで，「共同」と「協働」と「協同」を整理しておこう。もっとも学術的な定義は日本協同教育学会紀要『協同と教育』において関田一彦と安永悟が示したもの（関田・安永 2005）である。しかしここでは，さしあたり次のように整理しよう。まず「共同」（joint）はもっともニュートラルな意味である。互いが対等であることを前提に「手を取り合う／誰かとともに取り組む／何かを共有する」という意味である。次に「協働」（collaboration）とは，「異なる専門性をもつ自立した者同士が，手を携えて新たな価値を創造する」という意味である。芸術や経済の分野で多く用いられた経緯がある。「音楽家と写真家のコラボ」といった例ならばわかりやすいだろう。これに対して「協同」（cooperation）は「支え合い」や「助け合い」を意味する。誰しも得意なことがあれば苦手なこともある。異質で多様な人々の集まりに，何らかの課題解決が求められたとき，もっとも必要なことは互いに力を合わせて得手不得手を補ったり（合力），手を差し伸べて支え合い，助け合ったり（助力），負担を分かち合ったり役割を分担したりする（分担）ことである。いわゆる「協同組合」（cooperative union）が「コープ」（coop）と略称されることからも，cooperationに「協同」の訳を当てることがふさわしいことがわかる。したがって，「協同学習」（cooperative learning）とは，「互いに支え合い，助け合うことを通して課題解決に迫る」という意味合いを強くもつのである。

（2）学習する集団づくりとは

そのうえで，そもそも「学習」とは何かを考えてみよう。それは自分の外側にある「異物」を取り入れ，咀嚼し，消化し，血肉とすることである。当然ながら，その「異物」のなかには，とうてい興味を抱けないもの，関心を向けにくいものもある。にもかかわらず，その異物を咀嚼し，飲み込むことが求められる。場合によっては強制される。すなわち，学習には苦しさが伴うのである。このような学習を支え，価値あるものへと高めるのは，教師による「強制」ではなく，学習者の自発性と主体性である。しかし，それは初手から与えられるものではない。

「しんどいけれども，やらなきゃ」という心根（こころね）を，子どもたち

のなかに育むには何が必要だろうか？　まず課題に対して自分なりの考え方やアプローチの仕方をもち，それらを存分に発揮できる自力解決の機会をたっぷり保証することだろう。教室にはさまざまな子どもたちがいる。そして，その子どもなりの「取り組みかた」や「わかりかた」は，教師の思いもよらぬほどに多様である。そのことを，まずは受け容れ，理解しようとすることが必要である。子どもたちひとり一人の学びかたに寄り添い，それを理解しようとする教師の「学習カウンセリング」こそ，もっとも重要である。

　次に必要なことは，子ども自らが考えたことやわからなかったことを，安心して開き合い，問いを重ねられる場をつくることである。「学習する集団」とは単に答え合わせをしたり，情報を交換したりしている姿ではない。勉強のできる子どもが，進度の遅れがちな子どもに，いつも一方的に教えている姿でもない。課題に対して子どもたちが質の良い葛藤を抱え，理由と根拠を交わし合い，問いを重ね合っている姿である。その繰り返しを通して「生（なま）わかり」から「本（ほん）わかり」を経て，どの子どもにも「納得」が生まれている姿である。あるいは「納得」に至らずとも，「何がわからないのかがわかった」という感覚は，子どもたちに大きな喜びをもたらしている。

　「学習する集団づくり」とは，子どもたちを「自ら学習する主体」とし，みんなで課題に取り組む「課題解決型の学習集団」を築くことである。単なる「なかよし集団」をつくるのではない。生ぬるい支え合いや助け合いではなく，各自がしっかりとした課題意識をもち，それをぶつけ合う「軋み合いの協同」ともいえるものである。表面的で上滑りな「自己肯定感」ではなく，質の良い対立や葛藤を含んだ「健全な自己否定（＝自己省察）」を繰り返し，自ら伸びようとする力が「自発性」であり「主体性」である。その力を他の子どもたちとの支え合いと助け合いを通して引き出し合い，互いの異質性と多様性に学ぶ場こそが「学習する集団」である。

(3) 授業観の転換を

　ある教師の授業スタイルは，その教師の「筆跡」と同様，容易には変えがたいものである。あらゆる授業改善には，授業観と実践技法の両面にわたる試行

錯誤が不可欠である。指導と支援のバランスのとれた学習者主体の授業を展開できるようになるには，いったい何が必要だろうか。

　本章の1節に示した「次代に求められる授業」とは，「知識伝達型の授業」ではなく「社会構成主義的な授業」である。前者を「教師が教えきろうとする授業」と捉えるならば，後者は「子どもに学び取らせようとする授業」である。後者の授業観へと転換をはかるには，次のことが重要である。第1に，進度の遅れがちな子どもへのまなざしを変えなければならない。進度の遅れがちな子どもは「わからないでいる自分」を恥ずかしいと思っている。そしてその自分を，できれば隠したいと思っている。隠したいと思っているから，「わからない‼」と声をあげることをためらっている。わからないままで良いから，そのまま授業の時間をやり過ごそうとしている。しかし，もっとも良く学習が深まるのは，わからなくて困っている子の問いを，他の全員が共有することにある。

　たとえば分数の割算の場合，なぜ÷は×に変わるのか？　除数の分母と分子を入れ替えるのはなぜか？　約分は「たすきがけ」に行うのに，最後の掛算を分母同士，分子同士で行うのはなぜか？「勉強ができる子」と教師がラベルを貼っている子どものなかには，単に計算の「手続」を正確に再現できているだけの子が多い。一方，「なぜ÷が×に変わるのか？」という問いは，より本質的な理解に至る重要な問いである。計算の手続を正確に再現できる子どもよりも，「なぜ÷が×に変わるのか？」という疑問を抱えて立ち止まる子どもの方が，より一生懸命にモノを考えようとしているのではないか。その子どもの疑問が安心して教室に開かれれば，他の子どもたちの学習もいっそう深まるのではないか。つまり「わからない子ども」こそ授業の主役である。その子どもが安心して「わからない‼」といえるには，教室が支持的風土，すなわちわからないことを安心して開ける雰囲気がなければならない。ここに杉江修治の言う「ともに高まることを全員の目標とする」（杉江 2011）という協同学習の理念が重要となるのである。

　第2に，「学習規律」の捉え方を変えなければならない。一般に学習規律とは，子どもたちの動きを縛るもの，ないしは禁止事項や「すべきこと」を並べたものであることが多い。これらを浸透させ，教師による授業の進行をスムー

スにさせることが「学習規律」の意義だと捉えられがちである。「決めごと」をきわめて他律的に周知徹底し，それによって子どもたちが自らを律するまなざしを持てるようになること，つまり「縛る学習規律」が優位している。しかし，「学習規律」に対するこのような発想は乗り越えられなければならない。大切なのは，子どもたちを学習に向けて解放する「学習規律」である。学習課題の価値（学ぶ値打ち）を伝えること，学習内容の魅力を伝えること，そして学習の展開の見通しや進め方（本時のめあて，単元見通しや「学び時計」）を示し，なおかつ，課題に対してその子なりにアプローチする仕方を認めることが「学習へと解放する規律」である。

　第3に，学習動機の持たせ方を，自我関与型から課題関与型へと変えなければならない。「自我関与型」とは他者による承認を求める学習動機の持ちかたである。一生懸命勉強し，テストで良い点数を取れば，先生に褒めてもらえる，親が喜んでくれる，あるいは少なくとも叱られずにすむ，そのような「他者による承認」によって自我が満たされることを求めるのが，自我関与型の学習動機である。これに対して「課題関与型」とは，課題解決そのものを求める学習動機の持ち方である。周囲の者がどれほど褒めてくれようが，認めてくれようが，それらはあまり関係なく，むしろ自分自身が納得し，解決しきるまで課題と向き合おうとすることが，課題関与型の学習動機である。

　ここで，「興味」と「関心」を整理しておこう。「興味」とは自分の外側にある対象が喚起するものである。おもしろそう／楽しそう／取り組んでみたいという感情は，多く対象の魅力に起因する外発的なものである。これに対して「関心」は，「対象に自ら進んで心を向ける」ことである。これは「面白そう／つまらなさそう」といった，対象に喚起される「興味」とは異なる次元の動機のもちようである。(2)でも述べたとおり，学習には苦しさが伴う。できなかったことができるようになる喜び，わからなかったことがわかるようになる喜び，わからないことが何かがわかる喜び，すなわち「しんどかったけど，取り組んで良かった」というところへ辿り着くには，そもそもまず対象に自ら心を向けることから始まるのである。

　以上のポイントを整理し，模式的に表したものが図2-1である。学習意欲

図2-1 学習意欲の構造

は「着手の自発性」と「努力の持続性」の二側面をもつ。「着手の自発性」とは、課題に対して自ら進んで手を着けることである。「努力の持続性」とは、いったん手を着けた課題を、解決しきるまであきらめずに手放さないことである。今日の子どもたちの問題は、学習に向かう意欲のボルテージが極端に下がっていることにあると言われる。自ら手を着けず、努力が持続しないということである。その意欲に火を付けることが教師の仕事であり、授業づくりである。すなわち図2-1の①～⑤に係って、さまざまな手立てを講ずることである。このようにして、子どものなかに「自信」が育まれる。「自信」とは、次の困難に対して自らを前向きに押し出してくれる「安心感」のことである。

4 「学び続ける教員」と校内研修の充実

(1) 授業づくりの要素

　授業をつくる際、教師が押さえるべき大枠は次の通りである。①「単元」のまとまりを把握すること、②その単元が子どもに身につけさせようとしている力を、学習指導要領と同解説に返って確認すること、③その単元を教えることで身につけさせたいことが、勤務校や教育実習校の学校教育目標ならびに校内研究主題とどのようにつながるかを説明し、単元目標として設定すること、④

単元の系統性を押さえること。つまり、その単元に連なる下学年での既習事項や、上学年で学ぶ単元とのつながり（異校種を含む）を把握しておくこと、⑤その単元を学ぶにあたり、受け持ちの子どもたちの現状と課題を整理し、授業によって彼らに身につけさせたいことを明確に言葉で表すこと、である。

以上の大枠を踏まえ、実際に1時間の授業を構想する際には、①めあて（本時の目標・課題）、②学習活動、③学習活動に対する評価の視点・方法、④まとめとふりかえり、の4点に一本の筋を通すことが基本である。つまり、「①めあて（本時の目標・課題）」は、本時で取り組む学習活動（何に取り組むのか）とそれによって達成されるべき事項（何ができることを求めるのか）を、子どもに届く言葉で表現しなければならない。そして、「①めあて（本時の目標・課題）」につながる「④まとめとふりかえり」を用意しなければならない。さらにそこに至るにふさわしい「②学習活動」が設定できているかを、④で求めることから逆算して考えなければならない。あわせて、取り組ませた「②学習活動」の成否を見取る「③学習活動に対する適切な評価の視点・方法」が不可欠である。

(2) 若手教師の課題

総体としての「授業力」は、授業読解力・構想力・展開力・評価力の4つから成る（あわせて、第11章の157頁を参照のこと）。「読解力」とは、自他の授業の良さや課題を読み解く力である。「構想力」とは、上述の（1）に示した内容であり、一般には学習指導案に反映・集約される。「展開力」とは、授業中の発問、指示、称揚、評価言等の言葉かけや、身ぶり手ぶり、板書等、授業実践（パフォーマンス）に係る事柄である。以上のすべてを客観的な視点で把握、分析し、課題を捉えるのが「評価力」である。

しかし、教育実習生はもとより、採用後5年程度を経過した若手教師でさえ、このような視点で自らの授業を問い直す機会は非常に少ない。質・量とも複雑化、多様化、高度化する教育課題と、これに伴う教師の多忙化、教員社会の年齢構成のアンバランス等、学校内外のさまざまな情勢変化は「即戦力」を求める風潮に拍車をかけ、教育現場体験至上主義をもたらした。その結果、自由と

ゆとりを保証された環境で授業力を磨く機会が，教員養成教育の現場からも，また初任期の教師たちからも奪われている。

　たとえば，筆者が行った調査によると，採用後5年程度の初任期教員は，自らの授業を改善したいという思いはあるものの，その内訳は著しく「即効性」を求めるものに偏っていた。つまり「明日の授業ですぐ実践できることが知りたい／ヒントやコツやツボのようなものが知りたい／誰でも使えて効果的な方法が知りたい／まねのできるベテランの先生の授業が見たい／理論よりも実際に使える授業技術を身につけたい」といった具合である。それゆえに，授業づくりに係っても，彼らは次のような課題を抱えていた。①子どもの実態から教材（単元）観，指導観，児童（生徒）観を説き起こすことが充分できない，②学習指導要領の読み込みが浅く，充分に活用できていない，③それゆえに，いわゆる「教師用指導書」や出来あいの学習指導案等に頼る傾向が強く，単元のまとまりで授業を構想する力が弱い，④本時の展開を「子どもから見たときの必然の流れ」として構想する力が弱く，「なぜその学習活動でなければならないか？」という理由と根拠を充分に説明できない，⑤めあて，学習活動，評価の視点・方法，ふりかえりという要素を構造化して本時の展開を計画する力が弱い，といったことである。

(3)「学び続ける教員」を支える校内研修の充実

　このような若手教員の課題を克服させるのは，同じ学校に勤務する教師の「協同」，すなわち研究授業を中心とした校内研修である。校内研修とは，①子どもの期待されるべき成長・発達を促すために，②学校として組織的・継続的に取り組み，③教師ひとり一人の職能成長と，④集団としての成長を伸長し，かつ教師集団の協働体制を促し，さらには⑤学校の経営，組織革新へと結びつく研修活動である（岸本 1986）。自校の実践上の課題から出発し，実践によって検証できることに利点がある。勤務校の人間関係はその学校を満たす「溶液」である。その質は特に若手教員の力量形成や資質向上に決定的な影響を与える。それゆえに，授業づくりに係る若手教員の課題は，勤務校のすべての教員の授業改善につながるものと捉え，校内研修を充実させることが必要である

I 教師はどのように養成され,何が求められるか

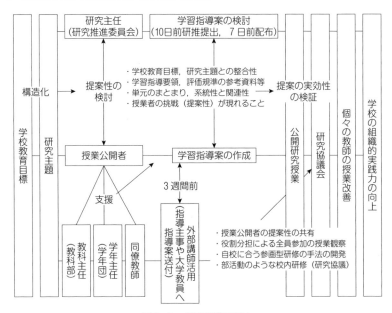

図2-2 校内研修の流れ

(図2-2参照)。

　研究授業とは,授業を公開する教師の授業技術を品評する場ではない。重要なことは,その教師の「挑戦＝その授業によって何を試みたいのか？」という「提案」である。たとえば「今までの私の授業では一斉指導で流してしまう場面・教材に,あえてジグソー学習の手法を採り入れた。一斉指導で行うよりも多くの子どもに学力の定着をはかれると考えたからである」という「提案」があったとする。同僚の教師はこの提案を共有し,視点や対象となる子どもやグループを分担して授業を観察する。後の研究協議は,それぞれが観察した事実に基づいて,この提案の実効性を検証するために行うのである。こうしてすべての教師が役割を担って参画することで,授業公開者が最も得をし,かつ,これを参観する他の教師たちが主役になる,「部活動のような校内研修」が実現する。校内研修の価値は,究極において個々の教師の授業改善につながるものでなければならず,また学校の組織的実践力を高める創造的課題解決の場でなければならない。

折しも中央教育審議会初等中等教育分科会の2つの作業部会は，2015（平成27）年7月16日に，それぞれ重要な「中間まとめ」を公表した。ひとつは教員養成部会の「これからの学校教育を担う教員の資質向上について」，いまひとつはチームとしての学校・教職員の在り方に関する作業部会の「チームとしての学校・教職員の在り方と今後の改善方策について」である。いずれも次期学習指導要領改訂を見すえ，「新たな学びを展開できる実践的指導力」をもつ教員を強く求めている。しかし，アクティブ・ラーニングを中心とする課題解決型の学習指導は，多くの教師にとってなじみのないものである。型をなぞることはできても，その技法のもつ本質や考え方に基づいて子どもたちを指導できるようになるためには，授業力の体幹，すなわち，繰り返し自らの実践を問い直す「考え抜く力」が必要である。仮にその教師たちが児童生徒であった頃，いわゆる「学校的学習」に適応（場合によっては過剰適応）してきた「優れた学習者」であったとするならば，自らがなじんできた「わかりかた」や勉強の仕方を，まずは徹底して相対化しなければならないだろう。

　もとより日本の教師は，これまで知識伝達型の授業だけをしてきたのではない。実態からいえば，むしろその逆である。ひとり一人の子どもの進度を丁寧に見取り，その子どもの思いや願い，課題に対する「困惑」に寄り添いつつ，個と集団に働きかけながらその学習意欲を引き出し，「学習する主体」へと育むことを懸命に模索し，実践してきたはずである。子どもに「はたらきかける」ことと，子どもから「ひきだす」こととの間で，子どもの主体性を支える学習指導のありかたを，具体的な授業実践の「思想」と「方法」として磨いてきたはずである。いまいちど，これまでの日本の授業実践の歩みをふりかえり，次代に生きる授業実践を創造しなければならない。研究授業を中心とする校内研修は，「学び続ける教員」を支える，もっとも重要な場といえるのである。

参考文献
　松下佳代・京都大学高等教育研究開発推進センター編著（2015）『ディープ・アクティブラーニング』勁草書房.
　杉江修治（2011）『協同学習入門――基本の理解と51の工夫』ナカニシヤ出版.

高旗正人（2011）『論集　授業の社会学と自主協同学習——分析と実践』ふくろう出版.
北神正行他著（2010）『学校改善と校内研修の設計』学文社.
関田一彦・安永悟（2005）「協同学習の定義と関連用語の整理」『協同と教育』1：10-17.
片岡徳雄・南本長穂（1986）『一人一役の学級づくり・授業づくり』黎明書房.
岸本幸次郎他編著（1986）『教師の力量形成』ぎょうせい.
稲垣忠彦（1984）『戦後教育を考える』岩波新書.
倉吉市立河北中学校（1974）『「ひとりで学ぶ」学習』明治図書出版.
末吉悌次・信川実（1965）『自発協同学習』黎明書房.
塩田芳久編（1962）『バズ学習方式——落伍者をつくらぬ教育』黎明書房.

（髙旗浩志）

第3章

学級をつくる教師──「いじめ」問題への対応をヒントとして

　学級担任としての教師がまず直面するのは，学級づくりの大変さである。もともと所属集団としてスタートした学級集団は，ほとんどが関係性の希薄な子どもたちの集まりである。けれども，学校教育には，その学級集団のなかで，子どもたちの学びを支援することや人格形成をなすことが求められている。そこで，教師は，学級を学びのための集団や人格形成のための集団につくり変えていかなければならない。

　本章では，教師に求められる役割としての学級づくりの必要性とその方法論について考えてみよう。まず，学級づくりの必要性について，今，教育現場で，もっとも大きな問題となっている「いじめ」問題を事例として取り上げてみたい。そして，「いじめ」が起きにくい学級のあり方を視点として，具体的な学級づくりの方法論について考えてみよう。

1　「いじめ」の生起と学級集団

（1）「いじめ」の四層構造論から

　なぜ「いじめ」が起きるのか。この難問に答えるために，教育の分野ではすでに30年近く議論が続けられている。そして，「いじめ」防止のためのさまざまな取組がなされてきた。しかしながら，一向にその解決のめどは立たず，数年おきに繰り返される「いじめ」自殺報道が，「いじめ」を相変わらずの教育問題として人々に提示し続けているのが現状である。ところで，教育社会学の分野では，「いじめ」の生起を人間集団のメカニズムに求める考え方がある。

　1980年代に社会問題化した「いじめ」は，当初，「いじめっ子」「いじめられっ子」という，二者間の問題として考えられていた。しかし，その実際を調査した森田洋司らにより「いじめ」は，学級集団の中で起こっていることが提示

I 教師はどのように養成され，何が求められるか

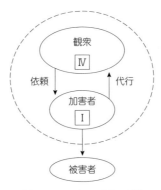

図3-1　スケープゴート型
（出所）　橋本（1999：131）。

された。有名な「いじめ」の四層構造論である。

　森田らの調査によれば「いじめ」は，いじめっ子としての加害者，いじめられっ子としての被害者以外に，その「いじめ」をはやし立てる観衆や，見てみぬふりをする傍観者，「いじめ」を止めようとする仲裁者などが存在することが明らかにされた（森田 1985）。つまり，「いじめ」が起きている学級集団の成員のすべての者が，「いじめ」の生起に何らかの役割を果たしているとするのが，森田らの考えである。では，学級集団の成員は「いじめ」の生起にどのような役割を果たしているのだろうか。

　橋本摂子は，大学生と高校生への聞き取り調査から，「いじめ」の類型論を提示した（橋本 1999）。実は，そのなかの「スケープゴート型」と名づけられたタイプに，「いじめ」生起のメカニズムが示されている（図3-1参照）。まず，スケープゴート型の「いじめ」は，次のように説明されている。

　「このタイプは，クラスのほぼ全員，場合によっては学年にわたって被害者への嫌悪が周囲の人々に共有されているケースである。被害者は孤立した存在で，被害者以外の者にとっては娯楽的要素が強い。危害を加えない者もその殆どが周囲で笑って見ているという，被害者に同情する者がいない状況」であり，「加害者がその他の人々の依頼を代行することにより図中における破線内の結束が強まるため，被害者の立場はスケープゴート的性質を帯びる」（橋本

1999：130-131）。小学校で見られるいじめのパターンであり，典型的なケースは「身なりの汚い子がクラスで嫌われていた。孤立した子で友達もなく，仲裁に入る者もいなかった」（橋本 1999：131）といった，クラス全員から特定の子どもが排除されるものである。

こうしたスケープゴート型の「いじめ」が，学級集団のなかでなぜ生起するのか。次にそのメカニズムを，学級集団のもつ性質をもとに考えてみよう。

（2）「身代わりの山羊論」から

亀山佳明は，スケープゴート型の「いじめ」の生起を，ルネ・ジラール（René Girard）の集団の相互暴力と集合暴力の考え方をもとにして説明している。すなわち，教室がアノミー（無秩序）の状況になることにより，こうしたスケープゴート型の「いじめ」が生起するという。「アノミー状況が極限化してくると，（中略）いたるところに相互暴力が噴出せずにはいない。これが暴力の極限化した状況である。ジラールによると，極限化した暴力は再び秩序化へ向う。この暴力の極限化した状況を回避するため，生徒たちは特定の対象を選択し，彼一人に向けてすべての者の暴力を集中化させる。特定対象への暴力の集中により，その対象を除く他の生徒間の暴力の応酬が停止され，一時的にもせよ，彼らの間で秩序が回復される。」（亀山 1990：84-85）この特定対象への暴力の集中が集合暴力，すなわち「いじめ」であり，その対象こそがスケープゴート，「身代わりの山羊」である。

では，なぜ特定の対象への暴力の集中が，秩序の回復をもたらすのだろうか。そのことを山口昌男は，やはり人間集団に特有のメカニズムとして，次のように説明している。「我々のアイデンティティが確認されるためには，「彼ら」は必要なのであり，」「若し「彼ら」が存在しなければ，「彼ら」を創出しなければならない」（山口 1975：82）。図3-2に示したように，私が我々という集団を意識するためには，私の外にいる「彼ら」を意識した時に初めて我々という集団を意識するのである。

たとえば，2001年9月11日にアメリカで起きた同時多発テロの際，人々は不安の中で求心力を「愛国的な意識を共有」することに求めたと言われている。

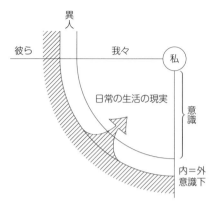

図3-2　我々と彼ら
（出所）　山口（1975：82）。

その結果，当時のブッシュ大統領が推進した「テロとの戦い」を支持することとなり，大統領の支持率は50％程度から90％程度へと跳ね上がったとされている。まさにテロという「彼ら」の出現が，我々というアイデンティティを確認させ，結果として人々の結束を高めたのである。

　特定の対象（この場合は明確な敵）への暴力の集中が，秩序の回復をもたらし，人々の結束が強まることになる。ところが，山口が指摘したように，「彼ら」が存在しなければ，「彼ら」を創出することになる。その「彼ら」こそ，先に述べたように，「身代わりの山羊」としての，「いじめ」の被害者である。では，どのよう者が「彼ら」として選び出されるのだろうか。ジラールは，「差異を表示していると思われる存在」「他とは一見異なった記号を有するとみなされやすい存在」と指摘している（亀山 1990：85）。「身なりの汚い子」が，「いじめ」の対象に選ばれたことには，そうした意味が含まれているといえよう。

　スケープゴート型の「いじめ」は，子どもたちが集団を意識し始める小学校3年生位から生起している。そのことからも，このタイプの「いじめ」が，「いじめ」生起の原型として考えることができるのではないだろうか。たとえば，橋本が指摘するもう一つのヒエラルキー型の「いじめ」は，小学校高学年の女子のグループなどで見られるタイプで，リーダー以外のメンバーが順番に

仲間はずれにされるというものである（橋本1999：131-132）。このタイプの「いじめ」も，グループの求心力を強めるという意味では，スケープゴート型の「いじめ」のメカニズムと同様のものといえるだろう。

2　「いじめ」が起きにくい学級

(1)　「いじめ」の生起と学級

　「いじめ」の生起を，学級という人間集団のメカニズムから説明できるとすれば，その解決の方法は比較的簡単である。そもそもの要因となる，固定化された人間集団，すなわち学級を解体すれば良いのである。事実，大学とよく似たシステムを導入している単位制高校では，学級がなく，そのことが「いじめ」の生起を抑制していると指摘されている。また，同様に大学においては，「いじめ」が起きにくいことも経験的に知られていることである（加野 2011：161）。この学級解体による「いじめ」問題の解決は，当初より多くの社会学者が指摘してきたことである。しかしながら，そうした解決方法は，学級集団がもつ教育的意義を損なうことになる。

　明治期より始まったわが国の学級集団システムは，その安定的・持続的な集団構造から，単に学力の育成だけではなく児童・生徒の人格形成が期待されていたという（志村1994）。現行の教育基本法に示されているように，教育の目的は人格の完成にあり，その理念は広く教育関係者のみならず，多くの人々にとっても共有されている。そして，子どもたちの人格形成を実現するために，学級集団の役割が重要であると考えられている。では，学級集団の教育的機能がどのように期待されているのか。そのことを，特別活動の学習指導要領から見てみよう。

　特別活動の目標は「望ましい集団活動を通して，心身の調和のとれた発達と個性の伸長を図り，集団や社会の一員としてよりよい生活や人間関係を築こうとする自主的，実践的な態度を育てるとともに，人間としての生き方についての自覚を深め，自己を生かす能力を養う。」（中学校学習指導要領）とされている。その望ましい集団活動の基盤となるのが，生徒会活動，学校行事，学級活

動であり，こうしたすべての活動を支えるのが学級集団である。さらに，学級活動においては「学級活動を通して，望ましい人間関係を構築し」とあり，学級集団の構築こそが望ましい人格形成のための基盤となると考えられているといえよう。したがって，学級を解体することは，学級集団がもつ教育的機能（成員の人格形成）を著しく損なうことになるのである。

では，どうすれば良いのか。そのために，「いじめ」が起きにくい学級集団の特徴について，考えてみよう。

(2)「いじめ」が起きにくい学級の雰囲気とは

学級のありようの違いが「いじめ」の生起に関係することは，多くの研究者が指摘をしている。たとえば，滝は，いじめ問題に関する調査研究から，学級の雰囲気に着目して「凝集性が強い（学級の結束が固い）ほうが，いじめ行為に関わる人数が少なくなる」と指摘している。さらに，竹川は担任教師と子どもとの関係に着目して，担任教師による統制が極端に強すぎる場合と弱すぎる場合に，いじめを許容する雰囲気が形成されやすいと指摘している（太田 2010：123）。また，川村は学級のタイプを「管理型」「なれあい型」「満足型」の三つに類型化し，学級内に規律や秩序が定着し，かつ子ども同士の人間関係が親和的な状態の「満足型」学級に，「いじめ」の発生率が低いことを明らかにしている（加野 2011：198）。亀山が，学級がアノミー（無秩序）の状態になることにより，「いじめ」が生起すると指摘したことと，これらの調査結果には整合性がある事がわかる。

ところで，こうした「凝集性の強い」「教師による統制が適度な」「満足型」の学級の雰囲気を，片岡徳雄は，学級の支持的風土づくりとして提言してきた（片岡 1976：51-57）。片岡は，アメリカの小集団研究を参考にして，学級の雰囲気を支持的風土と防衛的風土という典型的な二つのタイプとして説明しようとした。ここで支持的風土とは，成員の間に互いを支持しあい信頼する気持ちが存在し，それが暖かい言動や協力関係を生み出すと考えられている。一方，防衛的風土では，成員の間に防衛的な感情があり，それが相互不信と攻撃的な言動を生み出すとされている。片岡は，学級集団の教育的機能を高めるためには，

支持的風土づくりが大切であると強調したが，同時にその風土が「いじめ」の防止につながるとも主張している（片岡 1986：33-38）。確かに，学級がアノミー（無秩序）の状態になり，相互暴力を回避するために「いじめ」が生起するのであれば，彼の主張は正鵠を射ていることになる。さらに，支持的風土には，学級の凝集性の高まりがみられ，さらには子ども同士の人間関係が親和的である特徴が見られることも指摘されている。すなわち，この支持的風土づくりに，「いじめ」が起きにくい学級づくりのヒントがあると考える事ができよう。

では，具体的には，どのような学級づくりの実践事例があるのだろうか。次に，支持的風土をもった学級づくりの実践事例を見てみよう。

3　学級づくりの方法論

（1）支持的風土づくりの実践

公立小学校をフィールドにしたエスノグラフィーから，次のような学級づくりの実践事例が紹介されている（露口 2008）。

A教諭は，前任校で教務主任をする関係で，3年間クラス担任のブランクがあったこと，さらに，高学年を担任するのは10年ぶりであったため，1学期の間，子どもへの指導が適切でないと感じていた状況を次のように語っている。

「うーん。悩んでました。ちょっと久しぶりに学担ということで自分が舞い上がっていて，あのう，甘かった。」

「4月が，あのう，良すぎたために，あまりしからない，子どもたちの心が離れるのが怖いと思って，あまり自分がおもいっきりしからない。」

「だんだんなんか，ここというところのけじめがつかなくなってきて，こと自然の家をむかえるにあたってこれはいかんと思って，ねじをまき直したのが6月でした。」

このように1学期の学級経営に悩んでいたA教諭は，2学期最初に開催される運動会をきっかけにして，学級を立て直そうと考え，クラス対抗のボール運びの競技に優勝する目標を立て，子どもたちと練習をすることにする。

「そこの練習には必ず私が入った。（省略）息が上がるけど。やっぱり先生

もやってみてあなたらの大変さがわかると。そのかわり私が入るときは，絶対に落とさせませんでした。」

「けっこういろんなグループにかかわれたんですよ。休んどるところに私が入ることで。口だけじゃない先生も入ってやってくれている。先生が入ると不思議と（ボールが）落ちん。」

そして本番では，見事に優勝を飾ることになる。

「ほんとにダントツ。何よりも最後にみんなで並んでやってたときに，先生，落とさんかったでー，先生1回も落とさんかったでーって。ほんとによーがんばったねえ。先生すんごいうれしいって言うたときにはもう涙が出てたんですよ。そしたら，子どもらも「うるうる」みたいな。」

その結果，学級のまとまりは強まり，教師と子どもたちとの関係性も改善されることになった。

「ある意味，運動会がいいきっかけで自分を出せたし，自分の思いを伝えなければと思えたし。（その後，子どもたちと）何回か真剣に話し，泣きながら話していたのを見たと思いますが，真剣に向き合う子どもらの姿があったので，次につながっていたんだと思います。」

こうした，いわゆる行事などへの参加をきっかけとした学級づくりは，多くの小・中学校で行われている。では，行事への参加などの活動には，支持的風土を創りだすどのようなメカニズムが潜んでいるのだろうか。次に，そのことを考えてみよう。

（2）支持的風土づくりのメカニズム

まず，支持的風土の特徴の一つである集団の凝集性（まとまり）を視点として，そのメカニズムを考えてみたい。

集団凝集性とは「集団のまとまりの程度を表す概念であり，集団にとどまるように成員に作用する力の総体」と定義でされている（小川 1985：114）。そして，それは「例えば成員が互いに協力して活動し，共通の目的が達成されている時，おのずと生まれてくる成員の間の信頼感や連帯感。そうした感情のきずなや結合の強さをさす」（森下 2000：84）。たとえば，先の実践事例では，運動

第3章　学級をつくる教師

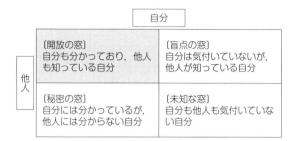

図3-3　ジョハリの窓
（出所）　津村・山口（2005：62）。

会の競技に優勝するという共通の目的があり，学級の子どもたちは優勝を目指して練習を行っている。そして，見事に優勝を勝ち取っている。まさに，学級の集団凝集性が高まる活動といえる。また，集団凝集性が高い集団の事を「内集団」といい，凝集性の強い愛着の対象となる集団を指す。内集団では，相互に援助しあい友好的な関係を保とうとする傾向が強く，メンバーは協同的行動をとることも指摘されている（小川　1985：115）。

このように，行事などに学級として参加することは，結果としての学級のまとまりを高めることになる。さらに，行事への参加は，教師と子どもの，さらには子ども相互の人間関係を親和的に変容させる可能性があるとも考えることができる。先の実践事例でも，教師は運動会の練習を子どもたちに混じってすることによって，「いいきっかけで自分を出せた」と振り返っている。したがって，行事への参加は，いわゆる自然な「自己開示」を促し，相互の人間関係を深める効果があると思われる。なお「自己開示」は，図3-3に示した「ジョハリの窓」の「開放の窓」を開いていくことと考えられている（津村・山口　2005：62-65）。

学級の集団凝集性を高める事，さらには，学級成員の自然な自己開示を促進し，相互の人間関係を親和的なものにしていくことが，さしあたり，支持的風土づくりのポイントといえよう。では，より具体的には，行事への参加以外に，どのような活動が支持的風土をつくりだすことになるのだろうか。最後に，そのことをまとめてみよう。

表3-1　学級活動の効果

	標準化係数の推定値
担任教師のはたらきかけ→学級生活向上	0.639***
担任教師のはたらきかけ→学級集団向上行動	0.112*
担任教師のはたらきかけ→学級・学校適応	0.185***
学級生活向上→学級集団向上行動	0.834***
学級集団向上行動→学級・学校適応	0.645***

（注）　***は0.1％水準，*は5％水準で有意。

4　学級をつくる

　支持的風土の特徴の一つが，学級の子ども同士の人間関係が親和的であると指摘した。そのためには，子ども相互のふれあいと，自然な「自己開示」が重要となる。そうした効果を促進するためには，たとえば，学級全体でゲームなどの楽しい活動を行ったり，全員で何かを創作する活動を行うことが，子ども相互のふれあいを促進する方法として知られている。さらに，このような活動に加え，さらに効果的なのが，グループ・エンカウンターである。グループ・エンカウンターとは，エクササイズとシェアリングを行うことによって，自然な自己開示とコミュニケーションを体験する活動である。二人でペアになり，目隠しをした相手を誘導するブラインドウォークや，極限におかれた状況から脱出する方法を話し合うナサ・ゲームなどがある。そして，これらの活動を通して，学級に温かな人間関係をつくりだせることが知られている（岡田 1996）。

　また，学級活動に着目した最近の研究結果からは，次のようなことが指摘されている。「誰とでも協力して活動できる」や，「他人の失敗を笑わない」などの支持的風土を思わせる項目から構成された「学級集団向上行動」は，「学級目標をしっかりと話し合って決めた」「学校行事の準備を熱心にする」などの項目で構成された「学級生活向上行動」に強く規定されていることである（長谷川 2013：38）。

　すなわち，学級活動などの学級づくりに熱心に取り組む教師の働きかけこそが，支持的風土を生み出し，「今の学級が好きだ」と言った学級適応を子ども

たちにもたらす結果となっている．さまざまな活動を取り入れ，学級の集団凝集性を高め，さらには学級成員相互の人間関係を親和的なものにしていく事が，支持的風土づくりの重要な要因といえるだろう．

参考文献

森田洋司・清永賢二『いじめ——教室の病い』金子書房，1986年．
山口昌男『文化と両義性』岩波書店，1975年．
橋本摂子「いじめ集団の類型化とその変容過程——傍観者に着目して」『教育社会学研究』第64集，東洋館出版社，1999年．
亀山佳明『子どもの嘘と秘密』筑摩書房，1990年．
志村廣明『学級経営の歴史』三省堂，1994年．
太田佳光「特別活動と学級経営」相原次男ほか編『新しい時代の特別活動』ミネルヴァ書房，2010年．
片岡徳雄『個を生かす集団づくり』黎明書房，1976年．
片岡徳雄「いじめを学校は公認していないか」全国集団学習研究協議会編『いじめを起こさない学級経営・学校経営』黎明書房，1986年．
露口良治『学級経営における教師のペダゴジカル・ストラテジー』愛媛大学教育学研究科修士論文，2008年．
津村俊充・山口真人編『人間関係トレーニング』ナカニシヤ出版，2005年．
岡田弘編『エンカウンターで学級が変わる　小学校編』図書文化，1996年．
長谷川祐介・太田佳光・白松賢・久保田真功「小学校における解決的アプローチにもとづく学級活動の効果」『日本特別活動学会紀要』第21号，2013年．

（太田佳光）

第 4 章

管理・運営を担う教師──学校経営・校務分掌

　本章では，学校教育をめぐる下記のような状況を踏まえ，学校経営とその組織的根幹を示す校務分掌について，基礎的知識を学ぶ。

　今日，わが国の公教育機関としての学校教育の背景では，グローバル化・少子高齢化・高度情報化等が急激に進行しつつある。その一方で，学校に通う子どもたちの学力低下問題，心や道徳・人権の問題，いじめや不登校の問題などが山積している。加えて外国語活動・特別支援教育・**ICT** を活用した情報教育の推進など，多くの課題への実践的な対応が具体的に求められている。

　このように学校教育をめぐる社会的要請が急激に変化し多様化するなかで，学校教育を担う教職員がその職務を全うするには，日々の多様で複雑な課題群に実践的に応え得る高度な教職実践力を有するとともに，その実践力を生涯にわたって探求し続けることが，必要となっている。この要請に応えるには，「チームとしての学校」を，校長のリーダーシップのもと教職員が家庭・地域社会・教育行政・大学等と密接に連携協力しつつ，構築していくことが重要である。

　同時に，教職を志す学生を育てている各大学に対しても，特に教職課程の関係者をはじめ全教職員が，開放制教員養成制度のもと，より実践力の高い教員を養成すべく，その質保証へ向けて改善努力することが求められている。

1　学校教育実践の構造と学校経営観の転換

　わが国において法的な根拠を有する「学校」とは，学校教育法第 1 条に定められている。具体的には，「幼稚園，小学校，中学校，義務教育学校，高等学校，中等教育学校，特別支援学校，大学及び高等専門学校」を指す。これら 1

条校のうち，教職課程履修者自身が就学した（また修学している）校種については，ある程度経験的にあるいは想像的に知ることができる。しかし，本章で学習する「学校経営」については，学習者（幼児・児童・生徒・学生）の立場からは，日常的に見えにくくまた直接的には経験しがたい，「組織としての学校」に係わる制度的・経営的領域といえる。そこで，「組織としての学校」における教育実践について，一般的に次のように定義しておく。

> 学校教育実践とは一般的に，(a)学校教育法に定める１条校において，(b)日本国憲法・教育基本法・学校教育法等の教育関連法規に基づき，(c)当該校種の目的・目標を具現化することを企図しつつ，(d)一定の免許状・資格を有する教員が，(e)特定の学習者〔幼児・児童・生徒・学生等〕とその集団に対して，(f)計画的な教育内容（教育課程）及び教材等を媒介に，(g-1) 校長（園長）の指揮及び (g-2) 家庭・(g-3) 地域社会・(g-4) 教育委員会等との連携・協力のもと，その成長と発達を日常的に支援・指導する (h-1) 全人格的でかつ (h-2) 組織的な行為である。

学校教育実践を上記(a)〜(h)の８つの構成要素に分解して，それらを構造的に理解することができる。日々の教育場面においては，これらの構成要素が具体的に相互に関連しつつ教育実践が進行する。これらの要素のうち特に，(d)教員＝教育主体―(e)学習主体―(f)教育・学習内容の３要素で結ばれる三角形を「教育学的三角形」と称し，教育実践の中核を構成する。また，この教育実践について，学校単位としてこれを組織的に統括し運営する機能と組織を「学校経営」という。

各学校においては，全校種に共通して認められることであるが，一般的にまず当該学校に共通の教育目標の達成を目指して（①），教育活動が計画的に編成され（②），これに基づき日常的教育活動が実践されている（③）。これら①→②→③の一連の実践を遂行するには，教育運営上で人や物に係わる諸条件が整備され（④），その組織運営に係わる諸活動を維持・管理し（⑤），その目標の実現を効果的に図る必要がある。同時に，これらの教育諸活動を継続的に点検・評価し（⑥），継続的に改善すること（⑦）が求められている。

上記の学校経営上の計画：Plan（①②）→実行：Do（③④⑤）→点検評価

Check（⑥）→改善：Action（⑦）→ Plan（①②）→…の総体的過程を，教育経営学ではPDCAサイクルと呼び，今日的学校経営の基礎概念である。この学校経営上のPDCAサイクルについては，次の諸点に特に留意する必要がある。

第一点は，PDCAサイクルは，以下の2つの系列により相互に関連しつつ構成されるということである。ひとつは，学校の教育目標の達成をめざした教育の内容や活動の編成とその展開を中軸とする「(a-1)目標系列」または「(a-2)内容系列」である。他は，教職員や児童生徒の人的条件，施設・設備や教材・教具等の物的条件，学校予算等の財政的条件，さらには情報環境およびその組織運営等からなる「(b-1)条件系列」または「(b-2)組織系列」である。

学校経営を形式的に外から観察すると，人・物・金といった「条件系列」をもってのみ学校経営の本質とみる向きもある。しかし，これを機能的・内在的に観察すると，「学校という組織体の中心的な機能である教育活動の目的・内容とその実践の充実・改善をどのように図っていくか」が，むしろ「学校経営の中核を占めている」ことが明らかとなる。換言すれば，「各学校の教育活動をいかに盛り上げ，いかによりよい教育活動へと改善し，子ども＝学習者に確かな学力をはぐくみ，その人間的成長・発達を支援するかが，学校経営の中心的使命」といえよう。

学校経営の本質について上記のような理解に立つと，「内容系列と条件系列とのダイナミックな相互関係」を統合的に創造していかなければならないこととなる。つまり，「教育の内容」が「教育条件」を規定し，同時に「教育条件」をどう生かすかが「教育活動のあり方」を規定する。このように考えてくると，学校経営においては，「教育の論理」と「組織の論理」とが同時に交差していることを理解し，これらを統合的に実践する必要がある。

このことは，近年，内容系列の経営の側面を「カリキュラム・マネジメント」と称し，条件系列の経営の側面を「組織マネジメント」と称し，学校経営概念に「カリキュラム」と「組織」との両者を包括的に統合する考え方が一般的になっていることとも深く関連している。

第二点は，学校経営は，学校教育目標の達成をめざす「(a)維持・実現機能」

と「(b)創意・創造機能」の2つの機能から成り立っている点である。狭義には，前者の維持・実現機能を「学校管理」と称し，後者の創意・創造機能を狭義の「学校経営」と称している。ここでは，学校管理は，広義の学校経営の内在的機能と解されている。したがって，狭義の学校管理（維持機能）と学校経営（創造機能）とが相俟って，学校経営は成り立っているといえる。

　さらには，前述の「内容系列」を学校経営とし，「条件系列」を学校管理とみなす見解もある。この場合も，内容系列・条件系列のいずれにおいても，維持機能と創造機能が不可欠であると解されるので，両機能の連動性・重層性は否定できない。また，学校管理の具体的作用を「法規の執行」と解する見解もある。事実として，維持・実現機能の背景には法令による制度が存在するものの，実際に学校経営の創造機能を発揮させるには，日常化された学校慣行や内部規範を無視できないことも多い。学校経営の構造と機能についてこのように考えてくると，多様な学校経営実践の形態が予想され，むしろこの点に，各学校の経営上の独自性を認める創造的余地が多く残されているとみなすことができる。

　今日わが国の学校教育をめぐる改革動向を踏まえると，学校づくりをめざした学校の創意工夫がこれまで以上に強調されつつある。これに伴い，学校づくりを実践的に支える教師の指導力の向上をめざした学校中心の研修方式が重要となっている。つまり，子ども＝学習者の主体性や自立性・実行力を育てる教育実践を重視するとき，個々の学校がどれだけ創意をこらし，特色ある教育ビジョンを描き出し，具体的に展開できるか鍵となる。そのような学校改革を実質的に推進するためには，学校経営の創意・創造機能を生み出す教職員による協働的チームワークが，これまでになく注目されている。

　第三点は，教育行政と学校経営の関係への配慮である。学校経営は，実践上各学校内部で完結するものではなく，地域や家庭に開かれ，教育行政機関とも連なっている。そのような意味において，開かれた経営が求められる。とは言うものの，教育行政機関の末端に位置づけられたり，教育行政と学校管理とを一体化したり，その延長として捉える考えにも問題がある。もちろん，「法規の執行」という面からみると，両者の間に強いつながりがみられる一方，そこ

にもなお学校慣行や内部規範さらには創意機能が介在しており，この点に学校経営の相対的独自性＝自立性・創造の余地が認められる。

　このような学校経営論は，School-Based-Management と呼ばれ，伝統的な学校経営と教育行政との関係論に，2つの変化をもたらしつつある。ひとつは，従来の教育行政が有する学校への指揮・命令的機能をできるだけ弱め，指導助言・支援機能を強化する傾向である。この傾向の背後には，「子どもの主体性や個性の育成→学校の創意工夫の必要→校長の裁量権の拡大→教育行政による支援」という教育行政をめぐる発想の基本的転換がある。この転換が行政改革上の規制緩和策に誘発され，結果的に学校経営の相対的な独自性が認められる状況にある。他のひとつは，教育行政自体に対する社会的意義付けの変化である。今日わが国では，周知のごとく少子高齢化が進行し，地方の経済的・文化的活性化が求められつつある。この要請は，より地域の独自性をふまえた，地域の文化や学習の振興・充実への期待感を高める。このような社会的要請を受けて，教育行政には当該自治体における地域教育計画の立案とその実行をめざした創造機能を発揮するとともに，そのため創意あふれた生涯学習体制づくりの中心的役割が期待されている。

　学校経営をめぐる今日的変貌の背景には，グローバル化の進行とともに，わが国全体および地域社会をめぐる人口的・文化的・経済的変化の著しい進行が予想される。このような社会的環境の複雑な変化に効果的に対応し得る，地域に根ざした公教育の創造とこれを支える学校経営および教育行政の在り様が実践的に求められている。この現実を，教職を志す視点から認識し理解する必要がある。

　そこで，以下の第2・3節において，学校経営を構成する条件系列の経営「組織マネジメント」と内容系列の経営「カリキュラム・マネジメント」の2つの観点より，その概要を示し教職に必要な基礎的知識や課題等について論じる。

第4章　管理・運営を担う教師

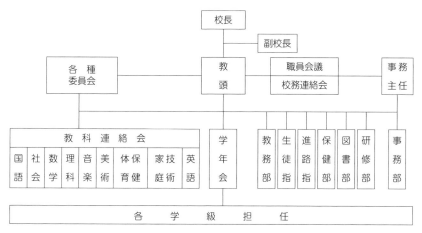

図4-1　中学校の校務分掌例
（出所）　森（2008：83）。一部変更。

2　学校経営における「組織マネジメント」と校務分掌

　学校経営の組織マネジメントの一般的構造は，図4-1の校務分掌図に表示される。学校がその教育目標を実現するには，組織的に調和のとれた学校運営が行われる必要がある。そのためには，適切な校務分掌の仕組みを整えることが肝要となる。校務分掌の仕組みを整えるとは，学校において全教職員が校務を分担する組織を有機的に編制し，その組織が有効に機能するよう整備することである。校務分掌の組織を定め，教職員に校務の分掌を命じる権限は，本来，学校の管理機関（＝公立学校においては当該の教育委員会）にあるが，特殊なものを除き，校長に委任されている。校長が校務の分掌を命じたときには，教育委員会に報告させたり，届出させたりする場合が多い。その一例を図4-1に示す。

　校務とは，一般的に，学校運営上必要ないっさいの仕事を意味する。そのおおまかな分類としては，①学校教育の内容に関する事務，②教職員の人事管理に関する事務，③児童・生徒管理に関する事務，④学校の施設・設備の安全管理に関する事務，⑤その他学校の運営に関する事務があげられる。

I 教師はどのように養成され，何が求められるか

　学校には，校長（学長・園長），教員，事務職員，技術職員，その他の必要な職員を置かなければならないとされている。教員には，学校教育法1条に規定する学校の教授，准教授，助教，副校長・副園長，教頭，主幹教諭，指導教諭，教諭，助教諭，養護教諭，養護助教諭，栄養教諭，講師および専門学校の教員が含まれる。その他の必要な職員には，寄宿舎指導員，学校給食栄養管理者，学校用務員，給食調理員，警備員等教育公務員に準ずる者として実習助手が含まれる。ほかに学校医，学校歯科医，学校薬剤師を置く。学校種別によって，置かれる教職員の職種と設置の形態には，多少の相違があることに留意する必要がある。
　以下では，主な職位について，その概要を説明する。

校長：校長は，校務をつかさどり，所属職員を監督する。ここで校務とは，上記の①〜⑤の職務規定を指す。「つかさどる」とは，公の機関やその職員が，職務として一定の事務を担当することをいうが，「担当する」という意味合いと「管理する」という意味合いが込められている。校長の場合は，「校務を管理する」という意味で用いられている。
副校長：副校長は，校長を助け，命を受けて校務をつかさどる。
教頭：教頭は，校長（副校長を置く学校にあっては，校長及び副校長）を助け，校務を整理し，及び必要に応じ児童の教育をつかさどる。ただし，授業を担当するに当たっては，教員免許を要する。
主幹教諭：主幹教諭は，校長（副校長を置く小学校にあっては，校長及び副校長）及び教頭を助け，命を受けて校務の一部を整理し，並びに児童の教育をつかさどる。
指導教諭：指導教諭は，児童の教育をつかさどり，並びに教諭その他の職員に対して，教育指導の改善及び充実のために必要な指導及び助言を行う。
教諭：教諭は，児童（幼児・生徒）の教育をつかさどる。学級担任の地位は，校務分掌上のもので，教諭は担任となることを法的に保障されたものではない。近年，教育課程弾力化への一対応策として，小学校においても教科担任制を採用する市町村が増えている。教諭の一般的職務内容としては，教科・

道徳（小中のみ）・総合的な学習の時間・特別活動・外国語活動（小のみ）の授業及び学級担任，教務主任・学年主任・保健主事・生徒指導主事・進路指導主事等の校務分掌上の職務と解することができる。以下，若干の説明を加える。

① 教務主任：校長の監督を受け，教育計画の立案その他の教務に関する事項について連絡調整及び指導，助言に当たる。
② 学年主任：校長の監督を受け，当該学年の教育活動に関する事項について連絡調整及び指導，助言に当たる。
③ 保健主事：校長の監督を受け，小学校における保健に関する事項の管理に当たる。
④ 生徒指導主事：校長の監督を受け，生徒指導に関する事項をつかさどり，当該事項について連絡調整及び指導，助言に当たる。
⑤ 進路指導主事：校長の監督を受け，生徒の職業選択の指導その他の進路の指導に関する事項をつかさどり，当該事項について連絡調整及び指導，助言に当たる。
⑥ その他：上記のほかに，学科主任，寮務主任，特別支援学校の各部の主事，司書教諭，事務主任，事務長，舎監，農場長などが，校務を分担する場合がある。なお，教務主任，学年主任等の主任職については，各自治体等学校管理規則によって，(a)校長の意見を聞いて教育委員会が命じる (b)教育委員会の承認を得て，校長が命じる (c)校長が命じ，教育委員会に報告するかいずれかの形式がとられる。実際には，(c)の形式をとる場合が多い。

　上で例示した校務を全教職員で分担し，チームとして学校運営に当たる必要がある。このような課題に応えるには，校務分掌上の適切な人的配置に加えて，職員会議や運営委員会・企画調整委員会・各種委員会等を設置し，意思疎通の手だてを講じる必要がある。また最近では，スクールカウンセラー，スクールソーシャルワーカー，学習サポーター，学校司書教諭，ICT専門職員などを配置し，学校のチーム力の一層の強化が提唱されている。

職員会議：学校（幼稚園，小・中学校，義務教育諸学校，高等学校，中等教育学校，特別支援学校等）には，設置者（＝地方自治体等）の定めるところにより，校長職務の円滑な執行に資するため，職員会議を置くことができる。職員会議は，校長の権限と責任を前提に，校長の職務の円滑な執行を補助する機関として位置づけられる。

委員会：学校には，職員会議のほか，企画調整委員会をはじめ，各種委員会等が置かれる。運営委員会や各種委員会については，校内規程あるいは内規で規定されることが多い。また，学校には，教職員の大多数が参加する職員会議，全校研修会等のほか，企画調整会議，学年主任会，教科主任会等の代表者構成の委員会，教科部会，生徒指導部会，学校給食部会等の担当者構成の部会が置かれている。

また上記のほかに，近年の地域との関連を重視した学校経営に係る新しい取組みとして，学校評議員制度と学校運営協議会を挙げることができる。

学校評議員制度：学校評議員制度は，開かれた学校づくりを一層推進していくため，保護者や地域住民等の意向を反映し，その協力を得るとともに，学校としての責任を果たすことを目的とする。校長が必要に応じて学校運営に関する保護者や地域の方々の意見を聞くための制度であり，平成13年度に導入された。学校評議員が個人としての立場で意見を述べるもので，校長や教育委員会の学校運営に関して直接関与したり，拘束力のある決定をしたりするものではない。

学校運営協議会制度（コミュニティ・スクール）：学校運営協議会制度は，保護者や地域の住民が一定の権限と責任をもって学校運営に参画することにより，そのニーズを迅速かつ的確に学校運営に反映させ，よりよい教育の実現に取り組むことを目的とする。学校の運営について，一定の範囲で法的な効果をもつ意思決定を行う合議制の機関で，校長は学校運営協議会が承認する基本的な方針に従って学校運営を実施する。平成17年度より導入された。

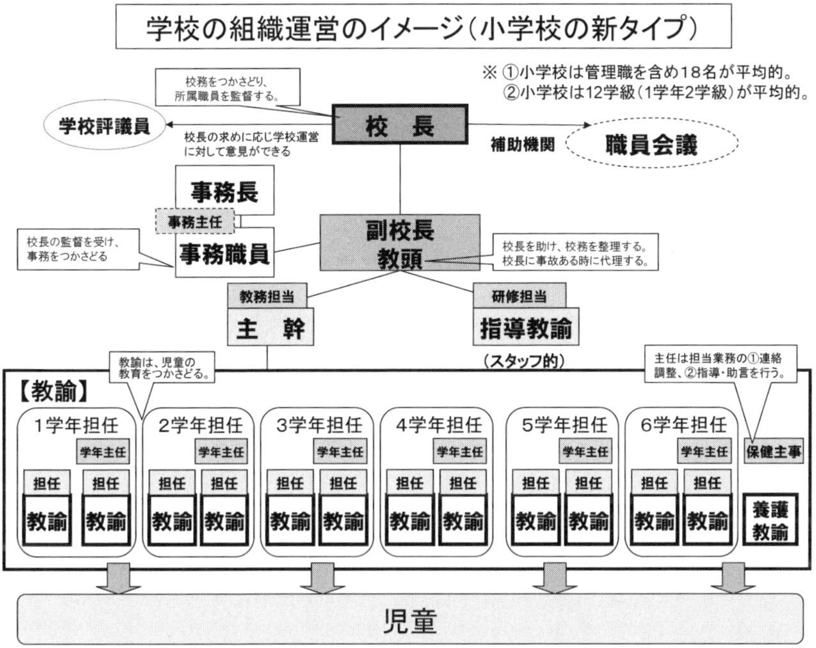

第4章　管理・運営を担う教師

学校の組織運営のイメージ（小学校の新タイプ）

※ ①小学校は管理職を含め18名が平均的。
　②小学校は12学級（1学年2学級）が平均的。

図4-2　学校の新しい組織運営イメージ

（出所）　文部科学省HP
　　　　http://www.mext.go.jp/b_menu/shingi/chukyo/chukyo0/toushin/07062816/006/001.pdf

なお，「学校の新しい組織運営イメージ」については，上図4-2を参照のこと。

3　学校経営における「カリキュラム・マネジメント」と学校評価

　従来わが国では，教育課程については「教育課程の管理運営」と称されるように，「学習指導要領の学校への効率的展開・適用」といった上意下達（垂直）的な管理運営的観点からの理解が一般的であった。これに対して，今日では，校種を問わず，「カリキュラム・マネジメント」または「カリキュラム経営」という用語が広く流布しつつある。これらの用語には，学習指導要領＝教育課

53

程の国家的基準に基づきつつも，学校の自主性・自律性，学校の創意工夫，特色ある教育活動や学校づくりをより一層強調するニュアンスが含まれている。

　カリキュラム・マネジメントは，教育課程とこれに基づく教育活動の「計画」→「実施」→「評価」→「改善」という一連の過程からなる。学校の教育活動を盛り上げ，絶えずその改善をめざす。この過程は，従来，「Plan（計画）→ Do（実施）→ See（評価）」と称されてきた。しかし，これが年度末や学期末の評価・改善という固定的なやり方であったことから，近年，その修正が図られている。第一節で述べた PDCA サイクルと称される「Plan（計画）→ Do（実施）→ Check（点検・評価）→ Action（改善・実行）」が，それである。PDS サイクル理解では，年度途中において問題点が生じたり，気づきがあったりした場合，チェックして直ちに行動に移し改善を図るという能動的な評価・改善の過程が十分に考慮されていなかった。この弱点を補うとともに，所期の成果が見られたら直ちにその成果を認め，推奨し，活用を図り，充実・向上をめざしていく考え方が，PDCA サイクルには組み入れられている。その循環過程を表4-1に示す。

　教育基本法並びに学校教育法には，当該校種の普遍的教育目標が設定されている。この普遍的な教育目標に準拠する形で，都道府県・市町村の各地方自治体では，固有の教育理念・教育目標が策定され，これらに基づく教育施策が展開される。したがって，各学校においては，国および地方自治体レベルでの教育を考慮しつつ，その固有の存在を意義づけるべく到達すべき教育目標を設定し，学校の全教育活動を挙げて，その教育目標の達成をめざす。この学校の教育目標やねらいは，一般的に学校教育目標と称される。学校教育目標とは，このように教育する側が，子ども（幼児・児童・生徒・学生等）の中に実現しようとする，「本校の子どもに，このようにあってほしい願いとしての人間像」であったり，「本校で育てたい生きる力」であったりする。

　一般には，教育基本法に謳われているような，「人格の完成」とともに，「知・徳・体」の調和的な発達の推進などといった，いわゆる全人的教育目標が多く見られる。より具体的には，教職課程履修者自身の母園・母校あるいは修学中の大学の教育理念や教育目標等について調査すると，より明らかとなろ

表4-1　カリキュラム・マネジメントの循環過程

実態調査	一定の調査方法により，当該学区の地域性及び全児童・生徒の現状（＝現実の子どもたちの姿）・実態を把握する。
課題設定	①当該学区及び全児童・生徒の実態を踏まえ具体的な教育的課題を設定する。 ②なお，都道府県及び市町村レベルの地方自治体でも，当該自治体の教育実態を踏まえた教育理念・目標等が策定されつつあるので，これらを正しく理解し，当該学校の教育目標設定に活かすことが必要である。
目標設定	学校教育目標を立て，その具現化へ向けて経営戦略を練る。 【例】理想的な児童生徒像・児童生徒に育てたい諸力・学力等を設定する
計画立案合意	経営戦略に基づき，学校教育計画を立て，具体的方策を校内合意の上策定する。 【例】年間指導計画・学年間教科領域間・学校種間の関係日課表・時間割・指導体制などについて，具体的に立案し，学校内の合意を形成する。
実　践	学校教育計画及び指導計画に基づき，授業づくり・授業実践・教材づくり・授業の準備・きめ細かな指導などにつき，実践する。
点検評価	①点検評価：点検評価規準の設定・点検評価方法・評価資料など ②学校のアカウンタビリティー：成果情報の提供・公開，説明責任
改善実行	①点検評価の結果をふまえて，目的・計画・実践の全過程の改善点を具体的に明らかにする。 ②点検結果に基づき，具体的に改善を実行する。

（出所）　葉養（2008：65）を参照。

う。特に，教育実習までに，母校や実習予定校のHP等で公開情報に熟知しておくことは，教育実習事前学習としてより効果的である。

　とはいうものの，学校教育目標を設定すれば，学校としての使命が即座にかつ自動的に達成されるほど，学校教育実践は単純ではない。いずれの学校でも，何らかの学校教育目標が設定されてはいるが，それが単なる飾りになったり，画餅に帰したりしている学校も多い。それは，めざすべき「教育目標」についての理解が，教職員間で個別的で形式・建前的なレベルに留まり，実践的に理解されず，その実践プランとしての「教育課程」「指導計画」等の具体的な内容や方法レベルにまで容易には架橋し難いという，構造上の課題特性を内包しているからであろう。

　だからこそ，表4-1のように，「現実の子どもたちの姿（現状）」を「こうあってほしい子ども像（目標）」へ近づけ高める，具体的に「架橋する」作用を，各学校の教育課程およびこれに依拠する教育実践，つまり授業計画や教材

研究と開発のレベル，さらには実践・評価のレベルにおいて，有機的に関連付ける教師の実践力が，カリキュラム・マネジメント上，ますます重要となっていると考えられる。

　上記の「学校教育目標」と「教育課程」を設定・編成するに際して，留意事項として，以下の諸点を挙げることができる。なお，教育課程自体については，第8章を参照されたい。

① 学校教育が，わが国の公教育を担う使命を有することを理解し，あくまで日本国憲法・教育基本法・学校教育法等の法令に定められた学校教育の目的等に連動すること。

② 併せて，都道府県・市町村の当該自治体教育委員会の規則・指針等に準拠すること。

③ 上記①の法令および②の規則等に基づく学校教育目的の設定とその達成を前提としつつ，当該学区の地域性や学校の実態，児童・生徒の実態に充分に即した目標を設定し，その実効性の確保に努めること。

④ 上記を前提に，当該校種の学習指導要領に示す各教科・道徳・特別活動・外国語活動および総合的な学習の時間の目標やねらいを正しく踏まえ，具体的に設定し達成すること。

⑤ 日常の教育活動の指針として，以下の観点からも有効性を有すること。
　1．教育的価値が高く，継続的実践が可能であること。
　2．各教員の考えが集約され，共通理解が得られて，全教員の全教育活動の指針となり，日常的に生かされるものであること。
　3．学校教育目標の具現化が図られ，学校評価の基準となって活用され，学校の改善につながるものであること。

　上記の留意事項のもと各学校で設定された学校教育目標は，これを具現化すべく，教育課程の内容に反映され，「組織マネジメント」を通して日々の教育活動全般において実践されていくこととなる。PDCAサイクルに従い，(1)所期のねらいが達成されたかどうか，(2)もし達成されなかったとしたらどこに問

題があったか，(3)それは何が阻害要因になっているかなどを点検・評価し，(4)改善策を具体的に提示しなければならない。学校評価の内容例は，以下の通りである。

教育課程の編成と実施に関する評価：(a)当該学校の教育目標の的確性 (b)教育課程の編成・実施過程とその実態 (c)学習者（幼児・児童・生徒）に対する指導方法や指導体制など，(d)学習者の学習状況・学習習慣，(e)学習者の生活の状況や体験など

教育課程の編成と実施を支える条件などの評価：(a)経営方針 (b)経営組織 (c)条件整備 (d)教職員の創意工夫・研修 (e)各種会議・委員会等の運営 (f)スクール・リーダーのリーダーシップ (g)学校の支援体制など

学校評価には，「だれが評価するか」という評価者の位置によって内部評価と外部評価との二種類がある。内部評価は校長ほか教職員および学習者，つまり学校内部の構成者が行う評価であり，外部評価は，保護者，地域住民ほかの教育関係者が行う評価である。特に，学識経験者等による第三者評価が重視されつつある。また，外部評価が重視されてきた理由としては，以下3点を指摘できる。

① 学校評価を，内外の多様な視点を踏まえ，多角的・多面的なものとするため。
② 教職員の内部評価と関連づけることにより，評価結果の客観性や妥当性を高めるため。
③ 外部の願いを具体的に把握でき，特色ある教育活動づくりや地域に根ざした学校づくりに反映するため。

各学校は，自校の学校評価の結果やその教育成果について，関連情報を保護者や地域住民等に対して説明する責任を有する。この説明責任を「学校のアカウンタビリティー」と呼ぶ。学校に対しては，その教育活動全般に関する情報

を，関係者に積極的に提供するとともに適切な説明を行い，関係者の理解と協力を求める要請が高い。したがって，学校経営者に対しても，当該学校の運営基本構想や教育課程の編成・実施等について，その意見や意向を把握し，地域社会に根ざした特色ある学校づくりに具体的に反映させていくことが要請されている。

参考文献・資料等

葉養正明編（2008）『教育制度と経営』学芸図書出版社.
教職問題研究会（2007）『教職論——教員を志すすべてのひとへ』ミネルヴァ書房.
木岡一明編著（2007）『ステップ・アップ学校組織マネジメント—学校・教職員がもっと"元気"になる開発プログラム』第一法規.
教育法令研究会編著（2015）『図表でわかる教育法令　第3次改訂』学陽書房.
八尾坂修編集（2015）『校長・教頭のリーダーシップとマネジメント術——社会の変化に対応した校長・副校長・教頭の学校経営術』教育開発研究所.
窪田眞二・小川友次著（2015）『平成27年度教育法規便覧』学陽書房.
森秀夫著（2008）『要説　教育制度　三訂版』学芸図書出版社.
「これからの学校教育を担う教員の資質能力の向上について〜学び合い，高め合う教員養成コミュニティの構築に向けて〜（答申）」（中教審第184号）平成27年12月21日.
「チームとしての学校の在り方と今後の改善方策について（答申）」（中教審第185号）平成27年12月21日.
「新しい時代の教育や地方創生の実現に向けた学校と地域の連携・協働の在り方と今後の推進方策について（答申）」中教審第186号）平成27年12月21日.

（前原健三）

第5章

教員の資質能力——答申・研修

　本章では，学校教員にはどのような職業的能力（職能）が求められているかを検討する。教員への期待はどの時代にもどの社会にも大きく，教員という職業の在り方に関する議論はつきることがない。そこで，教員という職業，つまり教職のもつ魅力，教職に就くことによって得られる職業的魅力といったことを踏まえながら，教職に期待されていること，もっといえば個々の教員が仕事をうまく遂行していくことが要請されて，期待通りの成果を実現できていくことができる力（力量），つまり教員の資質能力を取り上げることにする。特に国レベルでの教員への期待や要請ともいえる教員の資質能力に関する答申の内容を検討することを通して，教職に求められている職業的な資質能力を明らかにしていきたい。

1　教員の資質能力はなぜ注目されるか

　今日，学校教育への国民の期待は大きい。高等学校や大学への進学率の高さや教育問題への関心の強さなどから，その期待の大きさを容易に読み取ることができる。なぜ期待が大きいかの理由を考えると，ほとんどの国民が以前に比べて，より上級の学校に進学することが経済的に可能となり，上級の学校への進学がその人の将来の生活や生き方に良い影響を及ぼし，卒業後の経済的・社会的なさまざまな利害を左右すると考えているからである。逆にいえば，学校教育を十分に受けられない場合には，卒業後の職業生活等で不利な状況に置かれる割合が大きくなると考えるからである。
　こうした学校教育への期待の大きさを教員への要請や期待と切り離して考えることはできない。学校教育には期待しないが，それを担う教員にはおおいに期待をするとか，逆に，学校教育の重要性は理解できるが，教員は誰だって同

じだと教員を軽視する考えをもつ者は少ないだろう。つまり，学校教育を重要だと考え，教育予算を増やし，立派な校舎や最新の設備・備品を整備し，教科書をはじめ教育内容を充実しても，それだけで学校教育がよき成果を生み出すと考える者はいないはずである。こうした条件を十分に活かせるかどうかは，教員のあり方しだいであろう。したがって，教員のあり方が教育の成果や質を左右していると考えると，言うまでもなく教員への期待は高くなる。低くなることはない。つまり，学校教育への期待が高まるにつれて，教員への期待も高まるという関係性は確かに存在している。

以下，教員への期待の高まりを学校教育のあり方との関連からみてみる。1つは，就学率や進学率の高まりを，学校教育への社会的な関心の高まりを反映した結果と考えると，国民の誰もが，学校教育を受けることに多くの意味や価値を見いだしているといえる。すなわち，子どもの成長や発達にとって学校教育は不可欠な存在だということにとどまらない。学校教育によって，能力や個性が育てられ，評価され，それに基づき，ある種の社会的選抜が行われる。個々人の職業選択をはじめとする社会参加の機会が一定程度影響を受ける。今日では，高等学校や大学を卒業したことを証明する学歴の価値は確かに高まり，学校教育は誰にとっても重要で不可欠な時代となっている。

個人にも，社会にも，学校教育が大きな意味をもつ時代になると，当然，学校教育を支える教員も大きな影響を受ける。学校教育から期待したほどの成果がもたらされないと，教員が問題とされがちである。たとえば，近年の全国学力調査の実施（2007年から毎年実施）を例にみると，正答率が全国の平均正答率より低い場合には，その原因を教員の指導力の低さだと単純に考えて，教員バッシングが起き，教員の指導力が問題視される。もちろん，平均より低い原因を教員の指導力のなさや低さにのみ求めることは，とても妥当性のある説明ではない。低さの原因は各種の教育条件や子どもを取り巻く環境など，複雑に諸要因が絡まっている。にもかかわらず，教員の指導への情熱や意欲，時には指導方法が問題だと，矮小化されることも多々ある。塾の講師を学校に招いて，指導法を学び，学力テストの点数を上げようといった政策の導入も提案されることとなる。塾の講師の現状をみると大半は学生アルバイトであるにもかかわ

らず，教員よりも塾の講師の方が指導力が高いなどという根拠不明の言説もまかり通る。それだけ，指導力を含めた教員の資質能力が過度に注目される。

　2つは，教育問題の多発である。1980年代頃からわが国では，いじめ，不登校，校内暴力といった学校を舞台とした教育問題が多くの関心を集めるところとなった。それまでの教育問題は，青少年問題という範疇に括られた非行であり，万引きや窃盗等の事件であり，学校外で起きることが多かった。このため，青少年非行の対応が教員のあり方，まして教員の指導力と結びつけられて考えられることは少なかった。しかし，学校を舞台として出現した教育問題の多発は，当然，教員のあり方，指導力の問題として捉えられることとなった。問題の解決に適切に対処ができない教員とか，問題に右往左往するばかりで，混迷を深める教育現場というみ方が生まれ，教員の資質能力が問題であるといった考え方も出てきたわけである。

　3つは，より良い教育の実現である。1980年代の後半から，臨時教育審議会答申などを契機に，社会変化の進展に対応して，教育改革の時代と呼ばれるほど，教育のあらゆる領域・分野で改革が進められている。たとえば，「総合的な学習の時間」や小学校での「外国語活動」が教育課程のなかに位置づけられたり，高等学校（後期中等教育）段階で，「総合学科」や「中等教育学校」や「単位制高校」などが創設されるなど，新しい試みが次々と実施されてきた。

　しかし，こうした教育課程や制度面の変革への試みも，その成否を大きく左右するのは，実際に教育活動を展開する教員の指導力のあり方であるといった考えも強くなっている。しばしば指摘されるが，1998（平成10）年の学習指導要領の改訂で新設された，「総合的な学習の時間」は期待されたほどの成果を上げられず，2008（平成20）年の改訂では，授業時数が減少した。その大きな要因は，教員の指導方法に多少とも関連している。それは，わが国の教員の典型的な指導方法は，教員採用時にも採用されている，模擬授業という用語とも関係が深い，一斉教授と呼ばれる授業方法である。学級を基盤に，学級のすべての子どもに，教員が一斉に問いかけ，教員の発問と子どもの応答のやりとりのなかで，教科書に沿って知識を理解させていく，いわゆる知識伝達型の授業のやり方がわが国では採用されている。わが国の教員はこの伝達型の授業方法

に習熟してきた。そして，このことが，「総合的な学習の時間」ではマイナスに作用した。それは創設の趣旨が，子どもが課題を見いだし，みずから課題を解決していくことをねらいとしているからである。知識伝達型の授業方法には，教員は習熟してはいるが，課題解決型の指導方法を得意とする教員が少ない。こうした現状では，その創設の趣旨がいかに立派で時代が求めるものであっても，ねらいが達成できにくい場合の典型例であろう。こうした点から考えると，社会の変化に対応したより良い教育活動の展開には，知識伝達型の一斉指導方式だけにたよらない教員の指導力の向上が不可欠である。教員の資質能力を問う根拠にもなっている。

2　教職の役割とその魅力

「教育は人に在り」とか「教育は教師次第」等の言説が正しいかどうかはともかく，教育のありようと教員の存在は切っても切れない関係にある。教育の重要性を指摘すればする程，教員の果たす役割の大きさが注目され，教員への期待も高まる。いつの時代にも教員の役割の重要性を否定する者はいない。

さて，教職に就こうとする者はどのような動機で教職を選択するのか。言うまでもなく，教育が果たす社会的役割の大きさやその重要性を考慮しての職業選択であろう。教育は次の世代を育て次の時代をつくる。教育のありようによって次の時代も変わる。教育は子どもを育て未来を作る仕事である。当然，教職の魅力もこの点にあろう。

だが，教職に就こうとする者や現に教職に就いている者が教職の魅力をこの点だけに感じていると考えるのも少し狭いだろう。たとえば，日々の授業等の中で，子どもを教育する行為それ自体に喜びを見いだすことも多い。師弟同行の言葉に象徴されるが，子どもの学習や活動の指導を通して，子ども理解が深まり，指導が計画通りに運ぶ。その過程で味わう教員としての悩みや失敗，創意や工夫，達成感や満足感など，子どもと同じ思いや感情を共有し，子どもとの間に親和的な関係を築いていくこと。同様に，普段の子どもとの何気ない会話や触れ合いに教員としての喜びを日々見いだすことができること。経済的価

値観に支配されがちな今日の社会にあって，金銭的な価値では計れない喜びを仕事のやりがいとして実感できる点に魅力を感じている教員も多い。また，子どもが学習や活動でよい成果を上げたり，教え子が卒業後社会で活躍するなど，教員としての教育力や影響力を実感できる点にも教職の魅力はある。つまり，個々の教員の感じている教職の魅力は実に多様であるという点こそが教職のもつ魅力の特徴である。

　逆に，熱意をもって仕事に取り組んだにもかかわらず成果が現れてこない，子どもが教員の働きかけに乗ってこない，むしろ期待とは逆の方向にいってしまうなどの場合には，教育への情熱も教職へのコミットも低下しがちとなる。たとえば，バーンアウト現象（燃え尽き症候群）と呼ばれる事態に陥り，精神的な疲労・困惑，時には精神性疾患にかかり休職に至る教員の存在さえも報告されている。80年代以降，次々に問題化したいじめ，不登校，校内暴力，学級崩壊，保護者対応，学力低下問題等への教員の取り組みや対処にみられる大変さや困難さ，多忙化が，教職という仕事の難しさを象徴しているだろう。

3　答申にみられる教員の資質能力

　では，教員が取り組む教育という仕事で十分な成果を上げていくためには，どのような資質能力が求められるのか。教員の資質能力に関するわが国の政策に沿ってみていくことにする。なお，教員が仕事を行う（教員としての職務遂行）際に求められる力量を，一般的には教員の資質能力と呼ぶ。資質と能力という用語をある程度区別して使用する場合もある。たとえば，資質は教員としての人柄も含め人格的な特質により重点を置いて使う場合が多く，能力は教員の仕事を遂行する力（仕事ができるかできないかのレベル）を強調して使う場合が多い。ただし，国の答申等では，「資質能力」という用法が一般的である。

（1）『新たな時代に向けた教員養成の改善方策について』
　1997（平成9）年7月に出された教育職員養成審議会の『新たな時代に向けた教員養成の改善方策について』（第1次答申）を取り上げる。

資質能力を次の3つに区分している。1つは,いつの時代も教員に求められる資質能力。この答申では,1987（昭和62）年12月の教養審答申『教員の資質能力の向上方策等について』の中で出された「教育者としての使命感,人間の成長・発達についての深い理解,幼児・児童・生徒に対する教育的愛情,教科等に関する専門的知識,広く豊かな教養,そしてこれらを基盤とした実践的指導力」を,いつの時代にあっても一般的に求められる基本的な資質として,一般的資質能力と呼ぶ。そして,こうした資質能力を不易なものと位置づけている。すなわち,時代の変化のなかでも変わらないものと。

2つは,今後特に教員に求められる具体的資質能力。これからの時代に求められる学校教育を実現するためには,教員の資質能力の向上が前提であるとして,この資質能力の具体例を示している。1．地球的視野に立って行動するための資質能力（地球,国家,人間等に関わる適切な理解,豊かな人間性,,国際社会で必要とされる基本的資質能力），2．変化の時代を生きる社会人に求められる資質能力（課題解決能力等に関わるもの,人間関係に関わるもの,社会の変化に適応するための知識及び技能），3．教員の職務から必然的に求められる資質能力（幼児・児童・生徒や教育の在り方に関する適切な理解。教職に対する愛着,誇り,一体感。教科指導,生徒指導等のための知識,技能及び態度）。

なお,この部分は,「今後特に求められる」と位置づけているが,本答申が90年代になされたという時代認識に立っている点では興味深い。東西対立が終わりを告げた時代への明るい未来展望を込めた記述が特に1．の「地球的視野に立って行動」といったタームに色濃く出ている。21世紀に入り,東西対立に代わり,宗教対立,民族対立,格差の拡大,地域紛争やテロの日常化など,一見すると20世紀よりも問題や課題の多様化,深刻化してきた状況を誰が予測できただろうか。不易と流行という用法があるが,流行の予測は難しい。

3つは,得意分野をもつ個性豊かな教員の必要性。これは2．の今後特に求められる多様な資質能力を,すべての教員が一律に高度に身に付けることを期待しても現実的ではない,とした点が特徴的なことである。すべての教員に画一的な教員像を求めるのではなく,生涯にわたり資質能力の向上を図るという

前提に立って，教員集団のあり方に期待し，学校という組織全体として充実した教育活動を展開すべきと考え，「チーム」としての学校教育の推進を視野に，教員一人ひとりが積極的に得意分野づくりや個性の伸長を図ることが大切であるとしている。

（２）『今後の教員免許制度の在り方について』

2002（平成14）年２月の中央教育審議会の答申『今後の教員免許制度の在り方について』では，教員免許更新制の可能性の検討を主な審議事項とし，教員の適格性の確保，専門性の向上，信頼される学校づくりという３つの視点を教員の資質向上にかかわる課題であるとし，教員免許制度の在り方を論議している。この答申は教員の資質能力ついてそのなかみを論議するというよりも，問題教員の排除や教員の適格性，指導力不足教員の問題への対処に関する制度の在り方に議論の焦点があり，教員免許更新制度，教職10年を経過した教員に対する研究の構築，条件付採用制度，懲戒制度，分限制度，他職種への転職制度など，教員の適格性の確保と教員の専門性の向上が中心的な内容の答申である。

（３）『新しい時代の義務教育を創造する』

2005（平成17）年10月の中央教育審議会の答申『新しい時代の義務教育を創造する』では，国民が求める学校教育を実現するためには，子ども，保護者，広く社会から尊敬され，信頼される質の高い教員を養成・確保することが不可欠だとして，優れた教員の条件として次の３つの要素を提示している。

① 教職に対する強い情熱。すなわち，仕事に対する使命感や誇り，子どもに対する愛情や責任感など。

② 教育の専門家としての確かな力量。すなわち，子ども理解力，児童・生徒指導力，集団指導の力，学級づくりの力，学習指導・授業作りの力，教材解釈の力など。

③ 総合的な人間力。すなわち，豊かな人間性や社会性，常識や教養，礼儀作法をはじめ対人関係能力，コミュニケーション能力などの人格的資質を備えていること。また，教職員全体と同僚として協力していくこと。

この答申では，特にこれからの学校の姿として保護者や地域住民の意向を汲み取り，反映していく信頼される学校づくりを求めている。学校教育を支える制度的枠組みの再構築に力点を置く。たとえば，学校の組織運営の見直し，教育委員会制度の見直し，国と地方，都道府県と市町村の関係・役割などを論議している。

（4）『今後の教員養成・免許制度の在り方について』

2006（平成18）年7月の中央教育審議会の答申『今後の教員養成・免許制度の在り方について』では，大学等における教職課程の一層の充実，教職大学院制度の創設，そして教員免許更新制の導入を提案している。特に，教員免許更新制の導入に関して，これまでの答申で示された教員の資質能力を，どう確実に教員が身に付けるかについての諸方策に関する制度改革を提言している。とくに，「常に研究と修養に努め，専門性の向上を図ること」を求め，変化する社会の状況，及び学校教育が抱える複雑・多様化する課題に対して，「不断に最新の専門的知識や指導技術等を身に付けていくことが重要となっており」，教員の資質向上を図るための「学びの精神」の重要性を強調している。そして，教員免許更新制の導入の意義を，「教員として共通に求められる内容を中心に，その時々で教員として必要な資質能力に刷新（リニューアル）するものとして構成されるもの」と位置づけている。

（5）『これからの学校教育を担う教員の資質能力の向上について』

2014（平成26）年7月に「これからの学校教育を担う教職員やチームとしての学校の在り方について」の諮問を受け，2015（平成27）年12月の中央教育審議会答申『これからの学校教育を担う教員の資質能力の向上について』がなされた。

知識基盤社会の到来，社会・経済のグローバル化や少子高齢化の進展など，わが国社会の進歩や変化のスピードは一層高まっているという時代認識の基づき，学校教育を担う教員には多くの課題に対応していくことが要請されていると捉えている。そして，これまでの答申等で繰り返し提言されてきた教員とし

ての不易な資質能力に加えて，学校が抱える多様な課題に対応し実践的な指導力を身につけるに必要なことは，教員自身が探求力を持ち学び続ける存在であるべきだという「学び続ける教員像」を具現化していくための教員政策を進めることを提言している。具体的には，教員研修，教員採用，教員養成に関しての改革の方向性を提示しているが，従来の答申にも増して，教員研修の改革・充実に重点が置かれているといった特徴が見られる。

4　研修を通した資質能力の向上策——法定研修

　次に，教員の資質能力の向上の重要性が指摘されるなかで，近年注目の度合いが高まっている研修を取り上げる。教員として採用された時点で，一人前という捉え方はすでに70年代から80年代には衰退の一途であった。各県の教育研究所や研究センターでは法定研修という呼び名の研修は存在していなかったが，現職教員を対象とした教員の年齢，職階，教育課題や問題等に対応した講座等は数多く開設され，資質能力の向上に貢献していた。

　80年代には，生涯学習の理念が浸透するに伴い，教員の世界にも現職教育の必要性が要請されるようになった。つまり，教職生活を通して資質能力の向上を図ることが求められるようになったのである。

　さて，今日までに教員の資質能力の向上策として，採用後の教職生活のなかで制度的にどのような機会が位置づけられてきたか。以下，現在の時点で制度化されている次の3つの法定研修を取り上げることにする。なお，わが国の教員の研修機会としては，この法定研修と呼ばれているものだけではない。たとえば，各県の教育研修センター等での研修に加えて，わが国に特徴的なものだと指摘される教員組合主催とか各種の自主的な教育研究の団体・協議会主催の研究会などもある。また勤務校での教育課題に対応した校内研修会などがある。その多くは授業研究（レッスン・スタディー）が中心ではあるが，教員の資質向上策という点ではいずれも重要なことは言うまでもないが，法定研修の性格をもつという点に着目し，次の3つを取り上げる。

(1) 初任者研修

　採用後の最初の研修機会が，初任者研修である。1986（昭和61）年4月の臨時教育審議会第2次答申によって提言され，その後，教養審により1987（昭和62）年12月の答申「教員の資質能力の向上方策等について」に盛り込まれ，1988（昭和63）年に教育公務員特例法に追加され，創設された。そして，1989（平成元）年度から実施されてきている。教育公務員特例法第23条で以下のように定めている。

> 教育公務員特例法第23条　公立の小学校等の教諭等の任命権者は，当該教諭等（政令で指定する者を除く。）に対して，その採用（略）の日から1年間の教諭又は保育教諭の職務の遂行に必要な事項に関する実践的な研修（以下「初任者研修」という。）を実施しなければならない。

　なお，初任者の指導教諭は所属する勤務校の校長以外の教員が任命される。研修の内容としては，校内での指導教員による指導・助言による校内研修，教育センター等での受講，他校種参観，社会教育施設や民間企業の見学等である。基礎的，基本的な実践的指導力の習得に力点が置かれている。

(2) 十年経験者研修

　2002年2月の中教審答申「教員免許制度の在り方について」を受け，平成14年に教育公務員特例法に追加された。

> 第24条　公立の小学校等の教諭等の任命権者は，当該教諭等に対して，その在職期間（公立学校以外の小学校等の教諭等としての在職期間を含む。）が十年（特別の事情がある場合には，十年を標準として任命権者が定める年数）に達した後相当の期間内に，個々の能力，適性等に応じて，教諭等としての資質の向上を図るために必要な事項に関する研修（以下「十年経験者研修」という。）を実施しなければならない。
> 2　任命権者は，十年経験者研修を実施するに当たり，十年経験者研修を受ける者の能力，適性等について評価を行い，その結果に基づき，当該者ごとに十年経験者研修に関する計画書を作成しなければならない。
> （第3項省略）

第5章　教員の資質能力

　教育公務員特例法の改正により，2003（平成15）年4月1日から法定研修として施行されることになった。在職期間が10年に達した後相当の期間内に，個々の能力・適性等に応じて，資質の向上を図るために必要な事項に関する研修を行うことを定めた。なお，在職期間とは，臨時的に任用された期間は除くとされる。任命権者が各教員の能力や適性等について評価し，一人ひとりのほぼ1年間に渡る研修計画を立て実施する。研修は校外・校内両方で行う。研修内容としては，校外での長期休業期間等における研修と，校内での課業期間における研修に分けられる。前者の研修としては，教科指導，生徒指導等に関する研修，および社会体験研修，カウンセリング，情報教育等，適性に応じた得意分野づくり等の選択研修，後者は，学校内での実際の授業実践を通じた授業研究や教材研究，特定課題研究等が実施されている。なお，校長が年度末に教育委員会に個々の教員の研修の結果を報告する等の特徴がある。

（3）指導改善研修

　指導改善研修は，2007（平成19）年に教育公務員特例法に追加された。この特例法では，「指導が不適切」な教員という用語を使用しているが，2005（平成17）年度以前は，「指導力が不足教員」という用語が一般的に使われていた。すなわち，「児童生徒との適切な関係を築くことができないなどの指導力が不足している教員の存在」が，教員の資質能力への関心が高まる中で，クローズアップされそうした教員の存在を問題視する声が大きくなった。

　もう少しその経緯をみておくと，指導力不足教員への対応が課題としてクローズアップされだした契機は，文部科学省が2000（平成12）年度から都道府県・政令指定都市の教育委員会に，指導力不足教員を対象とした人事管理を進めるための調査研究事業を委嘱したことである。なお，当初，指導力不足教員の定義は，必ずしも明確ではなかった。すなわち，教科指導や生徒指導が十分にできないとか，疾病等の条件により指導力を十分に発揮できないとか，専門性や社会性に欠けるために指導力が不足しているとか，勤務態度や服務上の問題があるといった適格性に欠けるとか，いろいろなレベルで問題があるとみなされる教員を指していた。各県において指導力不足教員の定義，指導力不足教

員をどう把握するか，指導力不足教員をどう判断すればよいか，指導力不足教員の事例としてどのようなものがあるかなど，指導力不足教員への指導方針が検討された。そして，「指導力不足教員」と名づけた教員に対して，継続的な指導研修体制の必要性と，必要に応じて免職するなどの分限制度の運用の厳格化を要請するなどの動きが強まった。2001（平成13）年には，「地方教育行政の組織及び運営に関する法律」の第47条の2項で，「県費負担教職員の免職及び都道府県の職への採用」を定めた。その条文は，「1．児童又は生徒に対する指導が不適切であること。2．研修等必要な措置が講じられたとしてもなお児童又は生徒に対する指導を適切に行うことができないと認められること。」である。このいずれにも該当する教員を免職し，引き続いて当該都道府県の常時勤務を要する職に採用することができると定めた。なお，法律上は「免職」と「採用」は一体不可分に実施されるものとされる。

指導改善研修は，特例法上は2008（平成20）年4月から実施されている。だが，文部科学省の統計では，特例法に条文を定める以前に各教委が研修をはじめた時期を調査しており，その統計は2004（平成16）年度からである。

教育公務員特例法の第25条の2では以下のように定めている。

　　公立の小学校等の教諭等の任命権者は，児童，生徒又は幼児（以下「児童等」という。）に対する指導が不適切であると認定した教諭等に対して，その能力，適性等に応じて，当該指導の改善を図るために必要な事項に関する研修（以下「指導改善研修」という。）を実施しなければならない。

なお第2項から5項の条文も示しておく。

　　2　指導改善研修の期間は，1年を超えてはならない。ただし，特に必要があると認めるときは，任命権者は，指導改善研修を開始した日から引き続き2年を超えない範囲内で，これを延長することができる。

　　3　任命権者は，指導改善研修を実施するに当たり，指導改善研修を受ける者の能力，適性等に応じて，その者ごとに指導改善研修に関する計画書を作成しなければならない。

　　4　任命権者は，指導改善研修の終了時において，指導改善研修を受けた者の児童等に対する指導の改善の程度に関する認定を行わなければなら

ない。
　5　任命権者は，第1項及び前項の認定に当たつては，教育委員会規則（略）で定めるところにより，教育学，医学，心理学その他の児童等に対する指導に関する専門的知識を有する者及び当該任命権者の属する都道府県又は市町村の区域内に居住する保護者（親権を行う者及び未成年後見人をいう。）である者の意見を聴かなければならない。（第6項，第7項は省略）

　さらに，第25条の3で，指導改善研修後の措置に関して，「任命権者は，前条第4項の認定において指導の改善が不十分でなお児童等に対する指導を適切に行うことができないと認める教諭等に対して，免職その他の必要な措置を講ずるものとする。」と定める。

　なお，文部科学省の調査結果（「教育委員会月報」）によると，各年度の「新規認定者」は平成16年度が282人，17年度が246人であり，17年度までは，「指導力不足教員」という用語であったが，18年度からは「指導が不適切な教員」という表現に変わり，その新規認定者は，18年度212人，19年度130人　20年度133人，21年度86人，22年度86人，23年度73人，24年度69人，25年度64人。この数字からわかるように，新規認定者は減少傾向が顕著である。また，平成25年度の統計をみると，67都道府県・政令指定都市教育委員会中新規認定者がいたのは半数以下の32教委である。なお，認定者総数（137人）の在職教員に占める状況をみると，小学校で0.021％，中学校0.016％，高等学校0.015％，中等教育学校0.000％，特別支援学校0.017％。年代別にみると，20代0.011％，30代0.014％，40代0.021％，50代以上0.021％。

　なお，「指導が不適切」の範疇には含まれないが，一定の問題を抱える教員への対応にも取り組む。すなわち，「教科等の指導にあたって一定の課題がみられるが，「指導が不適切である」教諭等であるとの認定に至らない教諭等についても，児童等に対する十分な教育上の配慮を行った上で，教育委員会として必要な支援策を講じる」必要があるとして，平成24年度には，67教育委員会中42教委が「指導の課題のある教員」に対する研修を実施している。

5　教員免許更新制

　教員研修という範疇には，法的には入らないが，教員の資質能力の向上を期待した制度的な枠組みである。この免許更新制が導入されたきっかけは，不適格教員とか，指導力不足教員などの教員への批判を背景にしている。
　2006（平成18）年7月の中央教育審議会の答申『今後の教員養成・免許制度の在り方について』を受けて，2007（平成19）年6月の教育職員免許法改正により，2009（平成21）年4月から実施されている。この制度の目的は，「その時々で教員として必要な最新の知識技能を身につけること」。10年ごとに，免許更新講習会（30時間）に参加し，修了認定の試験を受けること。この講習会は勤務校の仕事とは無関係に実施される。つまり，研修は任命権者が研修を行う主体であるが，免許更新講習では任命権者はほぼ無関係であること。該当する教員は勤務校での授業等の校務と重ならない時間帯を見いだして参加すること，講習に係る費用も個人負担に近いことなどが特徴である。また，初任者研修，十年経験者研修，指導改善研修は，その対象が公立学校教員に限定されるのに対して，教員免許更新講習の受講対象教員は，わが国の国立，公立，私立のすべての教員である点が特徴となっている。
　大学等で実施する更新講習の内容は，「教職についての省察並びに子どもの変化，教育政策の動向及び学校の内外における連携協力についての理解に関する事項」（必修領域；8つの領域）が12時間以上，「教科指導，生徒指導その他の教育の充実に関する事項」（選択領域）が18時間以上であった。
　ところで，教員免許更新制度は2009（平成21）年4月に導入され，すでに5年が経過した。教育職員免許法では，免許状更新講習の制度に関して，施行後5年を経過した場合に検討を加え必要な措置を講じるという規定をしていることから，2016（平成28）年4月からの更新講習の内容に変更が加えられた。「必修領域」が6時間，「選択必修領域」を新設し6時間，「選択領域」が18時間。必修領域はともすれば全学校種・免許種共通なので個々の教員のニーズに合わない場合が多く，選択領域ほどの受講満足度が高くなく，その改善が図られた。

参考文献

今津孝次郎（2012）『教師が育つ条件』岩波書店．
教育職員養成審議会『新たな時代に向けた教員養成の改善方策について』（第1次答申），平成9年7月1日．
中央教育審議会「今後の教員免許制度の在り方について」（答申），平成14年2月21日．
中央教育審議会「新しい時代の義務教育を創造する」（答申），平成17年10月26日．
中央教育審議会「今後の教員養成・免許制度の在り方について」（答申），平成18年7月11日．
文部科学省『教育委員会月報』第一法規，なお，文部科学省の答申・施策等の解説，教員に関する統計資料等に関しては，随時参照した．

（南本長穂）

第 6 章

教員の地位と服務

　　本章では，主に公立学校に勤務する教員の地位と服務について論じている。教員の地位に就こうとする者，たとえば，大学生や民間企業に勤める人や教員以外の公務員などが，職業として教員を考えたときには，まず念頭におくのは教員という仕事への親密性や親近感であり，その仕事のやりがいであり，子どもとのふれ合いやとか子どもの成長する姿に貢献できることへの喜びであり，教科等に関する専門的知識を教えることの喜びであり，それを通しての自らの成長を実感できる喜びなどであろう。ただ単に給料や報酬を求めて働こうとする者は少ないであろう。教員は公務員だから地位や報酬が安定しており，リストラもない，だから教員という職業を選択したいと考える者がたとえいたとしても，教員の地位や身分に関して，法的にどのような定めがあるのかを熟知している者は少ないだろう。多くの教員のなかには，教員という地位に就いた後も，ついつい法的な規定に無自覚なまま仕事を続けている教員も存在することは確かである。

　　本章では，教員という地位に就こうする者にとって最低限知る必要があると思われる，教員の地位と身分，遵守すべき義務等について概観する。

1　教員の身分と任用

　学校教員の身分は，大別すると，公立学校では地方公務員，国立大学法人附属諸学校では国立大学法人職員，私立学校では学校法人職員である。なお，私立学校教員の場合，地位や身分は各学校法人の就業規則で個別に定められている。以下，公立学校教員の場合をみていく。

　公務員である教員は全体の奉仕者という職業的性格をもつ。すなわち，日本国憲法第15条2項で，「すべて公務員は，全体の奉仕者であって，一部の奉仕

者ではない。」と定められている。

　また，2006（平成18）年12月改訂の教育基本法では，次のように教員に関して，使命と職責の重要性，そのための研究と修養の必要性，身分の尊重と待遇の適正，養成と研修の充実等を定めている。

> 第9条（教員）　法律に定める学校の教員は，自己の崇高な使命を深く自覚し，絶えず研究と修養に励み，その職責の遂行に努めなければならない。
> 2　前項の教員については，その使命と職責の重要性にかんがみ，その身分は尊重され，待遇の適正が期せられるとともに，養成と研修の充実が図られなければならない。

　公務員である教員には，教育公務員特例法で「教育公務員」という身分が付与される。この法律の趣旨として，第1条では「この法律は，教育を通じて国民全体に奉仕する教育公務員の職務とその責任の特殊性に基づき，教育公務員の任免，給与，分限，懲戒，服務及び研修等について規定する。」と定めている。すなわち，教育という仕事を担うという職務とその責任の特殊性を強調している。教員の仕事は，一般公務員とは異なり，仕事量を画一的な基準で評価することが困難である。教育の対象となる児童や生徒の能力や適性も画一的でなく，教育の成果が各教員の職業的な知識や技能，意欲や熱意を直線的に反映するとは限らない。この点に一般公務員の職務遂行の在り方とは違った特殊性があることは周知の事実である。

　なお，任免とは，任用と免職のことであり，任用とは，採用，昇任，降任，転任であり，免職とは退職させることである。そして，この任免の権限を持っている者を任命権者という。

　では，教育公務員の任命権者とは誰なのか。それを定めている法律が，「地方公務員法」である。その第6条で，任命権者は地方公共団体（都道府県，指定都市，市町村）の教育委員会であると定めている。

　また，「地方教育行政の組織及び運営に関する法律」（以下「地教行法」と略す）という法律があるが，この法律の趣旨は，その第1条で，「この法律は，教育委員会の設置，学校その他の教育機関の職員の身分取扱その他地方公共団

体における教育行政の組織及び運営の基本を定めることを目的とする。」と定めている。そして，同第34条で「教育委員会の所管に属する学校その他の教育機関の校長，園長，教員，事務職員，技術職員その他の職員は，この法律に特別の定がある場合を除き，教育委員会が任命する。」と定めており，教育機関の職員の任命の責任主体が決められている。すなわち，この定めにより，公立学校教員の任用を行うための公立学校教員採用選考試験の実施は教育委員会が行うこととなる。

　第34条の定めから，教員の任命権者を整理すると次のようになる。都道府県立の高等学校や中等教育学校の後期課程，特別支援学校の高等部などの教員の採用は，その設置者である都道府県教育委員会に任命権があることは容易に理解できる。だが，市町村が設置する小・中学校の教員の場合は，任命権は市町村の教育委員会ではなくて，都道府県の教育委員会にある。その理由は次のような法的規定からである。地教行法第37条第1項で「市町村立学校職員給与負担法（昭和23年法律第135号）第1条及び第2条に規定する職員（以下「県費負担教職員」という。）の任命権は，都道府県委員会に属する。」と定めている。つまり，市町村が設置する小・中学校に勤務する教員は，身分は任用された市町村の職員であるが，教員の給与を負担する都道府県が任免その他の進退人事を担うことになる。なお，義務教育費国庫負担法により，公立の小学校，中学校，中等教育学校の前期課程，特別支援学校の小学部及び中学部に要する経費のうち，県費負担教職員の給料その他の給与（退職手当，退職年金及び退職一時金並びに旅費を除く。）および報酬等に要する経費の実支出額の三分の一を負担すると定めている（都道府県立の中学校，中等教育学校，特別支援学校を含む）。つまり，市町村立の公立学校の教員の給料および報酬は，法的には都道府県が三分の二，国が三分の一を負担することになる。なお，市町村立高等学校の教員の場合は，県費負担教職員ではないために，高校の設置者が教員の給料および報酬を負担する。このため，政令指定都市以外の市町村が高等学校を設置した場合，任命権者は都道府県で，教員の給料および報酬は当該の設置者の市町村が全額負担するのが一般的である。

　なお，指定都市の場合は，地教行法第58条の指定都市に関する特例，「指定

都市の県費負担教職員の任免，給与（カッコ内は略）の決定，休職及び懲戒に関する事務は，第37条第１項の規定にかかわらず，当該指定都市の教育委員会が行う。」と定められ，任命権者は都道府県の教育委員会ではなくて，指定都市の教育委員会である。

公立学校の教員への任用に関して，都道府県・指定都市の教育委員会が，毎年度教員採用選考試験を実施するわけであるが，任用の根本基準と欠格条項について地方公務員法に定められている。第15条（任用の根本基準）「職員の任用は，この法律の定めるところにより，受験成績，勤務成績その他の能力の実証に基いて行われなければならない。」しかし，教員に関しては，一般公務員とは異なり，免許制度がとられており，すでに養成機関で教員としての基礎的な資質能力とか，教科等に関する専門的知識・技能を習得していることが前提となる任用であり，一般公務員の競争試験での任用というよりも，面接重視，人物の評価に重点が置かれる場合が多く，選考での任用がとられている。

また，地方公務員法第16条の欠格条項は，「次の各号のいずれかに該当する者は，条例で定める場合を除くほか，職員となり，又は競争試験若しくは選考を受けることができない。」と定めている。すなわち，次の５つの条項である。１．成年被後見人又は被保佐人。２．禁錮以上の刑に処せられ，その執行を終わるまで又はその執行を受けることがなくなるまでの者。３．当該地方公共団体において懲戒免職の処分を受け，当該処分の日から２年を経過しない者。４．人事委員会又は公平委員会の委員の職にあって，第60～63条に規定する罪を犯し刑に処せられた者。５．日本国憲法施行の日以後において，日本国憲法又はその下に成立した政府を暴力で破壊することを主張する政党その他の団体を結成し，又はこれに加入した者。

なお，教員の場合，教育職員免許法の第３条第１項で，「教育職員は，この法律により授与する各相当の免許状を有するものでなければならない。」と定められており，任用に際し各校種に対応した免許状の所有を求められている。さらに，第５条第１項の免許状の授与に関して，次のいずれかの号に該当する者には，授与しないと定めている。すなわち，次の７つの号である。すなわち，1.18歳未満の者。２．高等学校を卒業しない者。ただし，文部科学大臣におい

て高等学校を卒業した者と同等以上の資格を有すると認めた者を除く。3．地方公務員法第16条第1項と同じ規定（成年被後見人又は被保佐人）。4．禁錮以上の刑に処せられ者。5．第10条第1項第2号（公立学校の教員であって懲戒免職の処分を受けたとき）又は第3号（勤務実績が良くない場合と心身の故障の理由以外の場合で，分限免職の処分を受けたとき）に該当することにより免許状がその効力を失い，当該失効の日から3年を経過しない者。6．第11条第1項から第3項までの規定（分限免職と法令違反や非行による免許状の取り上げ）により免許状取り上げの処分を受け，当該処分の日から3年を経過しない者。7．地方公務員法第16条第5項と同じ規定。

2　教員の服務

　地教行法で，身分の取り扱いに関して第35条で「職員の任免，人事評価，給与，懲戒，服務，退職管理その他の身分取扱に関する事項は，この法律及び他の法律に特別の定めがある場合を除き，地方公務員法の定めるところによる。」つまり，教員の身分の取り扱いに関する事項は，地方公務員法が主となる。そこで，教員の服務に関して，地方公務員法の規定をみていくことにする。

　服務とは，職務に服する教員が守るべき義務である。公務員である教員には，その身分に基づき，職務上，服すべき義務が課せられる。まず，地方公務員法30条には服務の根本基準が，次のように示されている。「すべて職員は，全体の奉仕者として公共の利益のために勤務し，且つ，職務の遂行に当つては，全力を挙げてこれに専念しなければならない。」と定められている。全体の奉仕者，公共の利益，全力を挙げての職務専念が，教員が教育という仕事を行う際の基準，言い換えると職務遂行上の規範となる。

　さて，どのような義務に服さなければならないか。遵守すべき義務として，地方公務員法で，次の8つの義務が定められており，通常，「職務上の義務」（職務の遂行に当たって守るべき義務）と「身分上の義務」（職務内はもちろん公務員の身分を有する限り守るべき義務）に区分されている。

　まず，職務上の義務からみていくことにする。次の3つである。

① 服務の宣誓（地方公務員法第31条）

> 第31条　職員は，条例の定めるところにより，服務の宣誓をしなければならない。

つまり，憲法99条に規定する「公務員の憲法を尊重し擁護する義務」を宣誓書によって宣言すること。服務義務に従うことを宣言する行為である。

② 法令等及び上司の職務上の命令に従う義務（同第32条）

> 第32条　職員は，その職務を遂行するに当つて，法令，条例，地方公共団体の規則及び地方公共団体の機関の定める規程に従い，且つ，上司の職務上の命令に忠実に従わなければならない。

なお，職務上の上司とは校長とか教育委員会であり，その職務に関する命令は公共の利益に基づくものと考えられている。ただし，法規の範囲以内においてこれに服従する義務があるわけで，これを逸脱した命令である限り，これに服従する義務はない。たとえば，時間外勤務（正規の勤務時間を超えて勤務すること）を命じる場合は，次の政令「公立の義務教育諸学校等の教育職員を正規の勤務時間を超えて勤務させる場合等の基準を定める政令」（平成15年12月制定，平成16年4月から施行）に掲げる業務に従事する場合であって臨時又は緊急のやむを得ない必要があるときに限るものと定められている。すなわち，「イ　校外実習その他生徒の実習に関する業務。ロ　修学旅行その他の学校行事に関する業務。ハ　職員会議（設置者の定めるところにより学校に置かれるものをいう。）に関する業務。ニ　非常災害の場合，児童生徒の指導に関し緊急の措置を必要とする場合その他のやむを得ない場合に必要な業務。」である。

③ 職務に専念する義務（同第35条）

> 第35条　職員は，法律又は条例に特別の定がある場合を除く外，その勤務時間及び職務上の注意力のすべてをその職責遂行のために用い，当該地方公共団体がなすべき責を有する職務にのみ従事しなければならない。

勤務時間内での職務遂行の在り方について規定している。夏休み等の休業期

間中も、職務に直接関係のない行動を行うことは職務専念義務違反となる。

つぎに、身分上の義務をみていく。以下の④〜⑧の5つである。

④ 信用失墜行為の禁止（同第33条）

> 第33条　職員は、その職の信用を傷つけ、又は職員の職全体の不名誉となるような行為をしてはならない。

公職選挙法に違反する行為とか、刑法や道路交通法などの法令に違反した場合とか、セクハラなど教員としてふさわしくない非行があった場合が該当する。

⑤ 秘密を守る義務（同第34条）

> 第34条　職員は、職務上知り得た秘密を漏らしてはならない。その職を退いた後も、また、同様とする。
> 2　法令による証人、鑑定人等となり、職務上の秘密に属する事項を発表する場合においては、任命権者（退職者については、その退職した職又はこれに相当する職に係る任命権者）の許可を受けなければならない。（3項は略）

守秘義務とも呼ばれている。

学校では、たとえば、入学試験問題、成績、健康診断記録、指導要録などを第三者に漏らしてはならない。なお、地方公務員法第60条には罰則規定があり、「第34条の第1項又は第2項の規定に違反して秘密を漏らした者には、1年以下の懲役又は50万円以下の罰金に処する。」と罰則規定が定められている。

⑥ 政治的行為の制限（同第36条）

> 第36条　職員は、政党その他の政治的団体の結成に関与し、若しくはこれらの団体の役員となつてはならず、又はこれらの団体の構成員となるように、若しくはならないように勧誘運動をしてはならない。（2項から5項は省略）

公務員は全体の奉仕者という立場から政治的な中立性の維持が求められている。そして、公立学校教員は地方公務員なので地方公務員法の義務に服すべき

と考えられるが，この政治的行為の制限に関しては，教育公務員特例法第18条で「政治的行為の制限」に関して

> 公立学校の教育公務員の政治的行為の制限については，当分の間，地方公務員法第36条の規定にかかわらず，国家公務員の例による。
> （2項は省略）

と定める。国家公務員法第102条では，

> 職員は，政党又は政治的目的のために，寄附金その他の利益を求め，若しくは受領し，又は何らの方法を以てするを問わず，これらの行為に関与し，あるいは選挙権の行使を除く外，人事院規則で定める政治的行為をしてはならない。②職員は，公選による公職の候補者となることができない。③職員は，政党その他の政治的団体の役員，政治的顧問，その他これらと同様な役割をもつ構成員となることができない。

と定めている。つまり，同じ地方公務員であっても，政治的中立性という点で教員の政治的行為の制限は大きい。なお，国家公務員法第110条には罰則規定があるが，教育公務員の場合は，罰則の適用については除外されている（教育公務員特例法第18条第2項）。しかし，人事院規則14-7（政治的行為）や公職選挙法により，政治的行為には一定の制限が設けられている。

⑦ **争議行為等の禁止**（同第37条）

> 第37条　職員は，地方公共団体の機関が代表する使用者としての住民に対して同盟罷業，怠業その他の争議行為をし，又は地方公共団体の機関の活動能率を低下させる怠業的行為をしてはならない。又，何人も，このような違法な行為を企て，又はその遂行を共謀し，そそのかし，若しくはあおってはならない。
> 2　職員で前項の規定に違反する行為をしたものは，その行為の開始とともに，地方公共団体に対し，法令又は条例，地方公共団体の規則若しくは地方公共団体の機関の定める規定に基いて保有する任命上又は雇用上の権利をもつて対抗することができなくなるものとする。

地方公務員には，勤務条件の維持改善を図ることを目的に職員団体を結成すること（第52条）と当局と勤務条件等で交渉を行うこと（第55条）は認められて

いるが，この37条に掲げられている争議行為や怠業的行為を行うことなど，いわゆる争議権は認められていない。なお，地方公務員法第61条には罰則規定があり，「第37条第１項の前段に規定する違法な行為の遂行を共謀し，そそのかし，もしくはあおり，又はこれらの行為を企てた者」には，「３年以下の懲役又は100万円以下の罰金に処する。」と罰則規定が定められている。

⑧ 営利企業への従事等の制限（同第38条）

> 第38条　職員は，任命権者の許可を受けなければ，商業，工業又は金融業その他営利を目的とする私企業（以下この項及び次条第一項において「営利企業」という。）を営むことを目的とする会社その他の団体の役員その他人事委員会規則（人事委員会を置かない地方公共団体においては，地方公共団体の規則）で定める地位を兼ね，若しくは自ら営利企業を営み，又は報酬を得ていかなる事業若しくは事務にも従事してはならない。
> ２　人事委員会は，人事委員会規則により前項の場合における任命権者の許可の基準を定めることができる。

なお，教育公務員特例法第17条で「兼職及び他の事業等の従事」に関して
> 教育公務員は，教育に関する他の職を兼ね，又は教育に関する他の事業若しくは事務に従事することが本務の遂行に支障がないと任命権者（括弧の中省略）において認める場合には，給与を受け，又は受けないで，その職を兼ね，又はその事業若しくは事務に従事することができる。
> （２項は省略）

と定める。この17条は，任命権者が本務の遂行に支障がないと認める場合には，教育に関する兼職・兼業を行えるという優遇措置がなされている。

次に，公立学校教員に関する服務の監督についてみていく。服務の監督は，教育委員会が行うと地教行法第43条で定めている。

> 第43条　市町村委員会は，県費負担教職員の服務を監督する。　２　県費負担教職員は，その職務を遂行するに当たつて，法令，当該市町村の条例および規則並びに当該市町村委員会の定める教育委員会規則及び規程に従い，かつ，市町村委員会その他職務上の上司の職務上の命令に忠実に従わなけ

ればならない。3　県費負担教職員の任免，分限又は懲戒に関して，地方公務員法の規定により条例で定めるものとされている事項は，都道府県の条例で定める。（4項は省略）

　この定めから，服務の監督権を有するのは当該学校を所管する教育委員会である。すなわち，都道府県立学校の場合は，都道府県教育委員会が服務の監督を行う。市立高等学校の場合は，高等学校設置者である当該の市教育委員会が服務の監督を行う。なお，義務教育段階の市町村立小・中学校教員は，県費負担教職員という身分であることから，当該の市町村の教育委員会が服務の監督を行う。なお，各学校の校長も，学校教育法第37条4項で「校長は，校務をつかさどり，所属職員を監督する。」と定められており，所属する学校の教員の服務の監督を行う。つまり，校長は教員の「職務上の上司」にあたるため，校長の職務上の命令に教員は従う必要がある。ただし，県費負担教職員の場合，従事する教育の事業は市町村の事業であるために都道府県教育委員会は「その他職務上の上司」には該当しない。

3　教員の懲戒・分限

　公立学校教員の身分の取扱に関する事項は，すでにみてきたが，地教行法第35条で，「地方公務員法の定めるところ」によると定められている。
　ここでは，懲戒に関する身分の取扱からみていく。なお，地方公務員法第27条3項で「職員は，この法律で定める事由による場合でなければ，懲戒処分を受けることがない。」と定めている。

(1)　懲　戒

　懲戒とは，職員に服務義務違反がある場合に，その職員個人の道義的責任を追及することで，公務員関係の規律と公務遂行の秩序維持の目的で，任命権者が科する制裁処分である。この懲戒の規定は地方公務員法第29条にあり，職員が次の3つの事由，その1つは，「この法律若しくは第57条に規定する特例を定めた法律又はこれに基く条例，地方公共団体の規則若しくは地方公共団体の

機関の定める規程に違反した場合」。2つは，「職務上の義務に違反し，又は職務を怠つた場合」。3つは，全体の奉仕者たるにふさわしくない非行のあつた場合」。これら3つの事由の1つに該当する場合，「懲戒処分として戒告，減給，停職又は免職」といった4つの種類の処分が行われる。

　戒告：職員の服務義務違反の責任を確認し，その将来を戒める処分
　減給：一定の期間，給料の一定額を減ずる処分
　停職：一定の期間，職務に従事させない処分
　免職：職員としての地位を失わせる処分。

　なお，懲戒処分の手続きについては，地方公務員法第29条4項で，「職員の懲戒の手続き及び効果は，法律に特別の定がある場合を除く外，条例で定めなければならない。」と定め，第49条で，「任命権者は，職員に対し，懲戒その他その意に反すると認める不利益な処分を行う場合においては，その際，その職員に対し処分の事由を記載した説明書を交付しなければならない。」と定め，不利益処分に関する説明書の交付を義務づけている。第49条の2で，不服申し立てについて，「人事委員会又は公平委員会に対してのみ審査請求をすることができる。」と定めている。また，公立小・中学校教員の懲戒処分は，地教行法第38条で，「都道府県委員会は，市町村委員会の内申をまつて，県費負担教職員の任免その他の進退を行うものとする。」と定めている。都道府県教育委員会は，市町村教育委員会の内申の内容にすべて拘束されるものではないが，内申をまたずに任免その他の進退を行うことはできないとされる。

　さて，懲戒処分の現状はどのようなものか。文部科学省による公立学校教職員の人事行政の状況調査を見てみる。

　2013（平成25）年度の懲戒処分の状況（表6-1参照）を見ると，免職（196人），停職（212人），減給（340人），戒告（414人），合計1,162人。監督責任者として懲戒処分を受けた数は91人。なお，処分の事由別では，免職処分の件数が多いのは，わいせつ行為等と飲酒による交通事故であり，処分の件数が多いのは体罰である。すなわち，わいせつ行為等が，免職（117人），停職（49人），減給（9人），戒告（5人），合計180人。交通事故が，免職（33人），停職（50人），減給（68人），戒告（133人），合計284人。体罰が，免職（0人），停職

第6章　教員の地位と服務

表6-1　懲戒処分等の推移

年度	懲戒処分					訓告等	総計
	免職	停職	減給	戒告	合計		
平成11年度	92	154	206(9)	1,687(34)	2,139(43)	3,070(738)	5,209(781)
平成12年度	99	151	235(12)	443(57)	928(69)	3,039(885)	3,967(954)
平成13年度	92	185	259(20)	557(49)	1,093(69)	2,891(853)	3,984(922)
平成14年度	153	257	287(21)	516(78)	1,213(99)	2,332(769)	3,545(868)
平成15年度	174	244	280(28)	661(91)	1,359(119)	2,982(1,111)	4,341(1,230)
平成16年度	165	180(1)	294(27)	587(68)	1,226(96)	2,475(798)	3,701(894)
平成17年度	156	190(2)	301(22)	608(44)	1,255(68)	2,833(851)	4,088(919)
平成18年度	187	185	295(30)	492(175)	1,159(205)	3,374(888)	4,533(1,093)
平成19年度	168	162	242(19)	12,315(70)	12,887(89)	4,603(776)	17,490(865)
平成20年度	182	157(1)	309(26)	411(44)	1,059(71)	2,961(951)	4,020(1,022)
平成21年度	166	148	246(23)	383(114)	943(137)	7,038(915)	7,981(1,052)
平成22年度	187	163	220(43)	335(51)	905(94)	3,399(771)	4,304(865)
平成23年度	180	157(1)	188(5)	335(38)	860(44)	3,459(875)	4,319(919)
平成24年度	207	148(2)	247(27)	366(46)	968(75)	9,859(1,869)	10,827(1,944)
平成25年度	196	212	340(25)	414(66)	1,162(91)	8,332(2,153)	9,494(2,244)

（出所）　文部科学省「平成25年度公立学校教職員の人事行政の状況調査」

(32人)，減給（178人），戒告（200人），合計410人。

(2) 分　限

　分限とは，職責を果たせない場合に，本人の意に反して，あるいは本人の意思とは無関係に，任命権者が一方的に不利益な身分上の取扱いをする処分である。懲戒処分とは異なり，分限処分は公務能率の維持および公務の適正な運営の確保という目的から処分権限を任命権者に認めている。なお，分限処分は，地方公務員法，条例で定める事由による場合でなければ，本人の意に反して処分されないと地方公務員法第27条で定めている。任命権者の自由裁量に委ねられているものではない。分限制度の目的と関係のない場合には，違法となる場合もあるとされる。そして，同第28条では，分限処分かかわる制度と降任，免職，休職，降給の種類が定められている。

　同第28条では，職員の意に反して降任と免職を行うことができる事由は次の4つのうちの1つに該当する場合である。1．勤務実績が良くない場合。2．心身の故障のため，職務の遂行に支障があり，又はこれに堪えない場合。3．

I 教師はどのように養成され，何が求められるか

表6-2 分限処分等の推移

年度	降任	免職	休職	病気休職	(うち精神疾患)	起訴休職	その他	降給	合計
平成11年度	4	17	4,505	4,454	1,916	13	38	0	4,526
平成12年度	8	15	5,012	4,922	2,262	10	80	0	5,035
平成13年度	4	9	5,371	5,228	2,503	9	134	0	5,384
平成14年度	3	10	5,449	5,303	2,687	9	137	0	5,462
平成15年度	10	19	6,275	6,017	3,194	15	243	0	6,304
平成16年度	4	25	6,524	6,308	3,559	12	204	0	6,553
平成17年度	3	17	7,239	7,017	4,178	14	208	0	7,259
平成18年度	2	16	7,883	7,655	4,675	16	212	0	7,901
平成19年度	0	14	8,310	8,069	4,995	17	224	0	8,324
平成20年度	5	8	8,787	8,578	5,400	17	192	0	8,800
平成21年度	0	12	8,857	8,627	5,458	21	209	0	8,869
平成22年度	2	9	8,888	8,660	5,407	25	203	0	8,899
平成23年度	1	12	8,756	8,544	5,274	16	183	0	8,756
平成24年度	0	8	8,517	8,341	4,960	32	144	0	8,525
平成25年度	2	12	8,546	8,408	5,078	17	121	0	8,560

（出所） 文部科学省「平成25年度公立学校教職員の人事行政の状況調査」

その職に必要な適格性を欠く場合。4．職制若しくは定数の改廃又は予算の減少により廃職又は過員を生じた場合。職員の意に反して休職を行うことができる事由は次の2つのうちの1つに該当する場合である。1．心身の故障のため，長期の休養を要する場合。2．刑事事件に関し起訴された場合。なお，降給は条例で定めなければならない。

　2013（平成25）年度の分限処分の状況（表6-2参照）を見ると，免職（12人），降給（0人），降任（2人），休職（8,546人），合計8,560人。休職の内訳は，起訴休職（17人），病気休職（8,408人，そのうち精神性疾患5,078人），その他（121人）。なお，免職の内訳は，勤務実績不良および適格性欠如が2人，勤務実績不良が4人，適格性欠如が2人，心身の故障が4人である。また，「休職」の「その他」の内訳は，研究休職（国内・国外）が69人，配偶者の海外派遣に同行が51人，青年海外協力隊が1人。なお，起訴休職とは，迷惑行為防止条例違反，公務執行妨害，強制わいせつ，公然わいせつ，脅迫，法律違反，建造物侵入，薬事法違反などで，起訴されたことにより職務を遂行できなくなること

である。

4　希望降任制度

　希望降任制度とは，学校運営を担う管理職にふさわしい資質能力を備えた教員の確保という観点から実施されている。法的には，公務員の場合，降任は分限処分に該当する。降任とは管理職である校長や教頭から教諭への地位の変更である。給与（給料と諸手当等）にも影響を及ぼすために，公務員の場合，分限処分としてはなされても，転任人事では実施されない。希望降任とは，分限処分としての降任ではない。管理職にある教員が，管理職としての職務遂行において何らかの理由から困難な状況に陥り，自ら降任を希望して教諭の地位に就くことである。校長から教頭あるいは教諭への降任，教頭（副校長）から教諭へ降任，主幹教諭から教諭への降任などである。

　希望降任に関して，地方公務員法等に定めがないために，都道府県・政令指定都市の教育委員会において，一定の要項を定めて，組織的に実施し始めたのは，2000（平成12）年頃である。ただし，こうした実施県は，東京都など数県に過ぎなかった。多くの県では，病気等の自己都合による本人の希望に基づき，その希望をどう斟酌するかといったような個別の事案の処理のレベルで進められていた。それが，次第に要項等を作成し，実施することとなった。

　なお，希望降任を実施した教育委員会数と希望降任をした教員数を2006（平成18）年度から見てみると，2007（平成19）年に学校教育法の改正があり，副校長，主幹教諭が新たに法制化された。平成18年度以前の数値も見ておくと，希望降任の法制化を実施した教育委員会数は，平成12年度が，東京，兵庫，奈良，京都市の4教委。その後徐々に増加して，13年度6教委，14年度19教委，15年度39教委，16年度44教委，17年度50教委，18年度53教委，19年度59教委，20年度62教委，21年度64教委，22年度65教委，23年度66教委，平成24年度にはすべての教育委員会（67教委）で整備されている。

　また，希望降任をした教員数をみると，平成12年度は，3名（教頭から教諭が3名），13年度は26名，14年度は49名，15年度は66名，16年度は81名，17年

度は71名，18年度からは主幹教諭からの希望降任が加わり84名，19年度106名，20年度179名，21年度223名，22年度211名，23年度216名，24年度237名，25年度273名。なお，25年度の校長からの希望降任は9名（ちなみに，どの年度も校長の希望降任は10名以下）であるのに比べ，副校長等（教頭含む）からの希望降任が107名，主幹教諭からの希望降任が157名であり，教頭，主幹教諭のそれは校長の数値の10倍を超えている。その職の大変さを示している。なお，主幹教諭の希望降任の多い都道府県政令指定都市の教育委員会としては，神奈川（44人），大阪府（34人），東京都（32人），横浜市（25人），が10名を超える。しかし，51の教育委員会では皆無である。希望降任をたくさん輩出する教育委員会は限られていることがわかる。

　平成23年度に希望降任制度で降任した教員216人のあげる主な理由は，「健康上の問題」（42.1％），「職務上の問題」（33.3％），「家庭の事情」（20.8％）などである。なお，この理由の比率も，ほぼ毎年同じである。

参考文献
市川須美子ほか編集（2014）『教育小六法〈平成26年版〉』学陽書房．
德永保（2014）『教育法規の基礎理解』協同出版．
菱村幸彦編（2012）『教育法規の要点がよくわかる本』教育開発研究所．
菱村幸彦編（2011）『コンパクト教育法規ハンドブック』教育開発研究所．
公立学校教職員の人事行政の状況調査，教職員関係調査統計資料等，教員に関する統計データ，あるいは施策の解説に関しては，主に文部科学省編『教育委員会月報』第一法規，該当年度の各号を引用，参照．

（南本長穂）

第 7 章

諸外国の教員養成

　　各国により教員を取り巻く状況や教員養成の枠組み（制度）には，共通するところも少なくないが，違いも確かにみられる。日本における教員のおかれた状況や教員養成のあり方を考えていく際には，諸外国に視野を広げて，各国の状況を知るという視点をもつことが基本的に必要である。
　　本章では，6つの国の教員の状況や教員養成の現状を取り上げて，各国の教育事情を踏まえながら，教員養成のしくみをみていくことにする。
　　ここではまず近年，わが国の教育と比較されることも多い，イギリスとフィンランドについて，次に戦後のわが国に最も影響を与えたアメリカ，最後に，わが国の近隣国として東アジアの中国，韓国，シンガポールを取り上げる。

1　EU 諸国における教員養成

(1) 教職に求められる資質・能力への共通認識

　1999年，学士・修士・博士課程の互換性を高め，履修単位を相互に認定する「ボローニャ・プロセス」[1]と呼ばれるシステムが導入されると，ヨーロッパ圏内にある大学の教員養成課程や教員教育が大きく変化した。すなわち，教員の資質や能力に対する共通認識をもち，教員養成に力を入れながら教育のレベルアップをはかることが，ヨーロッパ共通目標であることが強調されたのである。
　これを受けて，欧州委員会は「教員の専門的能力と資質向上のためのヨーロッパ共通目標（Common European Principles for Teacher Competences and Qualifications）2005」を発表し，教員の役割等を次のように明示した。

① 質の高い専門職であること

　教員は，高等教育機関かそれに相当する課程を修了し，適切な教育者としての資格を所有し，必要な教育学，技術，能力を身につけていること。

② 生涯学習を義務付けられた専門職であること

　教員は，その職にある内は専門性開発について継続的にサポートされる必要があり，ライフロング・ラーニング[2]機関への所属が求められる。

③ 移動が求められる専門職であること

　モビリティ[3]は，継続的な教員教育プログラムの中心的要素になっており，教員は国家間を移動しながら力量を高めていくことを求められる。

④ パートナーシップに秀でた専門職であること

　教員教育の高等教育機関では，学校や地域の人々と協力しあいながら組織的に仕事を進め，パートナーシップを通じて教育理論や実践スキルを反映させながら，教員の資質や能力を向上させることが重要である。

（2）イギリスの教育制度と教員養成

　イギリスの教育制度について簡単に説明すると図7-1のようになる。義務教育は，5歳～16歳までの11年間であり，初等教育は通常6年制で行われる。中等学校は通常11歳から始まり，9割以上の生徒が総合制中等学校（無選抜）に在学しているが，選抜制のグラマースクール等に振り分ける地域も一部にある。中等教育については，大学等高等教育機関への進学を目指す者のためのシックスフォーム課程への進学や，職業教育を提供する継続教育カレッジに進む場合等がある。

　イギリスで教員として勤務するには，教員資格QTS（Qualified Teacher Status）を取得する必要がある。有資格教員（QTS）に対して求められる専門的基準としては，「専門的属性」（Professional attributes）9項目，「専門的知識と理解」（Professional knowledge and understanding）12項目，「専門的技能」（Professional skills）12項目の3領域・全33項目が掲げられている。QTSの養成を目指す各教育機関では，これらの33項目に対応したカリキュラムが提供されている。初等・中等教育学校の教員養成機関には，大学学部での教員養成コース，

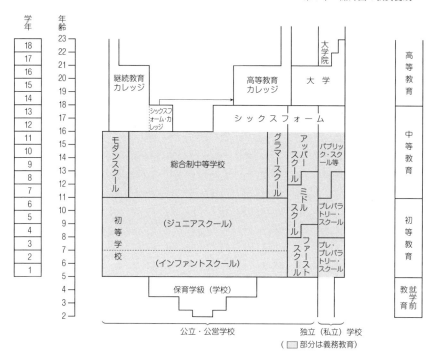

図7-1 イギリスの学校系統図
（出所）文部科学省（2013）。

PGCE（Postgraduate Certificate in Education）コース等があるが，主流をなしているのはPGCEコースである。

　PGCEは学部卒業者（または高等教育機関に一定期間在籍した者）を対象として，大学で行う一年制の教員資格取得課程（修士課程ではない）であり[4]，学生は一般に全時間の3分の2をパートナースクール（実習校）で過ごす。PGCEプログラム内容は各大学によって異なるが，学生（実習生），チューター（大学教員），メンター（実習学校教員）の三者間で連携し，教育実習を行うのが一般的である。

　教育実習評価基準はQTS基準に準拠して作成されており，学生がQTSを意識しながら着実に学習成果をあげていけるようになっている。チューターは，実習校への直接訪問を通して学生，メンターと面談しながら教育における理論

(theory)と実践(practice)を融合する役割を担っているのが特徴である。ただし，2012年以降は学士取得後のPGCEコースよりも，1年間学校のなかで養成を受けて正教員資格取得を目指すプログラム，「スクール・ダイレクト」(School Direct)[5]が推奨されるようになり，急速に広まっている。

(3) フィンランドの教育制度と教員養成

　フィンランドの教育は，学力問題で世界中から注目されており，その契機となったのは，2000年から3年ごとに実施されているOECD生徒の学習到達度調査（PISA）で，読解力，数学的リテラシー，科学的リテラシーの各分野で好成績をあげたことによる。フィンランドの教育制度について簡単に説明すると図7-2のようになる。

　就学前教育，基礎教育，後期中等教育において，授業料，福祉サービス，給食は無料提供され，さらに必要な教材や教科書も就学前から基礎教育までは無料である。義務教育は，7歳〜15歳までの9年間の総合制学校（基礎学校）で行っているが，実質的には初等（1―6年生），中等（7―9年生）段階でカリキュラムが異なり，教員免許もそれぞれ違う。義務教育を修了した後は，普通科高等学校または職業訓練学校への進学を選択できる。

　教員は尊敬され，信頼を集める人気の職業であり，学級担任教員（初等学校における最初の6年間を受け持ち，すべての教科を教える）と教科担任教員（初等学校の残り3年間の教科を担当し，後期中等学校の教科も併せて教える）がいる。すべての教員は，学部3年，修士2年（合計5年間）の教員養成課程を経て修士課程の資格をもたねばならず，高度な専門性と学習指導力，そして優れた人格をもつことが求められる[6]。

　教育学部の入学試験では，数百人の募集定員に対して約8,000人の応募が集まるため，まずはその難関を突破しなければならない。入学後も毎年，数週間の教育実習を行いながら，教員養成プログラムを修了することが求められる。教員は，児童・生徒の主体的な学習を促す支援者として，授業を行う専門家として，さまざまな教材や指導法から一人ひとりの個性やレベルにあわせた学習内容を選択し，指導にあたらなければならないからである。また教員は契約制

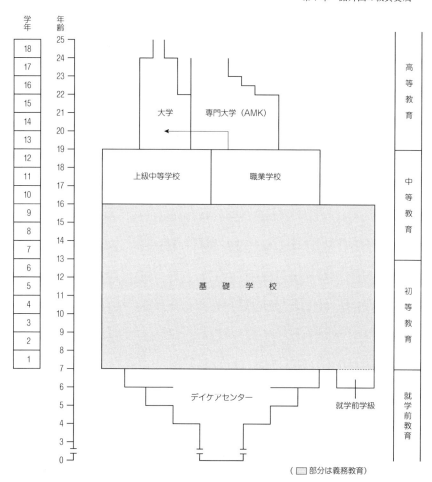

図7-2　フィンランドの学校系統図
(出所)　文部科学省 (2014b)。

(3～5年) であるため, 勤務態度が悪ければ更新もされない。そのため, 長期休暇には有料の自己啓発セミナーや教養講座に出かけ, 自己鍛錬を行う教員も多い。

　クラスの人数は, 概ね小学校で25人, 中学校で18人が上限であり, 教員は学級担任で週23時限分, 教科担任で週18～20時限分の授業を担当する。仕事上の

義務は授業を行うことであるため、他の勤務時間は自己研修扱いとなり、授業終了後の午後3時前後には帰宅するのが一般的である。

公立学校の教員は地方公務員になるが、給与は各学校によって決められており、他の職業と比較して安いとされる。教員は放課後に児童・生徒に対して補習を行ったり、校内で行われるスポーツクラブの監督や語学教師を担当したりすることで、学校側から給与以外にアルバイト代が支給される。補習は、社会貢献としてみなされるため、教員の多くがこれに参加して副収入を得ている。

2　アメリカの教育事情と教員養成の状況

(1)　アカウンタビリティ・システムの構築と教員評価

1970～80年代は、アメリカは学校崩壊の危機を迎えていた。いじめ、学級崩壊、薬物依存にいたるまで、青少年問題は深刻な社会問題と化した。この危機脱却に向けて教育政策が成果をあげた背景には、教員や一般市民、各自治体が一体となって教育改革を推し進める機運が高まったことに要因がある。

1990年代後半以降に行われた連邦法の改正に伴う教員養成政策の特徴は、連邦政府が州や学区の教員政策に強制力をもつ点である。特に、2002年のNCLB (No Child Left Behind Act) 法の制定以降（G. W. ブッシュ政権）、連邦補助金を享受する条件として州・学区の義務を定め、学力テストを中心とするアカウンタビリティ（説明責任）をシステム化することや、教員資格制度の改革を促した。すなわち、公立初等・中等教育学校の全生徒が到達すべき学力スタンダードとして「優秀」(advanced)、「習熟」(proficient)、「初歩」(basic) の3段階の設定を各州に義務づけたのである。

ここでは全生徒が少なくとも「習熟」のレベルに到達すること、できなかった学校に対しては、「学校改善」(school improvement)、「是正措置」(corrective Action)、「学校再編」(restructuring) の設定が段階的に発動されることとなった。また、「要改善」状態が続けば学校運営の外部委託や教職員の配置転換が迫られ、教員人事や処遇に反映させる仕組みが形成されたのである。

オバマ政権では、教育政策の目玉としてRTTT (Race to the Top：頂点への

競争）プログラムが導入された。これは連邦教育省が作成した「選考基準」（selection criteria）に基づき，各州が独自の改革プランを申請し，この基準の達成度が高い上位州のみが連邦からの補助金を享受できる競争的資金の仕組みである。RTTTの選考基準は，教員関連施策に重点が置かれ，生徒の学力テストに基づいた「到達度」と「成長度」の結果を教員評価に結びつけることが，プログラム申請への前提条件とされている。マサチューセッツ州やニューヨーク州等の一部の州では，2010年から「非効果的」と判定された教員を（条件を付す場合も含め）解雇することができるようになった。

（2）アメリカの教育制度と教員養成

アメリカの教育制度について簡単に説明すると図7-3のようになる。

アメリカでは学区と呼ばれる地域ごとに教育制度や学校制度が異なる。初等教育は，幼稚園が義務教育で小学校が6年まで設置されている学区は7年間，幼稚園が義務でなく6年生から中学に進む学区では5年間である。前期中等教育機関は，下級高等学校（junior high school）または中学校（middle school）と呼ばれ，後期中等教育機関は原則として単位制の高等学校（high school）と呼ばれている。

アメリカの学校教員となるために必要な最低学歴は，幼児教育（2～5歳）が高校卒業，初等および中等教育（K～12学年）が大学（学部）卒業程度となっている。さらに教員としての資格を取るためには，各州のSEA（State Education Agency）とNACATE（National Council for Accreditation of Teacher Education＝教員資格認定のための国家評議会）のガイドラインに沿った教員になるためのコース（教職課程）を大学で取得し，一般的には各州の教員資格テストに合格しなければならない。学士課程の2年次を終えると教員養成課程を履修できるが，多くの州では学部の卒業後に教員養成のための大学院レベルでの専門職大学院（Professional Development Program）が用意されている。

小学校教員は近年，チームティーチングの導入を積極的に行っており，低学年でもクラス担任が2名ということもある。音楽，美術，理科，算数，あるいは体育の授業を専科教員が担当することも増えている。中学校や高等学校では，

I 教師はどのように養成され，何が求められるか

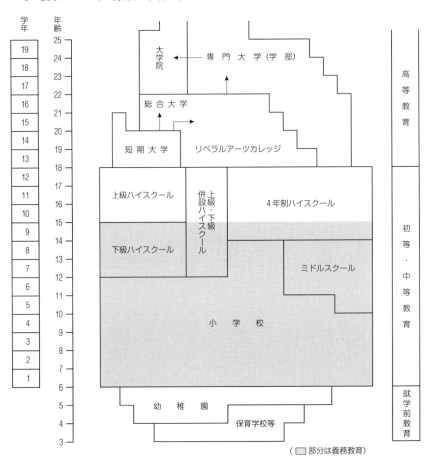

図7-3　アメリカの学校系統図
（出所）文部科学省（2013）。

教科担任制となっているが，職業への準備等を主として担当する教員は，職業教育教員として一般の教員と区別されることもある。

　アメリカではNCLB法に基づいて，一部地域を除き，4年生（小学校），8年生（中学3年生），12年生（高校4年）時には，主要教科の州統一テストを行っている。特に，12学年テストは卒業認定テストを兼ねており，州統一テストにおいて生徒の成績をどれだけ上げられるかによって，教員への評価が変わ

第7章　諸外国の教員養成

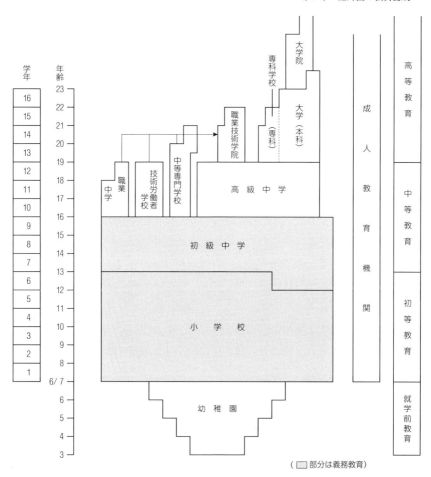

図7-4　中国の学校系統図
（出所）文部科学省（2013）。

ってくることに特徴がみられる。

3　東アジアの教員養成

（1）中国の教員と教員養成

中国の教育制度について簡単に説明すると図7-4のようになる。

I 教師はどのように養成され，何が求められるか

　普通学校段階は，小学，初級中学（中学校に相当）までの9年間の義務教育，高級中学（高等学校に相当），大学へと続き，基本的に6-3-3-4年制をとっている。現在，国の方針としては6歳時入学，6年制を基本としているが，7歳時入学の地域が未だに多い。国の教育部の示す「課程標準」（学習指導要領に相当）に従って，小中学は省の下にある人民政府が管理運営を行っている。北京等の大都市では，カリキュラムに弾力性をもたせ，スーパーエリートを養成する英才教育に力を入れている学校も多い。

　クラスの人数は，全国的にみると小学校と中学校ではそれぞれ36人，56人が平均であるが，小学校クラスの最小は北京で23.5人，最大で広東の42.9人，中学校クラスでは北京の31.6人から安徽の64.6人まで地域間格差が大きい。

　中国で教員資格を取得するためには，小学校の場合は，中等師範・専門学校卒業以上，初級中学は高等教育段階の専科課程（短大レベル）卒業以上，高級中学は高等教育本科課程（大学学部レベル）以上の学歴が求められる。さらに一定の標準語能力証明書も必要である[7]。現職経験3年以上の教員は，現職教育碩士課程（教職大学院のようなもの）に入学することも可能であり，そこでは研究論文が課せられ，理論と実践を結びつけながら教員の職能レベルを上げていくことが目指されている。ただし，こうした高学歴の教員は都市部に集中する傾向が高く，また中国全土でも数が非常に少ないのが特徴である。

　中国の教員養成における課題は，世界主要国の平均水準と比べ，全体的に教員の学歴が低く高等学校教員不足が深刻であること，また教員養成課程における教職科目の比率が低く，教育実践とのつながりが弱いこと等である。この問題を解決するために，北京師範大学（中国において最も長い歴史を誇る教員養成の拠点）では，「4＋1（大学本科＋1年間の教員教育集中修得コース）」や「4＋2（大学本科＋教育学修士コース）」等の多層階教員養成モデルを導き出し，教育実習等を通して教育実践に重点を置くカリキュラムの構築に力を入れている。

　教員の給与は公務員の約半分と安く，都市部と農村部間でも給与格差が大きな問題となっている。中国政府は，教員という職業を最も尊敬されるべきものとして位置づけ，政治的や社会的地位，住宅，医療面にいたるまで待遇改善に

第7章　諸外国の教員養成

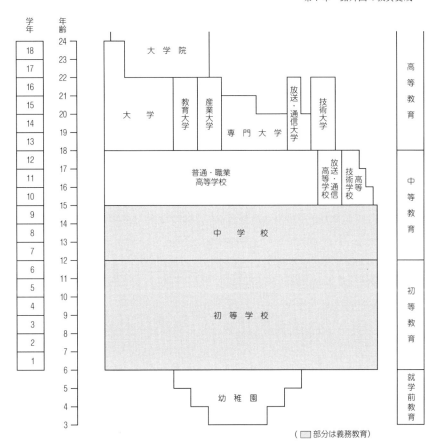

図7-5　韓国の学校系統図
（出所）　文部科学省（2013）。

努めているが，急激な物価上昇に教員の給与が追いつかない状況である。2014年以降，特に黒竜江省や安徽省等では，小中学校教員（民営学校等で代課教員[8]が多い）が，待遇改善を求めるストライキを起こし，学校の休校が相次ぐ等，深刻な問題として取り上げられている。

（2）韓国の教員と教員養成

韓国の教育制度について簡単に説明すると図7-5のようになる。

Ⅰ　教師はどのように養成され，何が求められるか

　義務教育は9年間であり，6歳から入学して初等教育，その後3年間，中学校で前期中等教育が行われている。家庭に占める教育費の割合や大学進学率も高く，まさに学歴社会となっている。しかし，こうした学力偏重の教育制度が児童・生徒の主体性を奪っているとの批判を受け，学習カリキュラムを見直すことを目的として，2016年度からは全国の中学校で自由学期制が導入される。

　この新しい試みは，全中学生が一学期一学習を軽減し，試験の負担なく体験活動等に時間を割き，自己の夢と長所を発見する全人教育をめざすというものである。つまり，自由学期制の間はレポートや発表，授業態度等で評価を行うことになり，教員にとっては学習成果の評価が今後の課題となりそうである。

　韓国では，大学の学部段階で教員養成課程を修めれば卒業と同時に教員免許が取得できるが，本務教員として教職に就くためには，各広域市・道が実施する採用試験に合格する必要がある。一般に，教員の給与は非常に高く長期休暇もあるため，人気の職業となっている。

　初等中等学校の教員資格は，小学校，中等学校（中学校・高校共に指導可），特別支援学校に分かれており，職階として「校長・教頭・正教員（1・2級）・準教員」が定められている。小学校教員ならば教育大学（すべて国立），中等学校教員ならば総合大学の教員養成学部（国公立・私立で「師範大学」のこと），あるいはすべての校種に対応する韓国教員大学校を卒業することで（いずれも4年制），正教員2級の教員資格を取得するのが一般的である。特に，韓国教員大学校では，2ヵ月ほどの期間を2タームに区切って教育実習を行っており，教育実践に力を入れている。これは，教材の選択基準や評価の観点にいたるまで，実践的な指導内容が詳細に問われる教員採用試験の受験対策を兼ねている。

　2010年度から，設置主体にかかわらずすべての小・中・高校の本務教員を対象に，新しい教員評価制度である「教員能力開発評価」が導入された。2011年には，「教員等の研究に関する規定」（大統領令）を改正して「教員能力開発評価」に関する事項を加え，評価結果を教員研修の対象者選定の参考資料にできること等を法的に定めている。

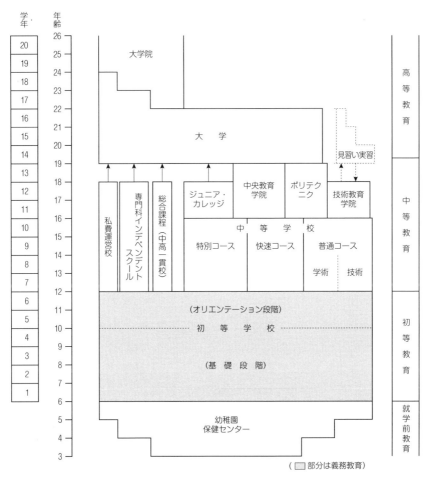

図7-6 シンガポールの学校系統図
(出所) 文部科学省 (2012)。

(3) シンガポールの教員と教員養成

　シンガポールは都市国家であるため、日本のような地方自治体は存在せず、教育省が、教育行政全般を直接、管理・管轄している。最近では、ICTを活用した最新の学習システムを導入している学校も増え、大きな注目を集めている。

I　教師はどのように養成され，何が求められるか

　シンガポールの教育制度について簡単に説明すると図7-6のようになる。
　義務教育制度は，2003年に初めて6年間の初等教育に導入された。シンガポールの教育体系における一般的な進路は，初等教育，中等教育，大学準備教育から大学というコースと，初・中等教育の後，専門教育または，技能教育研修所というコースである。初等教育4年生の終わりには，学校が独自に定める基準によってテストが行われ，オリエンテーション段階のための教科別クラス分けが行われる。その後，初等学校卒業試験（PSLE: Primary School Leaving Examination）を受け，能力に応じた中等学校に進学する。中等学校は生徒の能力に応じてスペシャルコース，エクスプレス・コース及びノーマル・コースの3つが設置されている。ノーマル・コースは，さらに学術コース及び技術コースに分かれる。
　シンガポールの教員養成・研修においては，南洋理工大学（NTU）の附属機関である国立教育学院（NIE）が中心的な役割を担っている。シンガポールでは教員免許状はなく，教員になるためには所定の学位を取得後，NIE の教員養成課程を修了することが求められる。NIE 入学試験は国家公務員試験であり，教員候補生として合格した者は国家公務員として給与を受給しながら，教員養成課程を履修することができる。つまり，一般教職員（General Education Officer: GEO）として雇用されたことになる。給与は二区分制[9]で，多い人では月3,000Sドルが支給される。政府が候補生に支払った給与，授業料補助費（教育省から当該額の5～9割の補助を受けることが可能）には返還義務があるが，一定期間の教職勤務で返還義務が免除されるシステムになっている。
　教員養成課程には，Postgraduate Diploma in Education（1年間），Diploma Programmes（2年間），Degree Programmes（4年間）の3つの養成コースがあり，どの課程を修了したかによって，指導できる科目が異なる。特に，NIE における4年間の専門的教員養成である Degree Programmes では，小・中学生の発達段階や個性に応じて，心理学や教育工学を取り入れながら効果的な指導ができるよう，実践的なプログラムが組まれている。
　学校に教員として勤務するには，教員自身が履歴書を添えて学校の教員公募に直接応募するか，教育省が用意している応募用のオンラインシステムを介し

第 7 章 諸外国の教員養成

表 7-1 諸外国の学校基本データ

	維持者別	教育段階	学校種名	学校数(校)	児童生徒数(千人)	本務教員数(千人)	備考
イギリス	公立・公営	初等	初等	21,165	5,006.70	245.5	特別支援に、特別指導施設(PRU)の数を( )で示した。
		中等	中等	4,072	3,855.60	251.4	
		特別支援	特殊教育学校	1,209	105	17.9	
				-403	-12.4	(m)	
	独立(私立)	初等・中等		2,502	587.1	69.6	
		特別支援	特殊教育学校	72	4.3	m	
フィンランド		基礎教育	総合制・基礎学校	3,067	548	44.6	Education Statistics 2007 参照。
		中等学校	上級中等学校	406	123	7.2	
アメリカ	公立	初等・中等	5～8年制小学校・ミドルスクール	67,086	初等段階 公 3,099 私 34,625 公 4,091	公 443	
	私立			16,149			
	公立		下級～上級、4年制ハイスクール	24,544			
	私立			2,776			
	公立		初等・中等双方に跨る学校	6,137	中等段階 公 14,860 私 1,300		
	私立			9,165			
	公立		その他	1,050			
	私立			m			
中国	公立	初等	小学校	236,063	93,585	5,470	
	私立			5,186	5,678	135	
	公立	中等	初等中学	49,781	46,216	3,523	
	私立			4,282	4,426		
	公立		高級中学	11,294	22,198	1,105	
	私立			2,394	2,350	452	
	公立		職業中学	3,085	6,810	315	
	私立			1,717			
	国公立		中等専門学校	2,772	8,552	304	
	私立			981			
			技術労働者学校	2,914	4,294	192	
韓国	国公	初等・中等	初等学校	5819	2,909	179	
	私立			76	41.9	1.8	
	国公		中学校	2,517	1,519	91.9	
	私立			645	330	19	
	国公		普通高等学校	1,052	871.8	61	
	私立			749	675.5	43.2	
	国公		職業高等学校	304	201.1	16.9	
	私立			198	171.5	11.7	
	公立		放送・通信高等学校	40	14.4	m	
シンガポール	国立	初等・中等	初等学校	131	265.1	13.4	
	政府補助			41			
	国立		中等学校	120	199.4	12	
	政府補助			28			
	国立		ミックスレベル	5	36.4	2.4	
	政府補助			3			
	その他			7			
	国立		ジュニアカレッジ・教育学院	9	20.6	1.8	
	政府補助			4			

て希望する学校への応募を行う。学校には任命権はなく，面接の結果を区教育長に報告し，区教育長はその審査内容と選考結果を確認した上で教育省に報告する。その報告を受けた教育省から正式な任命を得ることによって，その候補者の採用が最終的に決定するというシステムである。

　教員評価が年に2回実施され，コーチング・パフォーマンス評価が行われる。この評価では各教員の自己評価を基盤とするが，一人ずつレポーティング・オフィサー（RO）[10]として上役教員が付き，コーチングを行っている。各教員はROのアドバイスを受けながら，自己評価をし，その結果を教育省に報告することになっている。校長は，校内の教員に対して総合的評価を行い，最終的にすべての教員をA～Dにランク付けする。このランク付けは教員の業績賞与に影響を与え，低い評価の教員にはボーナスが支給されない，研修を受講させるなど，一定のペナルティが課せられる。

　以上，これまで6つの国の教員養成の現状や，教育制度についてふれてきた。参考までにここで取り上げた国の学校制度の概要について整理し，表7-1に示した。

注
1) 「ボローニャ・プロセス」の中心的な要素は，学修プロセスをBachelor（学士）課程とMaster（修士）課程の2段階にして，ヨーロッパ全体で同じ基準でこれらの学位を授与することである。
2) 生涯学習のことである。
3) 学生や研究者，教員がEU加盟国間や域外を地理的に移動して学ぶこと，学生が労働市場にアクセスしやすい環境，社会に出ても学べる環境といった概念も含まれる。
4) PGCEの他に，SCITT（School-Centred Initial Teacher Training）と呼ばれる学校に基礎を置く教員養成コースもPGCEを補完するものとして，近年増加する傾向にある。
5) 他にも学校ベースの教員養成のプログラムとして，正教員資格取得と民間企業でのインターンシップを組み合わせた「ティーチ・ファースト（Teach First）」や，博士課程を修了した研究者専用の「学校における研究者（Researchers in Schools）」もある。先述したSCITTとあわせて，近年は多様な教員養成プログラ

6) 学級担任になるためには，大学の教員養成課程において概論学習，基礎研究学習等の他に，倫理学，美術，体育，宗教教育にいたるまで20種類近くの内容を学び，基礎学力を徹底的に身につけることが求められる。
7) 国の教員資格試験に合格し，一定条件を満たせば上記の学歴を満たさなくても教員免許を取得できる制度も残っている。
8) 「代課教員」とは臨時教員のことである
9) GEOは，①NIEや大学学士号取得者，②GCE-AレベルやOレベルのみの取得者の二区分制となっており，①の方が給与面で優遇される。
10) ROは任務を引き受ける前に研修を受講することが義務付けられており，各教員の評価内容に対して責任を負うことになっている。

参考文献

UNFPA（2014）『世界人口白書』
自治体国際化協会（2011）『シンガポールの政策』
文部科学省（2012）「学校段階間の連携・接続等に関する作業部会（第13回）配付資料」
文部科学省（2013）『教育指標の国際比較』
文部科学省（2014a）『実践的な職業教育を行う新たな高等教育機関の制度化に関する基礎資料参考資料』
文部科学省（2014b）『諸外国の教育統計』

（醍醐身奈）

II 教師はどのように取り組んでいるか

第8章

教育課程の編成と学習指導要領
——文部科学省,教育委員会と学校

　　学校において児童・生徒が学習する内容は,一定の教育課程(カリキュラム)に従って指導がなされることになっている。文部科学省では,教育課程を編成する際の基準として学習指導要領を定めており,これをもとに各学校において児童・生徒の実態を踏まえた教育課程の編成を行う。
　　本章では,学習指導要領改訂の変遷や文部科学省(文部省),教育委員会の動向にふれながら,それに合わせて各学校が教育課程をどのように編成し,学校現場で対応しているのかについて具体的に取り上げながらみていくものとする。

1　学校で教育課程はどのように編成されるのか

(1) 教育課程に関する法令
　小・中学校,高等学校の学習指導要領をもとに編成されるのが教育課程である。学校において編成する教育課程とは,「学校教育の目的や目標を達成するために,教育の内容を児童(生徒)の心身の発達に応じ,授業時数との関連において総合的に組織した学校の教育計画」のことである。また,各学校においては教育課程に関する法令や基準に従いながら,地域や学校および児童・生徒の実態に即した教育課程を,責任もって編成,実施することが求められている。教育課程に関する法令については,次のようなものがあげられる。
　まず,学校制度については,日本国憲法の精神に則り,学校教育の目的や目標および教育課程について法令で種々の規定がなされている。教育基本法は,日本の教育についての原則を定めた法律であり,教育の目的(第1条),教育の目標(第2条),学校教育(第6条)等がここに示されている。

学校教育法では，義務教育および各学校段階の目的および目標が掲げられており，義務教育の目標が10号にわたって規定されている（第21条）。その上で，第30条第2項では，「生涯にわたり学習する基盤が培われるよう，基礎的な知識及び技能を習得させるとともに，これらを活用して課題を解決するために必要な思考力，判断力，表現力その他の能力をはぐくみ，主体的に学習に取り組む態度を養うことに，特に意を用いなければならない。」と規定している。文部科学大臣は，これらの規定に従って，小学校の教育課程の基準を定めることになっており（第33条），これらは，中学校にも準用される（第48条，第49条）。

　そして，具体的な教育課程については，学校教育法の規定に基づいて示される学校教育法施行規則において，その基準が定められている。小学校の教育課程であれば「国語，社会，算数，理科，生活，音楽，図画工作，家庭及び体育の各教科，特別の教科である道徳，外国語活動，総合的な学習の時間並びに特別活動によって編成すること」（第50条第1項）が示されている。また，各学年における各教科，特別の教科道徳，外国語活動，総合的な学習の時間及び特別活動のそれぞれの年間の標準授業時数並びに各学年における年間の標準総授業時数（第51条の別表第1）等が定められている。他にも，教育課程の基準として文部科学大臣が別に公示する小学校学習指導要領によらなければならないことが示されている（第52条）。

（2）学習指導要領と教育課程

　小学校では，学校教育法第33条および学校教育法施行規則第52条の規定に基づいて，文部科学大臣は小学校学習指導要領を告示という形式で定めている[1]。学習指導要領は，学校教育について一定の水準を確保するために，法令に基づいて国が定めた教育課程の基準であるため，各学校の教育課程の編成および実施に当たっては，これに従わなければならないことが定められている。

　教育課程の編成は，学習指導要領に従って各学校が行うものであるが，教科の特質に応じ目標や内容を複数学年まとめて示したり，授業の1単位時間や授業時数の弾力的な運用が可能であり，創意工夫をすることが重視されている。

　この他にも，公立の小・中学校および高等学校では，地方教育行政の組織及

び運営に関する法律による規定に従うことが求められている。ここには，教育委員会は学校の教育課程に関する事務を管理・執行し，法令又は条例に違反しない限度において，教育課程について必要な教育委員会規則を定めることが示されている。これに基づき，教育委員会が教育課程について規則等を設けている場合は，それに従いながら，各学校が教育課程を編成する必要がある。

私立小学校では，学校教育法（第44条）[2]および私立学校法（第4条）の規定により，都道府県知事が所轄庁であり，教育課程を改める際には都道府県知事に対して学則変更の届出を行うことになっている（学校教育法施行令第27条の2）。また，都道府県知事が私立学校に関する事務を管理，執行するに当たり，必要と認める場合は，当該都道府県教育委員会に対し，学校教育に関する専門的事項について助言又は援助を求めることができることになっている（地方教育行政の組織及び運営に関する法律第27条の4）。

（3）教育課程における編成作業の留意点

学校において教育課程を編成する際には，学校教育法第37条第4項において「校長は，校務をつかさどり，所属職員を監督する。」と規定されていることから[3]，学校の長たる校長が編成作業の責任者ということになる。これは権限と責任の所在を示したものであり，教育課程の編成作業にあたっては，全教職員の協力の下に行われ，共通理解が求められる。児童・生徒の実態を把握し，学校の特色を生かした教育課程を編成するには，学級や学年の枠を超えて教員同士が協力し合い，家庭や地域と連携して作業を進めていくことが必要である。

このように，教育課程を編成する上で最終責任者となる校長は，指導性を発揮し，学校や家庭，地域の意見を取りまとめながら，その編成作業にあたらなければならない。ただし，実際の編成に関しては，教頭（副校長）や教務主任等が，各教員と連携をはかりながら校務を分担処理する中心的な役割を担っていることが多い。また，主幹教諭が設置されている学校では，主幹教諭が中心となって進める場合もある。

教育課程の編成には，必ずしも一定の手順があるわけではないが，ここではその一例として手順①～⑤を以下に示す。

> 手順①：教育課程の編成に対する学校の基本方針を明確にする。
> 手順②：教育課程の編成のための具体的な組織と日程を決める。
> 手順③：教育課程の編成のための事前の研究や調査をする。
> 手順④：学校の教育目標など教育課程の編成の基本となる事項を定める。
> 手順⑤：教育課程を編成する。

　小・中学校の学習指導要領では、「第2章以下に示す各教科、道徳、外国語活動及び特別活動の内容に関する事項は、特に示す場合を除き、いずれの学校においても取り扱わなければならない。」（第1章第2の1）と示されている。各学校では、この規定に従わなければならず、編成手順を考慮しながら円滑に作業を進めていくことが重要である。

　また、学習指導要領では、「学校において特に必要がある場合には、第2章以下に示していない内容を加えて指導することができる。」（第1章第2の2）とあり、教育課程の弾力的運用に関する記述もみられる。このことは、学習指導要領が示す目標や内容の趣旨を逸脱したり、児童・生徒の負担過重とならないよう留意しながら、学校の特質に応じた多様な学習活動を創意工夫していくことが求められているのである。これを踏まえ、近年、特色ある教育課程の編成に積極的に取り組んでいる地域や学校も多くなってきている。

（4）教育課程に関する評価

　各学校で編成された教育課程を評価することは、学校評価の一環として重要な役割を果たすものであり、実際の学校経営が適切に行われているかについて判断する場合にも不可欠なものである。

　各小学校では、学校教育法および学校教育法施行規則の定めるところにより[4]、評価は3つの段階を踏んで行われることが定められている。すなわち、「①教職員による自己評価を行い、その結果を公表すること」、「②保護者などの学校の関係者による評価（「学校関係者評価」）を行うとともにその結果を公表するよう努めること」、「③自己評価の結果、学校関係者評価の結果を設置者に報告すること」が必要とされる。これは、中学校や高等学校にも準用される。

なお，ここでいう「設置者」とは公立学校の場合は，一般的に教育委員会を指し，私立学校の場合は学校法人を指す。

地方教育行政の組織及び運営に関する法律（第4章第3節第47条の5）では，教育委員会は，教育委員会規則で定めるところにより，その所管に属する学校のうちその指定する学校（以下，「指定学校」）の運営に関して協議する機関として，当該指定学校ごとに，学校運営協議会の設置が認められている。

さらに，同法第47条の5の3では，「指定学校の校長は，当該指定学校の運営に関して，教育課程の編成その他教育委員会規則で定める事項について基本的な方針を作成し，当該指定学校の学校運営協議会の承認を得なければならない。」と定められている。つまり，各学校の教育課程については，校長が毎年，教育委員会に提出をし，承認を受けることが定められているのである。

文部科学省では，法令上の規定等を踏まえ，「学校評価ガイドライン（改訂）」を作成している。そのなかでは，具体的にどのような評価項目・指標等を設定するかは各学校が判断すべきことであることを示した上で，「教育課程・学習指導」の設定について検討する際の指標が示されている。各学校では，こうしたガイドラインを基に学校評価を適切に行い，課題となっている項目を具体的な改善目標として掲げ，次の教育課程の編成に反映させていくことが求められる。

2　学習指導要領の変遷——教育課程の編成に果たす文部（科）省の役割

（1）学習指導要領の内容とその特質

小学校・中学校の学習指導要領は6章構成になっており[5]，第1章は「総則」で，教育課程全体にかかわる基本的事項が示されている。「第1　教育課程編成の一般方針」には，各学校において適切な教育課程を編成することと，道徳教育と体育・健康の指導を「学校の教育活動全体を通じて」行うことが明記されている。特に，道徳教育はその要（かなめ）として「道徳の時間」が設けられているが，2018（平成30）年度からは小学校において，翌年度からは中学校において「特別の教科　道徳」として道徳が教科化されることになってい

第8章　教育課程の編成と学習指導要領

る。

　1947（昭和22）年に，「教科課程，教科内容及びその取扱い」の基準として，初めて小学校学習指導要領が編集，刊行されて以来，昭和26年，33年，43年，52年，平成元年，10年の改訂に続き，20年で7回目の全面改訂が行われた。中学校や高等学校の学習指導要領においても約10年に一度のペースで改訂が行われている。

　すでに指摘したように，学習指導要領は，各学校の教育課程編成において従わなければならないものであるが，「学校において特に必要がある場合には，第2章以下に示していない内容を加えて指導することができる」とされる。

　文部科学省では，「学習指導要領に示す内容の理解が十分でない児童生徒に対しては，繰り返し指導など補充的な学習を行ったり」，「学習指導要領に示す内容を十分理解している児童生徒に対しては，個別指導や習熟度別のグループ別指導，選択教科における指導等を通じて，その理解をより深めるなどの発展的な指導を行う」ことを積極的に求めている。「学習指導要領に従う」ということは，児童・生徒が国民として必要な基礎をしっかりと身につけ，さらにそれを自分らしく発展させて，個性的な自己の形成が図れるようにしていくということを意味するのである。したがって，各学校においては，児童・生徒の実態を把握し，どのような学習方法や指導が最も有効であるのかを見極めながら，教育課程の編成に関わっていく必要がある。

（2）学習指導要領の変遷と文部科学省（文部省）の対応

　学習指導要領は，公示されれば，改訂された部分を中心として内容の理解と趣旨の徹底を図るためのさまざまな取り組み（講習会や講座，指導資料の配布等）がなされる。その趣旨に従って，教育課程が3年間の移行期間を経て段階的に編成され，4年目からは新しい学習指導要領に基づくカリキュラム編成および指導が全面実施されることになっている。そして，全面実施の翌年頃から，次の改訂に向けての作業が始まる，という一連の行程が繰り返されている。

　そうした改訂の流れをおさえながら，ここでは学習指導要領の変遷および文部省（文部科学省）が行ってきた改訂の対応について，確認していくものとす

る。

① 昭和22年の学習指導要領（小・中・高ともに同年実施）
　最初の学習指導要領として1947（昭和22）年3月に一般編が刊行され，同年内に男女共修の家庭科をはじめとして，算数科，理科，国語科等の各編が相次いで刊行され，昭和24年には体育科編が刊行された。この学習指導要領の主な特色としては，修身，歴史，地理の廃止による社会科の新設，同好の者が集まって行うクラブ活動等を行う時間として自由研究が新設されたことである。
　当時，文部省は戦時教育の払拭とともに，新教育の普及・浸透に尽力した。文部大臣も，新教育はあくまで個性の完成を目標とすべきものであり，そのために自由を尊重し，画一的な教育方法を打破し，各教育機関および教師の自主的・自発的な創意工夫によるべきであることを強調した。新教育の思想は，新教育方針中央講習会や全国規模の講習会を通じて次第に普及し，新しい分団式の教授法，討議法による学習指導，児童自治会の運営等，戦後の教育改革に大きく影響を与えたといえる。

② 昭和26年改訂（小・中・高ともに同年実施）
　昭和22年の学習指導要領は，戦後の教育改革の急に迫られて短期間で作成されたものであったため，教科間の関連が十分に図られていなかったこと等が課題となっていた。そこで，文部省は昭和23年以降，学習指導要領の使用状況の調査，実験学校における研究，編集委員会による問題点の研究等を行い，その改訂作業を始めた。昭和24年には教育課程審議会を設置し，昭和26年には学習指導要領の全面的な改訂が行われ，一般編と各教科編に分けて試案の形で刊行された。
　この改訂における主な特色は，自由研究を発展的に解消し，小学校では教科以外の活動とし，中学校においては特別教育活動として位置づけたことである。その後，昭和28年に教育課程審議会から社会科の改善に関する答申を受け，「社会科の改善についての方策」を発表するとともに，この方策に沿って学習指導要領社会科編の改訂を行い，昭和30年12月にそれを刊行した。

③ 昭和33〜35年改訂（小・昭和36年度，中・37年度実施）[6]

　前回の学習指導要領については，全教科を通じて，戦後の新教育の潮流となっていた経験主義や単元学習に偏り過ぎる傾向があり，各教科のもつ系統性を重視すべきではないかという問題が指摘されていた。これらを改善すべく，昭和31年，文部省は教育課程審議会に対して「小学校・中学校教育課程の改善について」諮問し，同審議会からの答申を受け，昭和33年からの学習指導要領の全面的改訂へとつなげていった。

　改訂における特色として，学習指導要領は，教育課程の基準として文部大臣が公示するものであると改め，学校教育法，同法施行規則，告示という法体系を整備して教育課程の基準としての性格を一層明確にしたことである。また，小・中学校に「道徳の時間」を特設し，教育課程を各教科，道徳，特別教育活動および学校行事等によって編成することが明示された。

④ 昭和43〜45年改訂（小・昭和46年度，中・47年度，高・48年度実施）

　昭和33年の改訂から十年間は，科学技術の革新や経済の成長等，各領域に急速な発展，変化がみられ，教育もかつてない規模拡大を遂げた期間である。これらの社会構造の変化を考慮し，昭和43年7月，文部省では，学校教育法施行規則の一部を改正するとともに，学習指導要領の全面改訂を行った。ここでは，地域や学校の実態に即応するため年間授業時数の標準を示し，構成領域は各教科，道徳，特別活動の三領域に改め，教育課程研究のための特例を認める等，新しい時代に向けて柔軟な対応をはかったものとみられる。

　この改訂の特色は，基本的な知識や技能の習得，健康や体力の増進を図ること，正しい判断力や創造性，豊かな情操や強い意志の素地の育成，さらに国家および社会について正しい理解と愛情の育成がめざされたことにある。

⑤ 昭和52〜53年改訂（小・昭和55年度，中・56年度，高・57年度実施）

　昭和48年度には，高等学校への進学率が90％を超え，学校教育が知識の伝達に偏る傾向があるとの指摘に対し，文部省では，児童・生徒の知・徳・体の調和のとれた発達をどのように図っていくかということが課題になっていた。

この状況を踏まえ，52年度からの改訂では「ゆとりのある充実した学校生活」を実現するため，各教科の標準授業時数を削減し，地域や学校の実態に即して授業時数の運用に創意工夫を加えることができるようにした。また，豊かな人間性を育てる上で必要な資質や徳性を，児童・生徒の発達の段階に応じて十分身に付けるようにするため，各教科等の目標の設定や指導内容の構成に当たって，これらの資質や徳性の涵養に特に配慮したことに，この改訂の特色が見られる。

⑥ 平成元年改訂（小・平成4年度，中・5年度，高・6年度実施）

前回の改訂後，わが国では科学技術の進歩と経済の発展とともに，情報化，国際化，高齢化等，社会構造に大きな変化がみられるようになってきた。こうした社会の動向に対応できる教育内容の導入をはかったのが，平成元年からの学習指導要領の改訂である。

ここでは，生涯学習の基盤を培うという観点に立ち，社会の変化に自ら対応できる心豊かな人間の育成を図ることが目指され，道徳を中心に，各教科や特別活動でもそれぞれの特質に応じて，内容や指導方法の改善が図られた。

この改訂の特色は，小学校に生活科を新設，中学校に習熟度別指導の導入，高校の社会科を地理歴史科と公民科に分割し，世界史を必修とする等，思考力，判断力，表現力等の能力の育成や，自ら学ぶ意欲や主体的な学習の仕方を身につけさせることに重点が置かれたことである。

⑦ 平成10～11年改訂（小・中・平成14年度，高等学校15年度実施）

1998（平成10）年の学習指導要領改訂において，これからの学校教育の基本的理念として強調されたのが，「生きる力」であった。当時の中央教育審議会の第1次答申では，「生きる力」について，「いかに社会が変化しようと，自分で課題を見つけ，自ら学び，自ら考え，主体的に判断し，行動し，よりよく問題を解決する資質や能力」，「自らを律しつつ，他人とともに協調し，他人を思いやる心や感動する心など，豊かな人間性」，「たくましく生きるための健康や体力」を重要な要素としてあげている。

この改訂の特色としては，完全学校週5日制のもとで，各学校が特色ある教育を展開し，生きる力を育むことが目指され，「総合的な学習の時間」の新設，授業時数の大幅削減と教育内容の厳選，授業の弾力的運用等があげられる。特に，「総合的な学習の時間」を活用して，各学校の特色を生かした教育課程を編成することで，主体的な学習活動を支援することが目指されたのである。

なお，平成13年の中央省庁再編にともない，文部省は，総理府の外局であった科学技術庁と統合し文部科学省となった。

⑧ 平成20〜21年改訂（小・平成23年度，中・24年度，高・25年度実施）[7]

2006（平成18）年12月，わが国の教育の基本的方針を示す教育基本法が，59年ぶりに改正された。この改正教育基本法を，学校教育の最も根幹にある教育課程の中に，いかに具体化していくかを提案したのが，平成20年の学習指導要領の改訂であった。

この改訂にかかわって，教育課程部会における審議で配付された資料では，「豊かな心」（徳）の育成を根幹にすえて「確かな学力」（知），「健やかな体」（体）の育成を求めている。つまり，人間としてどう生きるか（人間としての自分自身の生き方）を追い求める中で，さまざまな学習活動があり，日常生活がある。その目的意識をしっかりもたせることの必要性が強調されているのである。

ここでは，引き続き「生きる力」の育成が目指され，さらに基礎的・基本的な知識・技能の習得を目指す学習指導を行い，授業時数を増やすことによって，学校教育の基盤となる学力を身につけることが重視されている。また，思考力・判断力・表現力等を育てる学習活動をバランスよく行うことや，小学校における外国語活動の導入も含め，言語活動の充実を各教科の活動場面においてはかられることが示されている。

また，文科省は次の学習指導要領の改訂に向けて，具体的な取り組みに入っているが，ここで最も注目されるべき内容は，小・中学校における「特別の教科 道徳」として道徳が教科化されることである。また，高等学校においては選挙権が18歳以上に引き下げられることを考慮し，選挙や税金，裁判等の仕組

みについて実践的に学習するための新科目「公共」(仮称)の導入が目指されている。これにかかわって,文科省は有識者会議を開いたり,諸外国の教育課程の調査を行ったりしながら,具体的な学習内容の検討をはかっている。

3　教育課程編成に果たす教育委員会の役割

(1) 市町村における教育委員会の役割

　教育委員会は,都道府県および市町村等に置かれる合議制の執行機関であり,地域の学校教育,社会教育,文化,スポーツ等に関する事務を担当する機関として,すべての都道府県および市町村等に設置されている。

　現在は,都道府県教育委員会47,市区町村教育委員会1,737,一部事務組合教育委員会等82 (2013年5月現在) が設置され,市町村は,近隣の市町村と協力して教育委員会の共同設置等の連携を進め,教育行政の体制の整備・充実に努めることとされている。

　教育委員会における学校教育の振興としての事務には,学校の設置管理,教職員の人事および研修,児童・生徒の就学および学校の組織編制,校舎等の施設・設備の整備,教科書その他の教材の取扱いに関する事務の処理等がある。

　市町村の教育委員会には,指導主事を置くことが求められており,各学校に対して教職員の服務監督ができる。また,各学校の校長も,教員委員会に対して意見の申出ができるような仕組みになっている。さらに,市町村教育委員会は,都道府県教育委員会に対して人事の内申を行い,県教委は教職員の任命,給与負担を行うことでそれぞれの役割を果たしている。

　教育課程にかかわる教育委員会と校長の職務 (小中学校の場合) には表8-1のようなものがあげられる。

　市町村教育委員会と都道府県教育委員会が各学校の教育課程の編成についてどのように指導や助言,研修を行うかについてはそれぞれの地域の規模や,特質に応じて異なる。指導主事が各学校を巡回しながら,学校運営に問題がないか,児童・生徒の実態から教育課程の編成に無理がないか等,定期的にチェックしていくことが求められる。

表8-1　教育委員会と校長の職務

	教育委員会の職務	校長の職務
基本事項	○学校の設置，管理及び廃止に関する事務の管理及び執行 ○学校管理規則の制定	○校務をつかさどる
教育課程 （カリキュラム）	○教育課程の管理 ○教科書その他の教材の取扱いに関する事務の管理，執行 ○教材の取扱いについての規則の制定 ○学期及び長期休業日等の指定	○教育課程の編成・実施 ○年間指導計画等の策定，教育委員会への届出等 ○指導要録の作成等 ○課程の修了・卒業の認定 ○教材の決定

（2）都道府県における教育委員会の役割

　ここでは，東京都教育委員会を具体例として取り上げながら，各学校における教育課程編成に果たす都道府県レベルでの教育委員会の役割について確認していくものとする。

　各教育委員会においては，地域の実態に合わせて教育目標が掲げられている。東京都は，「互いの人格を尊重し，思いやりと規範意識のある人間」，「社会の一員として，社会に貢献しようとする人間」，「自ら学び考え行動する，個性と創造力豊かな人間」が目標にあげられている。また，4つの基本方針が示されており，①「人権尊重の精神」と「社会貢献の精神」の育成，②「豊かな個性」と「創造力」の伸長，③「総合的な教育力」と「生涯学習」の充実，④「都民の教育参加」と「学校経営の改革」の推進，がそれにあたる。

　各学校では学習指導要領と教育委員会が示す教育目標や基本方針を参考にしながら，児童・生徒の実態に即して，学校目標や重点化する教育内容を決定することになる。これについては，都道府県（市町村）の教育委員会が中心となって，各学校の校長に対して教育課程編成や学校運営にかかわる業務について，年数回にわたる研修会を開くことで，具体的に説明を行っている。

　教育課程の編成作業を行う際には，教職員の校務分担を明確にする必要があるが，東京都のように校長，副校長，主幹教諭・指導教諭，主任教諭，教諭と教師の職層が多く分かれている場合には，各担当部門のリーダーを予め決定して，作業の効率化をはかる必要がある。学校組織は，各学校や自治体によって

Ⅱ　教師はどのように取り組んでいるか

も教員数や制度上の違いがあるため，それぞれの規模や実態に合わせて校長が適切に人的資源を配置していくことによって，運営体制が強化される。

　各学校で編成された教育課程は，編成が適切であったか，教育目標がどの程度達成されたのか評価されなければならない。教育課程は，毎年，教育委員会に提出され，助言や指導を受けて評価されることになっているが，それを見ただけでは教育委員会が客観的に評価することは難しい。したがって，教育委員会では教育課程の評価方法として，さまざまな方法を取り入れており，東京都立高等学校では，平成16年度から「生徒による授業評価」を行っている。この結果は，教育委員会が学校評価の目安とするだけではなく，教員の授業改善に役立てたり，次の教育課程の編成の参考資料として活用できることになっている。

　各学校では，こうした教育委員会等が実施する客観的な調査に協力し，学校運営や学校の実態にかかわる情報を定期的に提供していくことが求められる。毎年，恒例に行われる調査については，あらかじめ学校行事等を調整する等の工夫をしながら，調査ができる体制を十分に整えておくことも必要である。

注

1）　中学校は，学校教育法第48条および学校教育法施行規則第74条，高等学校は，学校教育法第52条および学校教育法施行規則第84条の規定に基づき，それぞれの学習指導要領が告示されている。

2）　私立中学校は，学校教育法第49条の規定により中学校に準用される第44条，私立高等学校は，同法第62条の規定により高等学校に準用される第44条において定められている。

3）　中学校は，学校教育法第49条の規定により中学校に準用される第37条第4項，高等学校は，同法第62条の規定により高等学校に準用される第37条第4項において定められている。

4）　小学校の場合は，学校教育法の第42条，第43条（中学校は第49条，高等学校は第62条を含む），学校教育法施行規則の第66条，第67条，第68条（中学校は第79条，高等学校は第104条も含む）で定められている。

5）　高等学校学習指導要領は，第1章「総則」，第2章「各学科に共通する各教科」，第3章「主として専門学科において開設される各教科」，第4章「総合的な学習の

時間」，第5章「特別活動」の5章構成になっている。
6）　高等学校は，昭和30年度に第2次改訂が行われ（昭和33年度実施），必修教科・科目の増設とコース制の導入が行われている。第3次改訂は，昭和35年度であり，高校に倫理社会（必修）が新設された（昭和39年度実施）。
7）　小・中学校では平成21年度，高等学校では平成22年度から先行実施。

参考資料
文部省（1981）『学制百年史』
文部科学省（2008）『小学校（中学校）学習指導要領』
文部科学省（2009）『高等学校学習指導要領』
東京都教育委員会ホームページ

　　　　　　　　　　　　　　　　　　　　　　　　　　　　　　　（醍醐身奈）

第9章

道徳を指導するために
——教師に求められるもの

　道徳教育が，人間としての在り方や生き方を考えるものである以上，まずは，教師自身の在り方や生き方を，しっかりと把握しておくことが大切である。それは，一言でいえば，豊かな人間性・道徳性と教育愛をもった教師である。学校は，どれだけ時代が変わろうと，子どもたち一人一人が豊かな人間性をはぐくみ，人間として成長していくための力を身に付けていくところである。そのことを後押しするのが教師の普遍的な役割であり，道徳教育が中核となるのである。

　そのためには，教師自身が豊かな人間性・道徳性と教育愛に満ち満ちていることが不可欠である。具体的にいえば，とくに，子どもたちが好きであること，子どもたちを絶対的に信頼できること，教師自らが子どもとともに豊かな人間性・道徳性を追い求めていること，をあげることができる。

　そのことを踏まえたうえで，道徳教育を指導する教師に求められる力量形成のためのポイントについて述べてみたい。そして，道徳教育の抜本的改善・充実の中核となる「特別の教科　道徳」設置の背景と意図，および具体的内容について理解を図れるようにしたい。

1　道徳教育の意義と重要性についての理解を図る

　当然のことながら，まず求められるのが，道徳教育の意義と重要性の理解である。特に次の3つの側面からの理解を図りたい。

　一つは，文部科学省から出されている中教審答申・新学習指導要領・「特別の教科　道徳」の解説書をじっくり読んでみること。二つは，人間とは何か，人間の生き方にはどのようなものがあるのかなどについて深く学ぶ機会をもつこと。三つは，自分自身をとことん見つめてみること。自分は何のために生き

ているのか，何のために教師という仕事を選んだのか，といったことを自らに問いかける。そのなかで道徳教育の意義と重要性が自覚されてくるはずである。

（1）**中教審答申，新学習指導要領および「特別の教科　道徳」の解説書を読む**
　これからの道徳教育について学ぶことは，重要なことであるが，その前に自らの考えをしっかりもつ必要がある。そのことを前提として，文部科学省から出されるさまざまな答申や告示・著作等を丹念に読んでみる。そうすると，これからの教育において道徳教育がいかに大切かが理解できる。
　これからの教育改革のキーワードとして「生きる力」の育成が提唱される。「生きる力」とは，人間としてどう生きるかを根底で支える力である。それが「自分さがし」や「自分づくり」の中核となる。
　人間としてどう生きるかを求めることは，道徳教育にほかならない。人間らしさの基底をなすのは，道徳的価値である。その道徳的価値を調和的に身につけ，自分らしい生き方を確立していくのが道徳教育である。学校で行われるすべての学習活動が，そのような自分らしい生き方や価値観の形成へと結びつくようにしなければならない。

（2）**歴史や古典，伝記等に学ぶ**
　道徳教育は，人間の生き方そのものを直接取りあげる。すなわち人間が存在して以来，道徳教育は常に行われてきたのである。歴史を学ぶことは，人間とは何かを，あるいは人間の生き方そのものを学ぶことになる。
　また，教師自身ひとりの人間として悩み苦しみ，あるいは喜び楽しみ，さまざまな人生経験をしてきている。そして，これからを主体的に生きていかねばならない。それは，先人たちもみな同じであった。生き方に共感できる先人について，伝記や小説などでじっくり学んでみる。そのことが自分の生き方を深く考えることになる。人間が生きるとはどういうことか，あるいは人間の可能性，あるいは人間の弱さやもろさを克服する力などを，古典や伝記・小説等をもとに学び合うのである。

(3) 自己を見つめる

　そして，もう一つ大切なのが自分自身を深く見つめてみることである。そこからおのずと，道徳教育の意義と重要性を深く自覚できる。たとえば，自分は何のために教師を目指したのかを問いかけてみる。食うため。家族を養うため。もちろんであるが，それならば他の仕事はいくらでもある。なぜ教職を選んだのか。大きな理由に子どもたちが幸せな人生を送れるように少しでも役立ちたいという気持ちがあるはずである。

　そのためにどうするのか。そこに道徳教育の具体的な姿が見えてくる。それは，教師としての自分自身の生き方を見つめていくことにもなる。すなわち道徳教育は，子どもたちに対してのみの課題なのではなく，教師や大人自らの課題でもあることに気づくはずである。

2　道徳教育の具体的取り組みについての理解を図る

　道徳教育の具体的取り組みについての理解を図るには，特に次の3つを取り組みたい。

(1) 研究物・実践集を読んだり報告し合ったり，ビデオを見たりしての学習

　まず，仲間同士で，定期的に道徳教育の学習会を設ける。発表者は実際に授業を行った人が最適であるが，いつもそうとはいかない。研究物や実践事例をまとめて紹介する場合は，とくに焦点を絞って，どういう研究実践がなされているのか，その成果をどうであったか，その要因としてどのようなことがあげられるか，といったことを簡潔にまとめ発表する。そして，共通に話し合いたい事柄もメモして発表するとよい。

　また，ビデオや写真を使っての発表も効果的である。実際に取り組んだ場合は，掲示物等を持ち込み，再現するような形で発表するようにしたい。

(2) 実際に観察しての学習会

　道徳教育は，その場の雰囲気が大きく影響する。それは研究物やビデオでは

なかなか伝わってこない。実際に学校や教室を訪れれば、雰囲気が実感できる。

道徳教育の学習会においては、できるだけ実際の「特別の教科 道徳」の授業を見て学習する機会を設けたい。具体的な教育実践をともに観察し、それをもとにさまざまな考えを出し合うような学習会がいっそう求められる。

なお、授業観察において特定の個人を観察することも大切である。課題をもつ子はもちろんのこと、よく発言する子や、普通に対応している子も観察の対象にすると、授業における個々の子どもたちの様子が把握できる。そこから授業理解も、個の理解も深めることができる。それらの記録をもとに、みんなで話し合うのである。

（3）自分の実践を見つめ直す学習会

学習会では、一人ひとりの道徳の授業や道徳的実践を充実させていくことにつながるように心掛ける必要がある。そのためには、積極的に道徳の授業を行い、批評してもらう機会を設けるのである。

ときには自分の授業をビデオにとり自己分析したものを持参するようにする。その準備をするだけでも自分の実践を振り返り自己分析することができる。さらにビデオを多くの人々に見ていただくことによって、今まで気づかなかった多様な視点が見つかるはずである。授業がうまい教師は、自分の授業をビデオで撮って自己分析する機会を積極的に設けている教師が多い。

3　具体的な計画の立案と実践学習

道徳教育の自己学習においては、具体的な計画の立案と実践まで含めて取り組みたい。その際のポイントとしてとくに次の三点があげられる。

（1）「特別の教科 道徳」の学習指導案、年間指導計画、道徳教育の学級における指導計画づくり

「特別の教科 道徳」の学習指導案は、多様なものが求められるが、それは、「特別の教科 道徳」の目標を達成するためのものでなければならない。道徳

の授業においては，一般的に，日常生活を振り返ることから授業への関心をもたせる，教材を基に道徳的価値について深く考える，そのことを基に自分を見つめる，そこから課題を見出し，事後の日常生活やさまざまな学習活動へとつなげていく，というものである。

このことをベースとしながら，「総合的な学習の時間」と密接に関連をもたせた授業，学級活動と関連させた授業，教科と関連をもたせた授業などを工夫することによって多様な指導を考えることができる。また，読みもの教材だけではなく，体験に基づく教材，ビデオ教材，インターネットを活用した教材などを使っての授業，あるいは校長・教頭の参加や他の教師によるＴ・Ｔ（ティーム・ティーチング）の工夫なども考えることが大切である。

さらに，重点的な指導においては，総合単元的な発想による指導を工夫する。たとえば「特別の教科　道徳」で年間４時間ないし５時間指導する内容項目を設けて発展的な指導を行う，１ヵ月くらいで「特別の教科　道徳」を中核としながら関連する教育活動と意図的に連携しながら指導する，といったことを考え具体化するのである。

学校における道徳教育の要は「特別の教科　道徳」であることから，「特別の教科　道徳」の年間にわたる指導計画は，学級における道徳教育の具体的な姿が見えてくるものでなければいけない。「特別の教科　道徳」を年間にわたってどう経営するのか，また学級経営とどうからませていくのかといった視点をしっかりとふまえた年間指導計画の作成が必要である。「特別の教科　道徳」を自分が担任するクラスにおいて，年間にわたってどう計画的に指導していくかを考えてみるのである。

また，ある人物の生き方を，特定の価値からではなく，さまざまな側面から捉え人間としての生き方を深く学ぶ授業。自分の心をトータルに見つめてみる授業。あるいは今までの「特別の教科　道徳」での学習を全体にわたって振り返りながら自分を見つめる授業等々，年間を通して学級経営や他の教科等の学習をも考慮しながら，多様に授業を工夫していくことができる年間指導計画を具体化することが大切である。

これらのことをふまえながら，学校全体で取り組む道徳教育の全体計画に基

づきながら，各学級において道徳教育の全体的な指導計画をどう創っていくかについての学習も併せて行う必要がある。学級における指導計画においては，とくに子どもたちと心を通わせるためのさまざまな取り組みや体験活動を中心として計画してみる。たとえば，誕生会をする。学級歌をつくる。教室の一角に心のコーナーを設ける。生きものを飼う。身近でできるボランティア活動を行う。保護者を交えての授業を計画する等，心が通い合い，心が育つ学級づくりをめざしてさまざまな計画を考える。

　学習会では，それをもとにして，さらに具体的な取組の実施計画についても話し合うことが大切である。そういった学習会を行うことによって，道徳教育や「特別の教科　道徳」についての新しいイメージがふくらむ。そして教師としての力量も確実に高められ，具体的な実践へとつながっていくといえよう。

（2）「特別の教科　道徳」の授業の方法，コミュニケーションのスキル，豊かな体験活動の方法等の学習

　当然のことながら，道徳教育の要である「特別の教科　道徳」において，子どもたちがじっくりと学びを深め，道徳的価値の自覚を図り，道徳的実践力を培ってくれるようなさまざまな指導技術について学ぶ必要がある。特に学習者同士での模擬授業などを取り入れることによって，教師・子ども双方の立場からの授業評価が可能になる。

　道徳教育は，教師が子どもたちと触れ合うなかで行われる。そのためには，とくに教師自身のコミュニケーション能力を高める必要がある。子どもたちが心を開く技術，心を通わせる技術，心を表す技術，あるいは心を鼓舞していく技術などがコミュニケーション・スキルとして考えられる。そういった技術については，さまざまなものが開発されている。具体的なコミュニケーション・スキルに関するトレーニングも積極的に行う必要がある。

　また，子どもたちとの心の交流は，さまざまな体験活動を通して深めることができる。子どもたちが生き生きと体験活動を行うための指導技術も身につけておかねばならない。集団活動を充実させたり，みんなを楽しませたりするには，具体的なトレーニングを積まないとむずかしい面がある。レクリエーショ

ン活動における技術等の学習も積極的に取り組みたい。

　さらに，具体的な道徳的実践を行うための技術も必要になる。たとえば，動植物を世話する技術，あるいはさまざまなハンディキャップのある人々への対応技術等々である。社会福祉施設等でのボランティアも積極的に取り組みたい。

（3）教材作成の学習

　結局，具体的な計画の立案と実践学習は，自らの実践力を深めていくことにつながらねばならない。自らの道徳の授業に関する実践力を高めていくには，教材を開発していくことが最も効果的である。すなわち，自分が子どもたちに伝えたいこと，あるいは自分が感動したこと，あるいは自分の今までの生き方において大切にしてきたこと，あるいは今の自分を支えているものなどをまとめ，子どもたちにその心が伝わっていくような教材を作成する。そして，それを使ってどう道徳の授業を展開するかも併せて考えるのである。

　道徳教育を充実させるには，教師自身が自らの生き方や感動したことをじっくりと子どもたちに語っていける場が必要である。教材開発を心掛けると，道徳の授業に補助資料として活用したり，日常生活やさまざまな教育活動においても利用できる。子どもたちとの心の交流にも大きな役割を果たすのである。

4　「特別の教科　道徳」設置の背景

　以上のような自己学習を充実させる上において，ぜひ押さえておかなくてはいけないのが道徳教育の動向である。文部科学省では，道徳教育の抜本的改善・充実を図るべくさまざまな充実策を講じている。その中核となるのが「特別の教科　道徳」の設置である。平成27年3月に学校教育法施行規則の一部改正と学習指導要領の部分改訂が告示され，「特別教科　道徳」が教育課程に位置づけられた。このような道徳教育改革は，戦後の教育改革の根幹にかかわるものだといえる。それは，もう一度教育の原点に返って本来の道徳教育を確立していこう，という提案であると捉えられる。その背景として，主に3つの理由が挙げられる。

（1）改正教育基本法が求める教育目的の実現
——道徳教育が教育の根幹に位置づく

　周知のごとく，2006（平成18）年12月に59年ぶりに教育基本法が改正された。とくに強調されているのは，人格の完成を目指した教育の確立である（第1条〈教育の目的〉，第3条〈生涯教育の理念〉，第11条〈幼児期の教育〉において言及されている）。そして，人格を育てる教育の具体については，第2条（教育の目標）に明記されている。5つ掲げられている。一号では，知・徳・体を調和的に養っていくことが示されており，二～五号においては，生き方の根本にかかわる道徳的価値意識の育成が述べられている。このことは，人格の基盤に道徳性の育成があることを明確にしているのである。つまり，人格の完成を目指した教育とは，道徳教育を根幹に据えた教育であり，徳の育成を中心としながら知や体をはぐくんでいく教育なのである。そのための改革が，道徳教育の抜本的改革であり，その切り札として，「特別の教科　道徳」が設置されたと捉えることができる。

（2）いじめ問題をはじめとする問題行動への対応
——人間の本質からの対応が不可欠

　今回の道徳の教科化に関する提案は，第2次安倍晋三内閣の諮問機関である「教育再生実行会議」からあった。いじめ対策の第1の方針として道徳教育の充実が挙げられ，その具体策として道徳の教科化が提言されたのである。つまり，今日多発化・深刻化する青少年の問題行動の根幹に道徳性の低下を指摘しているのである。

　いじめはどうして起こるのか。突き詰めれば，人間の独自性である価値志向の生き方ができることにある。よりよく生きようとする心があるためにうまく伸ばせられない自分にイライラしたり，他人と比較して劣等感をもったり，妬んだりする。それがいじめへと発展する可能性はだれもがもっている。
つまり，いじめの対策は，根源的な人間として生きるとはどういうことか，そのための課題は何かを深く考えること。その課題を克服し，人間らしい生き方をすることが人間の尊厳性であり誇りであることを自覚できる指導が不可欠な

のである。

（3）急激に変化する社会への対応——主体的に生きる力の育成

さらに，今日の社会の急激な変化と，次々に起こる事象への主体的対応が挙げられる。学校教育に次々に求められる課題のほとんどは，これからの未曾有の社会変化が起こるなかで，いかに生きるかにかかわるものである。それらを個別に取り組むのではなく，これからの社会をいかに生きるかを道徳的価値意識の形成とかかわらせて学ぶ道徳教育を根幹に据えての対応が求められる。また，東日本大震災からの復興，東京オリンピック・パラリンピックへの対応等，わが国が抱える国家的課題への対応においても，道徳教育の充実が不可欠なのである

5　「特別の教科　道徳」の目標はどうなっているのか

（1）道徳教育の目標——自律的に道徳的実践のできる子どもを育てる

道徳教育の目標は，次のようになっている。

　　道徳教育は，教育基本法及び学校教育法に定められた教育の根本精神に基づき，自己の生き方（人間としての生き方）を考え，主体的な判断の下に行動し，自立した人間として他者とともによりよく生きるための基盤となる道徳性を養うことを目標とする。（カッコ内は中学校）

つまり，道徳教育の目標は道徳性の育成であり，その道徳性は，自分の生き方を主体的に考え，追い求め，自立した人間となり，みんなでよりよい社会を創っていくことを根底で支えるもの，ということになる。道徳教育は，まず人間としての自分らしい生き方について考えられるようになること。そして，人間としての自分らしい生き方を具体的な生活や学習活動などにおいて追究していくこと（行動していくこと）を通して社会的に自立した人間となっていくことを求めている。言い換えれば，道徳教育は自律的に道徳的実践のできる子どもたちの育成をめざすのであり，学校を真の人間形成・人格形成の場としていくための中心的役割を担っているのである。

（2）「特別の教科　道徳」の目標——人生や生活に生きて働く道徳性を育てる

　そのことを踏まえて，「特別の教科　道徳」の目標は次のようになっている。
　　　よりよく生きるための基盤となる道徳性を養うため，道徳的諸価値についての理解を基に，自己を見つめ，物事を（広い視野から）多面的・多角的に考え，自己の生き方（人間としての生き方）についての考えを深める学習を通して，道徳的な判断力，心情，実践意欲と態度を育てる。
　　　　　　　　　　　　　　　　　　　　　　　　（カッコ内は中学校）
　「特別の教科　道徳」が，道徳教育の要としての役割をはたすためには，まず，「道徳的諸価値について理解」を深めることを求めている。それは同時に，道徳的諸価値が人間の特質を表すことから人間理解を深めることになる。そのことを基にして，「自己を見つめる」のである。そしてさらに，「特別の教科　道徳」では，道徳的諸価値の理解を基に，「物事を多面的多角的に考え」ることを求めている。このような3つのことを押さえて，人間としての自分らしい生き方についての考えを深めていくのが「特別の教科　道徳」である。

　そして，そのことを通して，道徳性の根幹にある道徳的判断力と道徳的心情と道徳的実践意欲と態度を養っていく。もちろんこれらは分けられるものではない。道徳的な心情をしっかり押さえた道徳的判断力が求められるのであり，その判断が実践へとつながっていくように道徳的実践意欲と態度を高めていくのである。

　このようにして育まれる道徳性は，日々の生活や学習活動と響き合って，さらに磨かれることになる。「特別の教科　道徳」のねらいを一言でいえば，自らの人生や生活に生きて働く道徳性の育成を図るということである。

6　「特別の教科　道徳」の内容はどうなっているのか

（1）かかわりを豊かにするための心構え（道徳的価値）

　「特別の教科　道徳」の指導内容は，4つのかかわりごとに，かつ学年段階ごとに重点的に示されている。この指導内容は，学校教育全体を通しての道徳教育の指導内容でもあることが明記されている。

このような内容の示し方は，同時に道徳教育の在り方をも示している。道徳性は，日常生活におけるさまざまなかかわりを通して身につくものである。その基本的なものが，主に，自分自身，人，集団や社会，生命・自然・崇高なものだということである。これらのかかわりを豊かにしていくために求められる価値意識，言い換えればこれらのかかわりを豊かにしていくことによって育まれる道徳的価値意識を，発達段階を考慮して示しているのが，内容項目である。

（2）「特別の教科　道徳」と全教育活動とを響き合わせる

　各教科等における道徳教育とは，それぞれの授業において，これらの4つのかかわりを教材やさまざまな学習活動を通して豊かにしていくことと捉えられる。そのことを踏まえて「特別の教科　道徳」の授業では，それぞれの道徳的価値を人間としてよりよく生きるという視点から捉え直し，自分を見つめ，自己の成長を実感するとともに，これからの課題を確認し，追い求めようとする意欲，態度を育てるのである。

　そして事後の学習や生活において，それらとのかかわりをより豊かにもてるようにしていくことが大切である。それが道徳的実践ということになる。つまり，道徳的実践とは，これら4つのかかわりを豊かにするための道徳的価値の自覚を深めることを通して，実際の生活や学習活動の中でかかわりを豊かにしていくことなのである。

（3）崇高なものの最たるものは自分の良心

　指導内容でとくに注目されるのは，「よりよく生きる喜び」に関する内容項目である。中学校では「人間には自らの弱さや醜さを克服する強さや気高く生きようとする心があることを理解し，人間として生きることに喜びを見出すこと」とある。小学校の高学年では「よりよく生きようとする人間の強さや気高さを理解し，人間として生きる喜びを感じること」となっている。道徳教育の本質がここにあるといっても過言ではない。つまり，崇高なものの最も大切なものが自らの良心であることを自覚できる指導を求めているのである。

　人間はだれもがよりよく生きようとしている。求めているものは，一人ひと

りにとっての理想であり夢であり，希望であるといえる。それを完全に手に入れることはできないが，常に追い求めることができる。その心が崇高なのである。よりよく生きようとする心に寄り添い，人間として生きる喜びを見出す生き方こそ，道徳教育が求める究極の姿であるといえる。

これからの道徳教育は，どのような状況下におかれようともよりよく生きようとする気高い心を見失わず，さまざまな課題に正面から向き合い乗り越えていくことに人間として生きる喜びを見出せるような道徳教育を求めているのである。

7　「特別の教科　道徳」の評価はどうなっているのか
――絶対評価で伸び代を記述式で評価する

「特別の教科　道徳」の評価は，教育の本質と連動する。子どもたちはだれもがよりよく生きようとしている。その姿をしっかりと観察し記述式で知らせることになっている。つまり，道徳の評価は，よりよく生きるための根幹となる道徳的価値についてそれぞれに伸ばしている部分を子どもたちに知らせ，勇気づけ，それらを自ら伸ばしていこうと取り組んでくれる子どもたちを育てるためのものなのである。道徳の授業を通して，基本的な道徳的価値にかかわって，道徳的心情や，道徳的判断力，実践意欲や態度がどのように成長しているかをしっかりと観察することが求められる。

「特別の教科　道徳」の評価は，子どもたち自身が自己評価力を高め課題を見出し自己指導できる力の育成に資するようにすることが大切である。そのためには，子どもたちが学習記録を残せるようにする必要がある。ポートフォリオ評価は「特別の教科　道徳」においてこそ重視する必要がある。道徳ノートを工夫することによって，道徳ノートを通しての道徳学習の積み重ねと成長の実感（自己評価，自己指導も含めて），教師からの励ましの評価も具体化することができる。また道徳ノートを通して子どもたちの実態や課題，成長の度合いなどを確認しながら教師自身の指導の充実を図っていくことができる。

Ⅱ　教師はどのように取り組んでいるか

8　「特別の教科　道徳」の指導方法をどう工夫するか

「特別の教科　道徳」の指導方法は，目標の内容を踏まえて多様に展開される必要がある。そのことを押さえたうえで特に求められることとして次の5点を挙げることができる。

(1) 児童生徒の発達段階を考慮した指導方法の工夫

小学校低学年では，道徳的な課題や道徳的事象に気づくようにすることを重視した指導から工夫する必要がある。特に相手の気持ちを推し量り，相手（人だけではなく動植物や自然，集団や社会も含めて）にとっても自分にとっても気持ちのよい行動をとろうとする気持ちを高める。そして日常生活で実感できるように働きかけていくのである。

中学年では，心身の発達や思考力，興味関心などの発達により関心が外へ外へと向いていく。その時期においてこそ，さまざまな事象に対した多様に考える授業を工夫し，その視点から自分をしっかり見つめられるような授業を重視する。

高学年は，知的関心や想像力，創造力が一層伸びることから，知的な刺激や，考えることを中心とした授業を積極的に行う。考える学習を充実させるためには，理由を問う発問が重要である。「どうすればいいのか」だけではなく，「どうしてそうなるのか」「どうしてそう考えるのか」といった発問を工夫し，深く考えられるようにする。そして，人間としての生き方についての自覚を深め，道徳的な課題に主体的にかかわる姿勢や心構えを身につけ，具体的に取り組めるようにしていくのである。

中学校では，さらに考える授業を工夫する。そして，思春期の意味（大人になっていくこと）と道徳教育の大切さ，社会の一員としての自覚ある生き方について，積極的，主体的に考えられるように，教材の工夫や指導方法の工夫をする必要がある。それらの中で自分自身との対話を深められるようにする。

（2）道徳的価値に照らして自分を深く見つめ，課題を見出し事後の学習へとつなげられるようにする

　道徳の授業のポイントは，道徳的価値についての理解を深めるとともに，そのことを基にしながらいかに自分を見つめられるかである。さまざまな教材や話し合いを通して道徳的価値意識を深めていく。そこを共通理解して，自分を多様に見つめられるようにしていくことが大切である。この押さえが十分にできていないと授業が上滑りなものになる。

　また，道徳の授業は，授業の後にも，さらに考えてみたり，話し合ってみたり，調べてみたり，取り組んでみたりすることへの心の動きが起こることが大切である。つまり授業を通して自己を見つめ自己課題を見出すことが求められる。それをどのように支援していくのかが重要である。

（3）問題解決力の育成を図るようにする

　自己を磨き道徳性を高めていくには，具体的な問題や課題に主体的にかかわり克服していける力を身につけることが不可欠である。そのためには，方法に関する学びが必要になる。方法に関する学びをより深めるためには，なぜそうなったのかを中心としてその背景を探ることが重要である（人間理解，他者理解等）。そのことによってどうすればいいのかに関する考えが深まる。それらをどのように取り組んでいけばよいのか。道徳の授業が方法論の学習に力点が行くと処方箋を学ぶ授業や生活指導的な授業になってしまう。道徳の授業と学級活動との連携を図る等の工夫が必要である。また本当の問題解決力を身につけためには，総合的な学習の時間と連携して，子どもたちが自ら課題を見つけ，協力して主体的に解決していくプロジェクト型の道徳学習を工夫することが求められる。

（4）総合道徳（総合単元的道徳）の取り組みを行う

　重点目標や重点課題に関しては，「特別の教科　道徳」を要に関連する教育活動や日常生活や家庭，地域との連携等も指導計画に明確に示して，1か月くらいの時間をかけて取り組めるようにする。その際，認知的評価，情意的評価，

行動的評価も明確にし，適宜評価を行い指導の改善を図っていくことも考えられる。プロジェクト型の道徳学習計画も含めて，道徳教育はもっとダイナミックに展開する必要がある。

（5）トータルに自分を見つめ自己成長を図ることができるようにする

「特別の教科　道徳」ではトータルとしての自分を見つめ，成長を実感し，課題を見出し自ら追究できるようにしていくことが求められる。つまり，道徳の授業で自己評価，自己指導への課題の把握，授業後に課題の追求というサイクルを子ども自身が確立できるようにすることが大切である。ためには「道徳ノート」が重要な役割を果たす。子どもたちにどのような「道徳ノート」もたせ活用できるようにするかが大きな課題である。

参考文献
押谷由夫・柳沼良太編著（2013）『道徳時代がきた』教育出版．
押谷由夫・柳沼良太編著（2014）『道徳の時代をつくる』教育出版．
押谷由夫・諸富祥彦・柳沼良太編著（2015）『新教科道徳はこうしたら面白い』図書文化社．

（南本長穂編）

第10章

特別活動を指導するために──教師に求められるもの

　　特別活動は，子どもたちが楽しく充実した学級・学校生活を送るための基盤であり，特色ある学校づくりの中核でもある。しかし，教科書がなく，その指導は現場の裁量に任されていることや，理念や指導方法についての系統的な実践研究を学んでいない教師が多いことなどから，特別活動に対する取り組みの学校格差は大きい。

　　そこで，本章では，特別活動の大きな役割である子どもたちが自ら学級・学校生活をよりよくしていくために教師はどのように指導していけばいいのかということを，まず，特別活動の意義や役割，心構えを認識した上で，子どもの思いや願いを大切にする指導，集団のなかで活躍できる子どもを育てる指導，学校文化・校風を創造する指導を具体的に考える。そして，特別活動を大切にする5つの教師像を紹介し，特別活動の授業（特に学級活動）を実践するための指導のポイントを提起して，最後に実践者の立場からのコメントを述べたい。

1　特別活動の意義や役割を理解する

　特別活動は，子どもたちの自治的な能力や自主的な態度を育て，学力向上の基盤に必要な望ましい人間関係を築き，いじめや不登校などの問題に対する予防薬的な役割を果たすなど，子どもたちの成長に欠かせない教育活動である。

（1）特別活動の目標から見えてくること

> 望ましい集団活動を通して，心身の調和のとれた発達と個性の伸長を図り，集団の一員としてよりよい生活や人間関係を築こうとする自主的，実践的な態度を育てるとともに，自己の生き方についての考えを深め，自己を生かす能力を養う。
> 　　　　　　　　　　　　　　（小学校学習指導要領　第6章　特別活動）

Ⅱ　教師はどのように取り組んでいるか

> 望ましい集団活動を通して，心身の調和のとれた発達と個性の伸長を図り，集団の一員としてよりよい生活や人間関係を築こうとする自主的，実践的な態度を育てるとともに，人間としての生き方について自覚を深め，自己を生かす能力を養う。
>
> 　　　　　　　　　　　　　（中学校学習指導要領　第5章　特別活動）

　この目標から，特質を考えると次の3つにまとめることができる。
　まず，目標からは，「集団活動」であること，「自主的な活動」であること，「実践的な活動」であることが読み取れる。
　そして，その教育的意義を考えると次のようなことなどがあげられる。

- 自分たちで生活の諸問題を解決しようとするたくましい子どもが育つ。
- 子ども相互，子どもと教師との人間的な触れ合いが深まる。
- 友達と協力して，チームで活動しようとする子どもが育ち，いじめ問題等の未然防止に役立つ。
- 切磋琢磨できるよりよい人間関係が育ち，効果的に学力を向上するための土壌づくりになる。
- 共生社会の担い手としての豊かな人間性や社会性を身に付けることができる。

(2) 望ましい集団活動について押さえる

　「望ましい集団活動を通して」とは，一人一人の児童が互いのよさや可能性を認め，生かし，伸ばし合うことができるような実践的な方法によって集団活動を行ったり，望ましい集団を育成しながら個々の児童に育てたい資質や能力を育成したりするという特別活動の方法原理を示したものである。
　では，「望ましい集団活動」とはどのような条件をもつのか整理しておく。

　ア　活動の目標を全員でつくり，その目標を全員が共通理解していること。
　イ　活動の目標を達成するための方法や手段などを全員で考え，話し合い，それを協力して実践できること。
　ウ　一人一人が役割を分担し，全員共通理解し，自分の役割や責任を果たすとともに，活動の目標について振り返り，生かすことができること。

> エ　一人一人の自発的な思いや願いが尊重され，互いの心理的な結び付きが強いこと。
> オ　成員相互の間に所属感や所属意識，連帯感や連帯意識があること。
> カ　集団の中で，互いのよさを認め合うことができ，自由な意見交換や相互の関係が助長されるようになっていること。

　以上の条件を踏まえ，端的に表現すると，「望ましい集団活動とは，活動の目標をみんなでつくる，目標達成の方法を話し合って決める，役割分担をし，協力して取り組むという活動のこと」であり，その活動を前提として，学級活動，児童会・生徒会活動，クラブ活動，学校行事が展開されるということである。

2　指導の心構えを考える

　特別活動の指導の基本は，子どもたちが自分たちでよりよい学級・学校生活づくりにつながるように実践していくように仕向けることである。よさを見つけて伸ばすこと，見守ること，叱咤激励しながら子どもたちを奮い立たせること，時と場合によって，指導していく柔軟なスタンスが必要である。

（1）学級づくり（学級経営）の充実につながる指導を心がける

　特別活動は学級づくりの充実に重要な役割をもっている。特別活動の充実によって，子どもたちの自治的能力を高めるようにしたり，生活や学習に適応できるようにしたりする。また，互いのよさを生かして自分たちの学級生活をよりよくしようとする意識が高まり，一人一人が生き生きと生活や学習に取り組むようになるなど，よりよい学級づくりの実現につながる。そのため，教師は子どもたちとともに特別活動を活用した，よりよい学級づくりのための見通しが必要となる。1年間を見据えた学級づくりを行うなかで，子どもたち同士がよりよくかかわりながら，学級の質を高めるように特別活動を充実させていく指導をしていくことが大切となる。

　30年以上も前になるが，T.パーソンズの社会的統制の4段階に基づいた

「認め合う学級づくり」「励まし合う学級づくり」「高まり合う学級づくり」を学校全体で行っていたＡ小学校では，全教師集団で共通理解しながら，学級づくりを行っていた。具体的に教室での子どもたちの姿をイメージ化した取組は，子どもが育ち，前向きな教師集団が育っていた。そこには，個が生きる集団活動を重視した特別活動の指導原理を中核にした学級づくりが展開されていた。

（2）生徒指導の中核になる指導

　生徒指導提要（平成22年3月）には，「学級活動などの特別活動は，集団や社会の一員としてよりよい生活や人間関係を築き，人間としての生き方について自覚を深め，自己を生かす能力を養う場であり，生徒指導のための中核的な時間となると考えられる」とある。このように自己指導能力や自己実現のための態度や能力の育成をねらいとする生徒指導を推進する上で最もかかわりの深い教育活動である（特に，学級活動（2））。

　たとえば，目標をもって生活できるようにするには，よりよい「理想の学級・学校生活や学習」について話し合い，これをもとに各自が目標を決めて，集団として協力し，個人として努力しながら前向きに取り組めるようにすることが，子どもたちの大きな成長につながる。

　また，日常の生活上の課題は，始業前などに20分程度の時間を設け計画的に指導するとよい。その際に「こうしなさい」ではなく「あなたはどうするの」と問いかける指導にする。特に重要な課題は45分間の授業として取り上げる。その際は，効果的な資料の活用，養護教諭，栄養教諭，地域のゲスト・ティーチャーなどとの協力的な指導の工夫が効果的である。

　いじめに関わる題材は，「望ましい人間関係の形成」となるが，よりよい人間関係を築くために児童・生徒の実態や発達段階に応じて，学級活動で扱うことが大切となる。その際，学級の実態を十分把握してから，具体的に子どもたちに考えさせて指導していきたい。そして，全校が共通理解した適切な指導が必要であり，日頃から人間関係について考えさせることも大切である。

（3）道徳教育との関連を意識した指導

　目標の「自己の生き方についての考えを深め」や学級活動の内容の「協力し合って楽しい学級生活をつくる」など，特別活動と道徳の目標や内容は共通している点が多くある。これは，同学年や異学年の友達，地域や施設などの多様な人々，自然などと触れあう特別活動における望ましい集団活動や体験的な活動が，道徳性を養うための重要な場になる。道徳の時間は，資料などを通してたとえば「協力」とは何かを考えるが，特別活動では，「協力するためには，どうしたらよいか」について話し合い，決めたことを実行する。その上で活動を振り返り，「協力とは何か」について考えることができるようにする。

　特別活動における豊かな体験活動は，道徳教育に必要である。バーチャルがまかり通る子どもたちの生活のなかで，五感を通した体験活動は，道徳的価値の自覚を深める道徳の時間の学習を効果的にする。集団宿泊活動では，仲間との協力や自然の偉大さ，生命の尊重，目標を達成する喜びなど，子どもたちの内面にある道徳性を大きく育てる。体験を通して，子どもが大きく育つ，変わっていく。

　特別活動は道徳的実践の場でもあり，また，特別活動は道徳教育と連動して子どもたちの心や行動をよりよくしていく。道徳の時間は，道徳的実践の礎となる道徳的実践力を，特別活動は，道徳的体験や実践そのものを学習する。つまり，特別活動と道徳教育は車の両輪であり，一緒に子どもの心を育てる。

3　子どもの思いや願いを大切にする指導

　子どもたちは，所属する集団（学級）に大きな影響を受ける。4月になり，新しく出会う学級では，学級担任は，一人一人の子どもたちと向き合いながら，思いや願いを大切にして，よりよい学級づくりに取り組まなければならない。

（1）学級目標をつくる，そして，活用する指導

　学級目標は，教室にいる全員が，自分たちの手で，よりよい学級づくりをしていくために目指していくべき指標，着地点である。教師も含め成員全員が常

に意識しながら，学級集団生活をよりよくしていこうとしていく基盤にすべきものであり，望ましい集団にしていく手段である。学級目標は，教師と子どもたちによって，スローガン型・イメージ型・語呂合わせ型などいろいろな形で作られる。配慮したいのは，学校・学年経営を意識した学級づくりへの取組ということである。年度当初に学校の教育計画を共通理解した後で，学級目標について全教職員で話し合うことが効果的である。

　また，学級目標は日々の生活のなかで意識させることで一人一人の子どもの思いや願いをより具現化していく。その手法として，学級歌や学級旗や学級のマスコットを作ったり，係活動・集会活動に生かしたりする工夫が効果的である。朝の会や帰りの会で毎日歌う，クラスマッチで旗を振る。係活動で学級目標を意識する。教室にみんなで作ったマスコットがある。一人一人の居場所があり，温かい教室にすること，そして，学級目標を全員に意識させていくのは教師の大切な技術である。

(2) 一人一人の思いや願いを生かした話合い活動にする指導

　一人一人の意見や考えを引き出すためには，日ごろの教師の子どもたちへの働きかけが重要である。学級会の議題の選定などは，議題箱やアンケート以外に，子どもたちとの会話のなかでよい発想を称揚したり，取り上げたりすることが効果的である。日記指導を上手に活用することもよい。教師が子どもをその気にさせていくような働きかけが大事であり，よさを全体の場に押し上げようとするサポートが必要なのである。具体的には下の表を子どもに提示したい。

(例)【中学年の議題を見つける方法】
　ア　議題の見つけ方

> ○ 朝・帰りの会…話合いの中で，話題になったもの
> ○ 学級日誌・班ノートなど…書かれていることで，学級全体にかかわること
> ○ 係の活動・当番活動…「困っています」「やりたいのですが」ということ
> ○ 他の学級の活動…自分たちもやってみたいということ
> ○ 休み時間…「こんなことをしてみたいな」と思うこと

○ 代表委員会・各委員会など…たのまれたことや提案したいこと
○ その他…お友達のかんげい会やお別れ会など

イ　議題の内容

内容	議題例
学級の係活動について	・日直の仕事を決めよう　・係を見直そう ・係の計画をたてよう
学級の集会活動について	・スポーツ大会の計画をたてよう ・お楽しみ会の計画をたてよう
学級の生活について	・学級のスローガンをつくろう・学級歌や学級旗をつくろう
学校行事について	・運動会を成功させよう
児童会活動との関連について	・運動会のスローガンを考えよう ・代表委員会の提案について話し合おう

（出所）　愛媛特活CD資料集「いろは」より抜粋。

　ところで，よい意見も集団決定で，一部の強い意見をもった子に左右されることが少なくない。結局は，強いリーダーシップをもったものだけが活躍する結果となる。そんな状況が増えると，自分の思いや願いを出そうとしない子どもが増える。そこで，大切にしたいのは，本気で話し合う場をつくることであり，物事を決めるときには，どの子も納得ができるような折り合いの方法を指導しておくことが重要になる。以下，折り合いの6つの方法を紹介したい。

① 意見Aと意見Bの両方を満たすものを探す方法
② 意見Aを中心にして，意見Bのよさを加味する方法
③ 意見AとBを合体させる方法
④ 意見AとBの発想を生かして新しいものを創り出す方法
⑤ サラダの盛り合わせ型の方法（縮小して，全部やってしまう）
⑥ 優先順位をつけて妥協する方法

　一人一人の思いや願いを議題という形にして提案できる能力を育てることやその提案した意見をみんなのものとすることは大切な指導である。

(3) みんなで決めたことを大切にする指導

　一人一人の思いや願いを生かしながら，学級会や児童会・生徒会で決まっても決定事項を守らない子どもがいると，集団は規律がなくなり，支持的な風土が育たなくなる。話し合って決まったことは実践し，評価し，次の実践につなげていくという繰り返しが子どもたちに自発的自治的能力を育てる。教師はじっくりと見極め，見届けながら経験させる指導が必要である。

　気をつけたいのは，「できなかったらどうするか」という意識をもたせるのではなく，「どのようにすればできるようになるか」を徹底的に話し合わせて，合意形成を図っていくことが重要である。教師が本気で話し合ったこと，みんなで決めたことを大切にする意義を子どもたちに語ることが必要である。そのことは民主主義社会の精神を培うことにつながる。

4　集団のなかで活躍できる子どもを育てる指導

　いじめや不登校，離職率の増加，若者の引きこもりやフリーター増加の問題などの要因に，深刻なる人間関係形成能力の低下がある。集団のなかで，人間関係を調整しながら生きていくということは，学校だけでなく，社会に出ても必要になる大切な能力である。集団のなかで，自分の役割を考え，果たしていくことができるようにすることは，特別活動が担う重要な仕事である。

(1) オリジナルの係活動にする指導をする

　係活動は，学校生活を豊かにするために，自分が役割を果たせる活動の場が見つかり，自己有用感が高まる。学級のために働くことに喜びを感じる活動を通して，勤労奉仕の大切さや意義を理解できる。係の活動が友達づくりのきっかけになり，協力や信頼に基づく友情を大切にする意義が高まる。係活動は，子どもたちの力で学級生活を豊かにするために，自分たちで話し合って係の組織をつくり，全員でいくつかの係に分かれて自主的に行う活動である。

　低学年から，当番活動に始まり，創意工夫した活動に取り組んだ子どもたちは中学年になると，楽しい学級生活にするために創意工夫して，協力し合って

意欲的に活動する。高学年になると，委員会活動で全校生活に関わる活動が増えてくるので，活動の時間が限られてくるが，係活動を経験した子どもたちは，より自分のよさを積極的に生かし，豊かな学級生活をつくるために工夫し，信頼し支え合って活動する。

　さて，当番活動と係活動は共に学級内の仕事でみんなに役立つ仕事であるが，創意工夫して活動するのが係活動であり，子どもたちの自主的な活動であることが前提である。よく当番活動と混乱する場合があるが，先生が作る仕事とは違うということを認識しておかなければ，望ましい係活動にすることはできない。そして，係を活性化させるための教師の支援は活動の場面ごとに適切に行わなければならない。そうすることで，よりよい学級生活にしていくために係活動が有効になっていくのである。

（2）全員参加・全員参画の集会活動を実践する指導

　学級集会活動・児童会集会活動は，全員参加・全員参画でありたい。集会のなかでの役割を全員がもつということが，みんなで集会を創り上げることにつながる。このことが，学級・学校集団の帰属感につながる。そして，温かな人間関係をつくり，いじめや不登校の予防にも役立つ。教科の授業には出席できないが，集会活動には必ず参加して友達と楽しむ姿を見せる子どもたちもよく見た。どんな係でもみんなの役に立つ実感をもつこともできる。

　「お楽しみ会」などは時間をとるだけだから，やらない先生がいる。しかし，「お楽しみ会」は子どもたちにとって，集団のなかで自分の役割を存分に発揮する最適な場である。単なる遊びと捉えず，子どもたちの学級文化づくりの場と理解させて実践することは，学級への所属感や人間関係が深まりにつながる。

（3）学校行事で活躍させる指導

　儀式的行事，文化的行事，健康安全・体育的行事，遠足・集団宿泊的行事，勤労生産・奉仕的行事はそれぞれにねらいがあり，各学校で創意工夫を生かしやすく，特色ある学校づくりを進める上で有効な教育活動である。そのなかで，子どもたちをどう活躍させるかを教職員全員が考えて，よりよいものにしてい

きたい。文化祭や運動会は，子どもたちのひのき舞台である。修学旅行や遠足は友情を深める。自然の家などを利用した集団宿泊活動は，特別活動の意義を実感させる。学校と違った子どものよさを発見することもあり，子どもに対する見方や考え方も変わってしまうこともある。この活動は，子どもたちに感動を与え，生きる知恵や技術が身に付いていく。

学校行事での経験を積むことで，成長の糧となる。教師の指導として，考えたいのは将来につながる力や資質をどう捉えていくかである。子どもをよりよく育てていくために行事はどうあるべきかをまず考えたい。子どもにとっては，どの行事も一生で一回しか経験できないものもある。今，何を身に付けさせたいのか教師は明確にしておきたい。

(4) クラブ活動で自発的自治的な活動にする指導

クラブ活動では主として第4学年以上の共通の興味・関心をもつ児童によって組織される。年間，学期ごと，月ごとなどに適切な授業時数を確保するようにする。どの学年のメンバーも楽しめるように工夫することを通して，豊かな人間性，社会性を育てる。

子どもたちの好きな教科，活動アンケートでは，全国どこでもクラブ活動が一番人気である。興味・関心のある内容を同じ気持ちのある異年齢の仲間と協力して活動できることに醍醐味があり，自分たちで考え，自分たちで計画を立て，自分たちで創意工夫しながら，縦割り集団で活動できることが楽しいのである。クラブ活動の時数は必ず適切に確保してほしい。

さて，近年，クラブ活動が趣味の教室に様変わりしようとしている。個人で楽しさを追求する活動でなく，異年齢の仲間と共に自治的に活動できるようにしたい。そのために，発表の場や交流の場を設けて，目的をもってみんなでやり遂げる着地点を年間のクラブ活動の計画に設定しておくことが効果的である。

5　学校の文化・校風を創造する指導

子どもたちが学校の文化・校風を創り上げていくのが特別活動の魅力であり，

日本型教育を支えている。子どもたちが主人公の学校づくりに特別活動の指導が生かされている。

(1) 児童会・生徒会を活性化する指導

　児童会・生徒会活動を活性化には，運営委員会の指導の充実が求められる。子どもたちをやる気にさせ，よりよい学校づくりに向かわせる。まず，児童会・生徒会役員を「学校のリーダー」として自覚させることから始めたい。A小学校の児童会役員は，全校の前で自分の学校づくりに対する抱負を述べる。そして，自分にできることの決意を発表する。そのことを対外にもPRして，全校のリーダーとして，公表することからスタートした。また，B中学校では，生徒会の選挙に立候補した生徒を校長先生が校長室に集めることが恒例になっている。「本気でこの学校をよりよくしようと考えている生徒が先頭に立ちましょう。全校生徒の前できちんと語りましょう。」と話すそうである。どれだけ，児童会・生徒会の役員をその気にさせるかで活性化の度合いが大きく異なってくる。よりよい学校づくりにどうかかわらせていくかが，児童会・生徒会役員の役割の自覚と行動力・実行力の育成であり，そのための教師の指導が大切である。

　C小学校では，「7つのゆめから，学校を変える」実践が行われた。10年以上も前のことである。「全校を巻き込める活動づくり」「子どもが望む学校づくり」をということで，行ったのは「7つのゆめ」を子どもたちに創らせたことであった。その夢が児童会のスローガンとなり，児童会の名称も「ななゆめ会」となり，今も活用されているという。子どもたちの夢が学校文化を創り上げ，校風を創り続けている実践である。この実践のキーマンは特別活動主任と校長。子どもを中心に据えた学校づくりを提唱していた校長のもとで，情熱ある特活主任が見事な役割を果たしたのである。子ども文化の創造を継承発展してきたこの学校では，子どもの力を信じ切る教師や学校の姿勢が伝統となっている。

（2）委員会活動で学校生活を充実させる指導

　委員会活動は，子どもに学校の一員としての自覚をもたせ，「一つ一つの仕事がよりよい学校をつくっていく」という意識をもたせることが重要である。その上で，活動を企画・実行させることにより，自治的な能力や社会参画の態度を育てることができる。また活動を成し遂げることによって，達成感や自己有用感を味わわせることもできる。よりよい学校づくりのために，みんなで関わっていく活動，仕事であるということを教師自身が常に意識して，指導に当たらなければならない。

　前に紹介した「ななゆめ会」の委員会活動は，委員会活動づくりからスタートした。高学年児童対象に行ったアンケートをもとに教職員がその内容を整理統合して委員会を立ち上げた。委員会の名称は第1回委員会活動で決定する。花ちゃん，しらさぎ放送局，動物ふれあいランド，ふれあい楽しみ隊，米米クラブ，ブックステーション，心をつなぐさわやかあいさつ隊等，活動内容を想起させたネーミングを子どもたちが考えた。その一つ，心をつなぐさわやかあいさつ隊は，4月当初から校長先生と一緒に校門に立ち，集団登校してくる友達に向かってあいさつを続ける。6月になると朝の集会の時間を利用して，あいさつのよさを少しでも伝えようと全校児童に行ったアンケートの結果を発表したり，世界の国々のあいさつの紹介を行ったりした。委員会活動を通して，自己有用感を高め，学校の校風づくりに貢献してきたのである。

（3）児童会・生徒会集会活動で風を起こす

　児童会・生徒会集会活動には児童会・生徒会主催で行われる集会活動，学年の児童・生徒で行われる学年児童・生徒集会などがある。これは，全校または学年の全児童が集まり，活動の計画や内容についての協議，活動状況の報告や連絡，集会などが行われる。この集会は，児童・生徒の自発的自治的な活動として行われる。

　筆者はD小学校で，新採2年目で特別活動主任となり，児童会を担当して，全校児童集会も企画した。ロングの集会は各学期1～2回程度，ショートの集会は月1回程度行った。ショートの集会は集会委員会に任せ，委員会活動の出

番をとる形とした。ロングの集会では，児童会役員が企画運営して全校で役割分担して創り上げた。卒業式前の「6年生を送る会」は，新児童会役員と5年生が主体となって，企画・運営をしていく集会を計画した。名前は「思い出のアルバム集会」。1～6年生までの思い出の歌の紹介とプレゼントを中心に集会を組み立てた。「6年生に感動を与えよう」をテーマに準備・計画した。集会当日，恩師や転校生のメッセージというサプライズもあり，会場全体が感動の渦に包まれた。全校が一体となり涙を流して別れを惜しんだ感動的な集会となった。この「思い出のアルバム集会」は，30年たった現在でも続いているという。

　この集会では，常に新鮮さを求める努力，感動を高めるための演出力が教師に求められた。そして，司会・進行の仕方，会場設営の仕方，シナリオの作成，演技力を高める指導等が具体的な指導力として考えられる。

6　特別活動を大切にする教師像（資質と指導技術）

　特別活動は教師の人間性や人格が大きく左右する。教科書がなく，指導技術は先輩教師から学んでいくことが主流である。具体的な指導技術もできるだけ明らかにしておきたいが，パターン化することで，特別活動を技法の習得と勘違いしてはいけないので，5つの教師像のなかで私見を述べてみたい。

（1）認め，励まし，支える教師
　やる気を育て，目標をもって最後までやり遂げる子どもに育てるために，まず，一人一人を見つめ「認める」ということを大切にしたい。教師は，できるだけ，一人一人をまるごと見つめ，その子のよさを捉え，認めることがスタートしたい。

　次に，やる気になるように教師は「励まし」を大事にしたい。教師の励ましでさらにがんばろうとする。それには，具体的に根拠のある，その場の状況に応じた励ましをしたい。時には，握手だけでよい，背中をそっとなでるだけでもよい。無言でうなずくだけでもよい。大事なのは，その子その子の心に響く

励ましがやる気を育てる。

　そして，「支える」ことを大事にしたい。「先生がいるから大丈夫。」と思われる教師でありたい。そのためには，子どもを丸ごと受け入れ，その成長をしっかり見届けることができる先生の姿が子どもに信頼されることになる。認め，励まし，支えることで子どもは自らの力で大きく育っていこうとする。

（2）子どもが活躍できるようにする教師

　著者は荒れた中学校で，生徒会活動に没頭し，生徒の力で学校を変えようとした経験がある。生徒会活動を支え，学校を変えたことが評判になり，当時，生徒会がマスコミにも取り上げられたことがあった。以来，その中学校は生徒会中心の健全な中学校に生まれ変わり，40年たった今でも生徒会活動優良校としての評判が高い。

　なぜ，そんなことができたのか振り返れば，当時の先生方の力強いサポートがあったということに気がつく。生徒たちで学校をよりよくしたように見せた先生方の指導力があったからである。学園ドラマは，一人の先生が学校を変え，生徒を変えていくが，その学校はその先生がいなくなると元の状態になってしまう。大事なのは，子どもたち自身で，自分たちがよりよい学級・学校にしていったという思いにさせることである。つまり，先生は子どもたちをその気にさせる魔法使いであれということである。そして，その魔法は，子ども理解，子どもへの愛情，子どもを信じ切る心がミックスしたときに生み出される教師の技術である。

（3）やさしさと厳しさをもつ教師

　集団を指導する場合，教師には「やさしさ」と「厳しさ」の両方の技をもっておかなければならない。よい行いをした子どもは思いっきり褒める，具体的に賞揚する。きまりを守らなかったり，ルールを無視したりする子どもは理由を聞いた後で叱る。厳しく叱ることで，集団の規律を乱す行為を許さない集団の雰囲気を創り上げる。望ましい集団活動ができるためには，自立した個の育成が大切である。善悪の判断能力を身に付けさせ，けじめをもった行動ができ

る子どもにしておきたい。思いっきりやさしく，徹底的に厳しくという教師の指導で子どもは集団生活でのルールを学び，集団の中で自らをよりよく生かそうとするのである。

いっぱい叱られたけど，やさしかった先生，そんな先生の教え子が将来，社会の役に立つ人間になっている。

（4）人権感覚を育てる教師

教師は，子どもたちを人として尊重されるように育てていかなければならない。集団生活のなかでよりよく生きていく姿勢を身に付けるために，人としての人権感覚を育てておくことが必要である。そのキーパーソンは教師の生き方，考え方，言動である。学級の話合い活動で，人権感覚がどの程度育っているか分かる。相手意識をもって語ることができる学級はよりよい集団づくりに取り組んでいる。

子どもたちは将来社会人となる。そしてさまざまな社会の集団のなかで自分の役割を果たそうと努力する。人権感覚をもったリーダーがいる集団がよりよい社会を創っていく。話合い活動で人権感覚を育てる指導は，望ましい集団づくりに欠かせない。

（5）為すことによって学ぶ，共に育つ教師

特別活動の活動理念は「為すことによって学ぶ」ということである。指導者である教師自身もその理念を大切にせねばならない。そして，子どもと共に育ちたい。10年前の子どもと今の子どもは随分変わってきている。子どもとしての本質は変わっていないが，取り巻く環境は随分変わってきている。教育観も時代と共に変わるかもしれない。「不易」と「流行」という言葉のように，教育にも不易と流行がある。何が「不易」で何が「流行」かは，為すことによって学ぶ精神を大切にして行動し，子どもと共に育つ教師には正しく認識できる。

特別活動を大切にする先生は若い。いつまでも若さあふれる先生は，子どもにとって魅力的な先生の姿であり，その後ろ姿から，多くのことを学んでいる。

7　特別活動の授業を組み立てる方法

　特別活動の授業をどう組み立てるかということを学級活動に例にとって，述べてみたい。
　学級活動（1）の学習指導案は表10-1の1～6の項目があればよい。
　このなかのポイントは，議題選定が学級全体で取り組むものになっており，学級や学校生活がどのように向上し，子どもにどのような態度が身に付くことが期待できるかについて，教師の願いや指導観を記述すること，本時までおよびそれ以降の流れが書かれてあり，教師の指導の後や予定が書かれているかである。あくまで，この指導案は子どもたちが教師の適切な指導の下で，創り上げたものというスタイルを大切にしてもらいたい。
　学級活動（2）は日常の生活や学習への適応および健康安全である。指導案で異なるのは，1が題材となること，2で児童が自己の課題として真剣に捉え，目標や方法などを自己決定できるように，学級生活における児童の実態から，この題材を取り上げる必要性など，教師の題材観，指導観についてまとめることや必要に応じて，各教科，道徳および総合的な学習の時間との関連を図った計画的指導や学年段階，発達の段階に即した系統的な指導にかかわる配慮事項についても記述するなどのところである。
　さて，学級活動の授業を行うときの指導のポイントをいくつか述べたい。
　○　話合いの柱は，子ども任せにせずに，教師もアドバイスして決める。
　○　教室掲示に学級活動コーナーを設定して，学級の子どもたち全員が学級活動の流れや議題について共通理解しておく。
　○　教室の掲示に学級のあゆみがわかるようにする。
　○　司会団は，輪番制で全員の子どもたちができるように指導しておく。但し，低学年などは先生と一緒に司会をすることもある。
　○　自己決定，集団決定をどの場面で行うか明確にする。
　○　折り合いをつける方法を事前に相談する。
　○　多数決を採用する場合は，個別の意見に左右されぬようにすべての考え

表10-1　学級活動の学習指導案に必要な項目

```
1  議 題
2  児童の実態と議題設定の理由
3  評価規準と目指す児童の姿
4  活動と指導の見通し
5  本時の展開
   （1）本時のねらい
   （2）本時の展開
   （3）指導上の留意点
6  事後指導
```

を出させて，整理統合しながら最終的に採用する。
○　時間配分を守って話合いをまとめていけるように，教師も話合いに入りながら調整する。
○　終末に決まったことについて頑張りたいことを発表させるとよい。
○「私は」という主語から「私たちは」の主語に切り替えるタイミングを教師が見極めて指導する。
○　自由闊達な雰囲気のなかで発表できるようにする。
○　学級活動は自分たちで考えて決める時間という意識を全員にもたせる。

8　特別活動が指導できる教師が子どもたちを主人公にする

　先生が主人公の学級・学校では，命令・指示中心の統率的な指導方法が有効であり，見た目には整然とした集団のように見える。しかし，そのような集団では，一人一人の心の居場所や温かい人間関係や主体的な態度や自治的な能力は育たない。上下関係の人間関係だけが育ち，競争原理に基づいた行動のみが強調される。教師と子どもの心は大きく乖離している場合が多い。
　子どもたちを主人公にしようという学級・学校は，一見雑然とした印象を受ける場合もある。しかし，一人一人を見てみると，目的をもって主体的に取り組んでいる。友達同士，また先生との関係も温かい。望ましい集団を通した特別活動の指導を大切にしているから，協同原理で集団の人間関係が成り立っている。いじめや不登校などにも強い集団に育っている。

Ⅱ　教師はどのように取り組んでいるか

　学校は，子どもをど真ん中に据えて，子どもたちを主人公にした教育活動を展開しなければ本来の姿ではない。特別活動の指導のできる教師が学校には不可欠なのである。

参考文献
相原次男・新富康央・南本長穂（2010）『新しい時代の特別活動』ミネルヴァ書房．
讃岐幸治・南本長穂・愛集研（2001）『豊かな学びで生きる力を育てる』黎明書房．
椙田崇晴（2013）『「驚き！」の学級づくり』東洋館出版社．
杉田洋編著（2009）『心を育て，つなぐ特別活動』文溪堂．
杉田洋著（2013）『特別活動の教育技術』小学館．
杉田洋著（2009）『よりよい人間関係を築く特別活動』図書文化．
文部科学省・国立教育政策研究所（2013）『特別活動リーフレット（小学校編）（平成25年7月）』教育課程研究センター．
文部科学省（2008）『小学校学習指導要領解説　特別活動編（平成20年8月）』東洋館出版社．
文部科学省（2008）『中学校学習指導要領解説　特別活動編（平成20年8月）』ぎょうせい．

　　　　　　　　　　　　　　　　　　　　　　　　　　　（遠藤敏朗）

第11章

社会科を指導するために──教師に求められるもの

　社会科授業を開発・実践し，よりよい授業に改善していくためにはどのような力量が社会科教師に求められるだろうか，すぐれた社会科授業をつくっていく力量を形成するにはどうすればよいか。ここでは，このような問いをテーマとしながら，社会科教師が行う授業研究について次の3点から考察していく。まず，社会科教師に求められる授業力について検討する。次に，実際に社会科授業をつくっていくための授業デザインや授業構成のあり方について具体的に考える。さらに，社会科授業力向上のための社会科授業力スタンダードの活用について紹介する。なお本章では，小学校や中学校で行われている社会科および高等学校での地理歴史科等の社会系教科を念頭に置きつつも，事例としては主として小学校社会科を取り上げながら考えてみたい。

1　社会科教師に求められる力とは

(1) 社会科教師と授業研究

　すべての教科教育における授業づくり，授業改善の試みは，子どもの成長・発達をよりよく促進することをめざして行われている。教師のそのような取り組みを一般に授業研究と呼んでいる。それでは，社会科教師はどのような授業研究を行っているのだろうか。

　社会科授業研究の基本的な枠組みは，図11-1に示すように大きくは4つの観点から考えることができる（加藤 2003：45-50）。

　① 子どもの実態や教育に対する社会的要請をふまえつつ，授業の中から社会科教育としての課題を見出す。
　② 課題の克服をめざして，教育目標を設定する。目標は，社会科の教科と

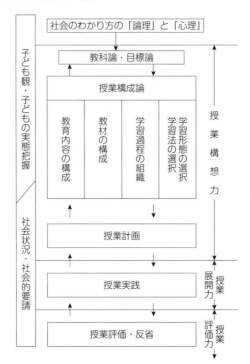

図11-1 社会科授業研究の基本的枠組み
(出所) 加藤 (2003:45-50)。

しての役割・理念,社会科を通じて育成しようとしている子ども像から導かれるが,実践を通して検証することができるように設定する。
③ 設定した目標を実現できるように,教育内容の構成,教材の構成,学習過程の組織,学習法や学習形態の選択といった授業構成の検討を行い,それに基づいて授業を計画し,実践し,評価していく。
④ 目標・授業構成・授業開発・実践を実質的に規定しているのは,教師の保持している子どもの社会のわかり方の「論理(子どもに社会を認識させるためには,社会の何をどのようにわからせるべきか)」と「心理(子どもは社会をどのようにわかっているのか,わかっていくのか)」であることをふまえながら,授業の特質や課題を明らかにする。
こうした枠組みを実際に運用していく教師の能力が,社会科授業研究力であ

```
1 授業構想力
  1．目標
     学習者の把握，教材の分析，目標の分類と設定
  2．単元構成
     目標との整合性，教材の選択と配列，目標の分類と設定，時間の割り振り，単元
     の展開，評価等
  3．授業構成
     目標，教材構成（学習内容・教材の選定），学習過程（学習展開・学習活動），指
     導法の工夫，評価，発問・板書，準備，指導上の留意点等
2 授業展開力
  1．話し方
     1）基礎技能
     2）話法（説明，発問，助言，指示，範読，司会，応答，描写）
     3）態度（身ぶり手ぶり，視線，表情）
     4）適合性（語彙，演技性）
  2．接し方
     1）教室内の位置
     2）子ども（発言）への対応
     3）突発事態への対応
  3．教具の使用
     1）板書（内容，技能，態度）
     2）教育機器・資料の使用（教育機器の使用，資料の使用，実験器具・機器の使用）
3 授業評価力
  1．診断的評価力
  2．形成的評価力
  3．総括的評価力
  4．授業自己評価力
```

図11-2　社会科教師に求められる授業力

り，社会科教育実践力である。さらに社会科授業研究力は，「授業構想力」「授業展開力」「授業評価力」の3つの下位の能力から構成されるものと考えられる。そしてこの3つの力が社会科教師に求められる授業力の中核であろう。次に，社会科授業力の中身を具体的に検討してみたい。

（2）社会科教師に求められる授業力

　社会科教師に求められる授業力を整理したものが図11-2である。「授業構想力」とは，主に授業前の段階における授業の構想・展開のプランづくりに関わる能力であり，目標や単元構成，授業構成を検討する力である。これらの項

目に見合う能力を身につけることによって，より望ましい社会科学習指導案を作成することできるであろう。「授業展開力」とは，計画したプランに即して実際に授業を行うときに発揮される能力であり，授業実践能力と表現することもできる。大きくは，話し方，接し方，教具の使用の3つの観点をあげることができる。「授業評価力」とは，授業の構想や展開を支える力であるとともに，展開した授業の事実に即して授業者が自己の教育観・目標観・授業構成論・指導法を反省し改善できる力でもあり，自身の授業力の向上の基盤となるものと考えられる。授業評価力としては診断的評価力（事前評価），形成的評価力（事中評価），総括的評価力（事後評価）の他，自身の授業そのものを評価する力としての授業自己評価力（反省的授業評価）の4つからなる。

「授業構想力」「授業展開力」「授業評価力」のなかでは，特に授業構想力が教科の特性の違いや指導法のバリエーションの違いなどから，より教科固有の力として想定できる。そこで次節では，社会科の授業構想力に焦点を当てながら，社会科の単元構成（授業デザイン）と授業構成（教材構成・学習過程・学習活動）について具体的に検討してみたい。

2 社会科授業をどうつくるか

(1) 社会科の授業デザイン

ここでは社会科授業デザインの考え方として，表11-1に示す「理解」型，「説明」型，「問題解決」型，「意思決定」型，「社会形成」型，「社会参加」型の6つを紹介したい（小原（2009）を主として参照した）。

① 「理解」型の社会科授業

「理解」型の社会科授業は，社会的事象や問題に対して「なぜ」「どうして」と問いかけ，人間の働きを目的・手段・結果の関係で解釈し，共感的に理解させることを通して社会生活の理解とそれを維持・向上・発展させる態度を育成しようとするものである。これは，1955（昭和30）年版以降の小学校学習指導要領社会科編に典型的に見られる社会科授業づくりの考え方である。「理解」

第11章　社会科を指導するために

表11‐1　社会科授業デザインの6類型

		基本的な授業過程
[理解]型	ア イ ウ エ オ	事実の正確な理解 目的論的理解 社会的意味の理解 歴史的意義の理解 個性・特色の理解
[説明]型	ア イ ウ エ オ	問題の把握…「なぜ」「どうして」 予想・仮説の設定…「AだからBである」 結果の推論…「もし仮説が正しければ，〜のようなことが起こっているはずである」 資料の収集・分析…「本当にそんなことが起こっているのだろうか」 仮説の検証…資料に基づいて仮説を検証
[問題解決]型	ア イ ウ エ オ カ	問題場面に直面 問題点の整理と問題の明確化 問題解決の手順の計画 解決に必要な資料の収集 問題解決の見通し（仮説の仕上げ） 仮説を検討し解決方法に到達（仮説の検証）
[意思決定]型	ア イ ウ エ オ カ	問題把握…「どうしたらよいか，どの解決策がより望ましいか」 達成すべき目的・目標の明確化…「達成すべき目的・目標は何か」 すべての実行可能な解決策の提出…「こうすればよいのでは」 解決策の論理的結果の予測…「もしそのような行動を実行したとしたらどのような結果が生じるか」 解決策の選択と根拠づけ…「どの解決案がより望ましいのか」「なぜそのように判断したのか」 決定に基づく行動…「やってみよう」
[社会形成]型	ア イ ウ エ オ	教材との出会い…既存の制度やしくみ，システムへの疑問 問題把握…「どうしたらよいか，その解決策がより望ましいか」 社会問題の発生原因の分析…「なぜそのような問題が生まれるのか」 代案の吟味・判断…「制度やしくみ，システムをどう改善していけばよいのか」 提　言
[社会参加]型	ア イ ウ エ オ	地域社会の施策問題の調査 クラスの政策問題の選択 政策問題についての情報収集と分析 他の政策の検討 行　動

（出所）　小原（2009：10-13，2011：6-13）より作成。

型社会科授業は，以下の5段階の理解場面からなる。
　ア　事実の正確な理解…人間がどのような問題場面でどのような行為を行い，その結果はどうだったかについての理解
　イ　目的論的理解…それは目的（願い）を実現するための手段（工夫・努力・協力）として行われた行為であったという，行為の目的と手段の関係からの理解
　ウ　社会的意味の理解…行為の結果として，人々の生活は維持・向上・発展したという，行為の果たした役割の理解
　エ　歴史的意義の理解…行為はその後の社会や現代の人々の生活の維持・向上・発展に役立っているという，行為の影響についての理解
　オ　個性・特色の理解…こうした人間の行為によって，各地域・各時代・各社会領域は他とは異なる優れた個性や特色が生み出されていることの理解

② 「説明」型の社会科授業

　「説明」型の社会科授業は，子どもたちが社会的事象や問題に対して「なぜ」「どうして」と問いかけ，事象相互の関係を科学的に説明させることによって科学的知識（概念・法則・理論）と科学的探求能力を育成しようとするものである。問題を科学的に探求していく授業過程（表11-1を参照，以下も同様）のなかで，科学的知識を子どもが発見し，吟味・修正していくことになる。

③ 「問題解決」型の社会科授業

　「問題解決」型の社会科授業は，子どもや社会の問題を取り上げ，それを知的・実践的に解決させることによって問題解決力を育成しようとするものである。問題場面において目的を実現するための最も合理的な手段・方法を考える授業過程のなかで，知識・態度・能力を統一的に育成することになる。

④ 「意思決定」型の社会科授業

　「意思決定」型の社会科授業は，社会的な論争問題に対して「何をなすべきか」「どの解決策がより望ましいか」と問いかけ，目的・目標を達成するため

に考えられる手段・方法のなかから最も望ましいものを選択・決定する授業過程の中で，意思決定力を育成しようとするものである。

⑤「社会形成」型の社会科授業
「社会形成」型の社会科授業は，地域社会の問題を取り上げ，子どもが新たな制度設計や政策立案，合意形成を図る授業過程のなかで，社会形成力を育成しようとするものである。

⑥「社会参加」型の社会科授業
「社会参加」型の社会科授業は，社会的問題や課題を取り上げ，子どもが公共政策を評価・立案し，提案・実行する授業過程のなかで，社会参加力を育成しようとするものである。

(2) 社会科の授業構成：思考力・判断力・表現力を育てる社会科授業
今日の学校教育では「生きる力」の理念の実現に向けて，「基礎的・基本的な知識・技能の習得」とそれらの活用を通して「思考力・判断力・表現力等の育成」をはかることが求められている（文部科学省 2008：13）。ここでは，思考力・判断力・表現力を育てる社会科授業構成を事例としながら教材構成，学習過程，学習活動について検討する。

① 教材構成：どのような教材を通して学習するか
思考力・判断力・表現力といった能力は，実際に子どもが授業のなかで思考し，判断し，その過程や結果を表現しなければ育たない力であろう。それは，子どもが社会的事象に対して以下のように問いかけ，追究していくことである。
　○ 社会的事象に対して「どのようになっているか」と問いかけ，資料から必要な情報を読み取り，知ったことをまとめる…資料活用，表現
　○ 社会的事象に対して「なぜか」と問いかけ，事象相互の関係やその意味・意義を考えて，わかったことをまとめる…思考，表現
　○ 社会的事象に対して「どうしたらよいか」と問い，課題解決の方法や方

策を判断して，その結果をまとめる…判断，表現

このように，思考力・判断力・表現力を育てる社会科授業には，「どのようになっているか」，「なぜか」，「どうしたらよいか」といった問いが不可欠であり，これらの問いの答えを子どもが相互にかかわり合いながら追究していくことが必要である。そのためには，子どもが「おかしい」「不思議だ」「変だ」「おもしろそうだ」と興味をもつ教材，「すごいな」と感動する教材，多様な問いが生まれる教材，一人ひとりの子どもにとって切実な問いが生まれる教材，調べ考えていくうちにさらなる問題が見つかる教材を開発していくことが必要である。思考力・判断力・表現力を育てる社会科授業には，たとえば次のような視点での教材化が必要であろう。

- 人間が各時代や状況のなかで直面した課題を，工夫・努力・協力しながら問題解決している姿の教材化
- グローバル化，情報化，環境悪化など社会の変化に伴って提起されている課題の教材化
- 簡単には答えが出ないような課題（社会的な問題や論争的問題）の教材化

② 学習過程：学習内容をどのような過程で習得するか

思考力・判断力・表現力を育てる社会科授業には，「どのようになっているか」「なぜか」「どうしたらよいか」といった問題を，子ども自らが発見することが必要である。つまり，どうしても考え，判断し，表現したくなるような学習問題を子どものなかに成立させる学習過程を工夫していくことが求められる。学習問題を成立させるための手立てとしては，以下のような方法が考えられる。

- 子どもの生活経験と関連づけていく方法
- 社会的な問題，論争的な問題として教材を提示していく方法
- 体験的・作業的な活動の導入
- 既有の知識・経験では説明できない教材・資料の提示
- 2つ以上の事象の水平的・垂直的比較
- 知的好奇心を喚起する教材・資料の提示

（社会認識教育学会編 2005：168）

③ 学習活動：どのような活動が必要か

　思考力・判断力・表現力を育てるためには，観察・調査，レポート作成，意見の論述など子どもの発達に応じながら知識・技能を活用した多様な学習活動が求められる。学習活動としては，体験的活動（観察・調査，インタビュー，製作，直接体験，疑似体験など），資料活用の活動（地図，地球儀，年表，新聞，インターネットなど），表現活動（関係図づくり，報告書・レポートづくり，提案書・アピール文の作成，発表・討論，ポスターセッション，劇化など），作業的活動（地図・図表・年表づくり，パンフレットやポスターづくり，新聞づくり，ものづくりなど），実践的活動（発表会の実施，地域行事への参加，社会奉仕活動など），などが考えられる。

3　子ども理解と社会科授業づくり

(1) 社会のわかり方の「論理」と「心理」

　一般に社会科は，社会認識を通して市民的資質を育成する教科だと定義される（岩田 2000：26）。そして教科の教育目標として追求されてきたのは，「社会がわかる子どもを育てる」ことであろう。図11-1に示しているように，社会科授業づくりを実質的に規定しているのは，教師の保持している「子どもの社会のわかり方」であり，それには「論理」によるものと「心理」によるものがある（小原 1995：10-21）。社会のわかり方の「論理」とは，社会諸科学の認識論によって説明され，基礎づけられた社会認識論である[1]。たとえば，前節の授業デザインの一つである「理解」型社会科授業は，学習対象である社会を人間の問題解決的行為とその結果の集積として捉える「人間の行為を軸とするわかり方」（＝社会認識論）を根拠としている。同様に「説明」型社会科授業は，社会を人間の行為に影響し，これを規定する構造・システムとして捉える「人間の行為を規定する社会を軸とするわかり方」に根拠づけられている。このような社会のわかり方の「論理」に基づく授業づくりにおいては，「子どもに社会を認識させるためには，社会の何をどのようにわからせるべきか」が主たる問題となり，それに規定されながら授業内容は構成され，知識を習得する授業

過程が組織される。その結果,学習内容やそれに至る思考の道筋が固定化され,子どもに「社会をわからせる」授業になりがちであるという問題点が指摘されている。

　一方,社会のわかり方の「心理」とは,心理学等の研究を通して明らかになった子どもの社会のわかり方に関する知見を基盤とするものである。社会のわかり方の「心理」に基づく授業づくりにおいては,「子どもは社会をどのようにわかっているのか,わかっていくのか」が主たる問題となる。しかし,子どもが社会をわかる心理過程は十分明らかにされていないため,社会科授業づくりにあまり反映されていないのが現状である。

(2) 子どもは社会をどのようにわかっているのか

　子どもの社会のわかり方については,これまで心理学研究や社会科教育研究において検討されてきた[2]。表11-2は子どもの地理認識と歴史認識の発達についてまとめたものである。表11-2を見ると,小学校中学年頃に認識が急速に発達することがわかる。このように子どもの地理認識と歴史認識にはいくつかの発達段階を想定することができる。社会認識とは,端的にいうと社会的事象を「時間」や「空間」などの枠組みに入れて,これを因果的な「関係」として捉え直すことである。しかし,社会的事象の背後にある諸々の関係を直接的に観察することは困難な場合が多い。このような目に見えない関係の意味を理解することが社会認識の特殊性であり,社会科学習の難しさである。中学年の子どもに目に見えない関係の認識をどのように指導するのか,高学年ではどうか,小学校から中学校への系統的な指導はどうあるべきか等,子どもの社会のわかり方に即した指導が求められる。

　これまで子どもが社会をわかる社会科授業,子どもの実態に即した社会科授業の観点から,社会のわかり方の「論理」と「心理」の両方を根拠とする社会科授業づくりが求められていた。しかし,現実には「論理」を中心とする授業づくりとその実践が多いことが問題であった。このように,子ども理解に基づく社会科授業づくりは社会科教育の重要な実践的課題であろう。

表11-2　子どもの地理認識・歴史認識の発達

小学校低学年	・方位，距離の理解の芽生え ・空間的視野は自宅や学校，通学路付近が中心 ・自己現実的に現実世界を把握 ・地理的思考力は未発達	・自己中心性が残り，歴史的「時」や歴史的事象を身辺的・具体的・主観的に把握 ・現実と虚構との判別が困難 ・「今昔」の区別が不明確 ・「昔」はきわめて近い過去（祖父母の生まれた頃が極限） ・童話的・物語的歴史への興味
小学校中学年	・四方位，距離を理解・空間的視野が身近な空間から急速に拡大 ・地理的事象の相互関連を指摘することが可能 ・主として自然的条件から因果関係を考察する一面的思考が中心	・自己中心性の解消 ・「始源意識」「今昔対比意識」「変遷意識」が急激に発達 ・現実的領域と非現実的領域との分化 ・因果関係を直接的因由で把握・英雄的 ・武勇伝的歴史への興味
小学校高学年	・八方位をほぼ理解 ・外国の自然的条件への関心 ・旺盛な知識欲で基礎的知識が豊富 ・地理的事象の相互関連の把握，因果関係の考察が可能 ・社会的，人文的条件との関係考察がある程度可能になり思考が多面的	・「昔」を時間的距離として把握 ・今昔の相違を社会生活の意味で理解 ・直接的因由による歴史的因果関係の把握 ・人物を時代に結びつけて理解 ・社会事象相互の機能的関係把握は困難 ・伝記的・逸話的歴史への興味
中学校	・外国の社会的条件への関心 ・地理的事象をより抽象的で高次な社会全体の動きなどから把握考察するようになり，関係的思考が高度化	・社会的機能の相互関係の因果的把握が可能 ・因果関係を間接的因由で把握 ・時代構造の理解の始まり・英雄崇拝的傾向が顕著

4　社会科授業力の向上に向けて──社会科授業力スタンダードの活用

（1）社会科授業力スタンダードとは

　前述したように「授業構想力」「授業展開力」「授業評価力」の3つの力は社会科教師に求められる授業力であろう。そして，社会科教師は子どもの成長・発達をよりよく促進する社会科授業づくりをめざして授業力の向上に取り組んでいる。しかし，授業力のどの観点（項目）をどのように伸ばしていくことがその向上につながるのかはこれまで明確に示されてこなかった。ここで紹介す

Ⅱ　教師はどのように取り組んでいるか

表Ⅱ-3　社会科授業構想力スタンダード

段階\観点	段　階　1	段　階　2	段　階　3
1. 目標			
1) 学習者の把握	・クラス全体としての学習に取り組む姿勢が把握されている。 ・配慮児について認識されている。	・個々の子どもの実態が把握され、指導上配慮することが留意事項として具体的にあげられている。 ・配慮児の実態がとらえられている。	・クラス全体や個々の子どもに適した学習方法・教材内容が考慮され、授業構成の検討に活かされている。 ・子どもが生活する地域社会の特色、地域の捉えている問題点などが把握されている。 ・配慮児への対応の仕方が具体的に考慮されている。
2) 教材の分析	・学習指導要領　教科書記述の内容分析を通して、教育内容（学習内容）の概略を把握している。	・教育内容が教材にどのように反映しているのかが理解されている。	・子どものわかり方を踏まえながら、教育内容を子どもの「問い」と「答え」に置き換えて整理している。
3) 目標の分類と設定	・目標が、関心・意欲・態度、思考・判断、技能・表現、知識・理解の各観点からとらえられ、設定されている。	・目標が授業づくりの検証と授業展開の実際に活用可能なように設定されている。	・目標と教師の授業評価と子どもの自己評価の観点として活用できるように、段階的・階層的に設定されている。
2. 単元構成			
1) 目標との整合性	・単元の学習目標が明確で、あらゆる学習活動に一貫している。	・学習目標を達成するうえで効果的な学習内容や学習活動が選ばれている。	・多様な学習活動が用意され、それらが関連しながら組織づけられている。
2) 単元計画	・適切に主題と時間数が割りふられている。	・目標との整合性を意識しながら単元の各主題・時間が構想されている。	・学習問題に対する子どもの多様な探求過程が考慮され、複線化した単元計画が構想されている。
3) 評価計画	・関心・意欲・態度、知識・表現、技能、思考・判断、理解の各観点ごとに、評価活動が計画されている。	・授業目標、授業展開、授業展開の実際との一貫性のある具体的な評価項目と評価活動・方法が計画され明示されている。	・子どもが取り組む学習問題や学習内容に即して、診断的評価、形成的総括的評価、子どもの自己評価など評価活動が適切に選択され計画されている。
3. 授業構成			
1) 教材構成			
①教育内容（学習内容）の構成	・学習対象となっている社会事象を、原因・結果・条件・関係で把握し、説明する知識を整理して教育内容として子どもにとって具体性のある教材が選択されている。	・子どもが探求活動を通じて習得すべき学習内容が、直接の対象以外の社会事象への応用・転移を考慮して選択・構成されている。 ・教育内容を反映し、子どもにとって仮説の検証で主張の根拠づけに活用できる教材が選択されている。	・子どもの学習内容を、知識だけでなくとらえ、技能・能力をも含めて総合的にとらえ、相互に関連づけて構成している。 ・子どもに多様な見方や考え方が生まれ、多面的な学習活動へ発展できる教材が選択されている。
②教材（学習材）の選定			

第11章 社会科を指導するために

2）学習過程	①学習展開	・導入、展開、終結の流れがある。 ・子どもの発想や考え方を踏まえた展開が組織されている。	・子どもの知的好奇心を喚起する地域性のある具体的な教材が選択されている。 ・子どもが問題を発見し、資料を収集し活用して問題解決していく学習過程が組織されている。
	②学習活動（学習形態）	・子どもの学習意欲を反映する学習活動が選択されている。（見学・調査・インタビューなどの現場学習、体験、視聴覚学習、構成学習、劇化学習、発表、話し合い学習などの学習・作業学習、報告学習など）	・事実的な見方から理論的な見方、あるいは理論的な見方を活用して事実を説明する方向へと学習展開が組織されている。 ・学習活動の特質性を考慮し、目標・内容との整合性に適する効果的な活動が選択され構成されている。
3）指導法の工夫	①学習問題の設定（発問）	・教育内容の習得における、問いに順序性がある。 ・子どもの追求が可能な具体的な学習問題が設定されている。	・授業全体を貫く主発問と補助発問が区別され、系統づけられている。
	②予想の出させ方とまとめ方	・子どもから出される多様な予想をしどもそれぞれの違いが事前に整理されまとめられている。	・学習問題に対して子どもから多様な予想が出されるように工夫されている。（個人の事象、グループ討議、ノートの活用など）
	③検証のさせ方	・仮説検証のための具体的な資料が準備されている。	・仮説検証のための多様な方法が構想され、子どもから検証方法が出されるよう支援している。
	④学習のまとめ方	・検証されて内容がノートにまとめられ、活動などによってまとめられている。	・検証された内容をまとめる方法が子どもから出されるように工夫されている。多様な活動によってまとめられている。（作文、レポート、紙芝居、劇化、絵本、マンガ、イラスト、新聞など） ・仮説を発見し、検証し、他の事象に適用するなど発展的に構成されている。
4）評価		・子どもの反応をとらえ、評定することが可能になるような評価の観点があげられている。	・評価のための手立てが工夫されている。（発言、カルテ、プリント、ノート、作品、テストなど） ・学習活動ごとに何らかの評価が行われており、それが指導にフィードバックされている。
5）学習指導案		・学習指導案の一般的な形式項目を理解し、適切に記述することができる。	・教授活動、学習活動、学習内容、資料・教材を区分して記述するとともに、目標と整合した学習過程を明示して記述している。 ・構造化する子どもの思考展開や学習活動に合わせ、学習指導案の形式が選択され、適切に記述されている。

（出所）加藤他（2003：54-55）。

る社会科授業力スタンダードは,「授業構想力」,「授業展開力」,「授業評価力」の各項目を伸ばしていくための参照点,視点を提示したものである。ここでは社会科授業構想力スタンダードを取り上げながらその構成の仕方について整理してみたい。

社会科授業構想力スタンダードの段階内容は,いくつかの視点に基づきながらそれぞれ3段階によって構成されている。第一には,目標,授業構成,子どもの相互連関をどの程度把握しているかという視点である。目標が観点別に捉えられている(第1段階),目標が授業構成,授業評価と一体的に捉えられている(第2段階),目標が授業構成,子どもの自己評価,授業評価と一体的に捉えられている(第3段階),などが段階の視点となる。第二は,内容の体系性・応用性・総合性の程度である。教育内容と教材との体系性が考慮されている(第1段階),知識内容が体系性とともに一般性・応用性を保持するように構成されている(第2段階),教育内容が知識内容だけでなく技能・能力の側面から総合的に捉えられ構成されている(第3段階),などが視点となる。第三は,学習過程・方法における子どもの主体性の程度である。教師が教材研究した成果(教育内容)を解説していく授業(第1段階),教師が問いと資料を用意し,教師の指導のもとで子どもが教育内容を発見していく授業(第2段階),子ども自身が学習問題と資料を発見し,問題を解決していく過程を踏む授業(第3段階),などが視点となる。

(2) 社会科授業構想力スタンダードの実際

以上のような視点で作成した社会科授業構想力スタンダードが表11-3である[3]。社会科授業構想力スタンダードは学習指導の絶対的な目標あるいは筋道を示しているのではない。このことから,その使用法や運用に関しては弾力的な扱いが求められるが,一人のあるいは複数の教員が行う社会科授業研究の参照点や視点として活用する方法が考えられるだろう。そして,最終的にめざされるのは,教師一人ひとりが自分なりの社会科授業力スタンダードを作成していくことではないだろうか。

注
1) 社会認識論については，森分孝治（1978）を主として参照した。。
2) 子どもの社会のわかり方に関する心理学や社会科教育の研究を整理したものとしては，加藤（2007），加藤（2011：128-146），加藤（2014：126-145），が詳しい。
3) 社会科授業展開力と社会科授業評価力のスタンダードについては加藤（2003）を参照願いたい。なお，社会科授業構想力スタンダードの項目およびその内容については，教育実習生が実習において習得すべき事柄を念頭において作成をしたものである。

参考文献
岩田一彦（2000）「社会認識」『社会科重要用語300の基礎知識』明治図書．
加藤寿朗（2007）『子どもの社会認識の発達と形成に関する実証的研究』風間書房
加藤寿朗（2011）「社会的認識」栗原和広編『子どもはどう考えるか――認知心理学からみた子どもの思考』おうふう．
加藤寿朗（2014）「社会的認識と指導」栗山和広編『授業の心理学――認知心理学からみた教育方法論』福村出版．
加藤寿朗（2003）「『教育実習到達目標段階表』の開発」「社会科授業構想力段階表」三浦和尚代表『科学研究費補助金研究成果報告書（課題番号12680277）教育実習を核とした教科教育指導プログラムの開発に関する実証的，比較教育学的研究』．
小原友行（2009）『「思考力・判断力・表現力」をつける社会科授業デザイン 小学校編』明治図書，同（2011）『「思考力・判断力・表現力」をつける中学校歴史授業モデル』明治図書．
小原友行（1995）「社会認識形成の『論理』と『心理』――社会科授業構成の原理を求めて」社会系教科教育研究会『社会系教科教育の理論と実践』清水書院．
社会認識教育学会編（2005）『改訂新版　初等社会科教育学』学術図書出版社．
藤井千之助（1985）『歴史意識の理論的・実証的研究』風間書房．
森分孝治（1978）『社会科授業構成の理論と方法』明治図書．
文部科学省（2008）『小学校学習指導要領』東京書籍．
山口幸男（2002）『社会科地理教育論』古今書院．

（加藤寿朗）

Ⅲ　子どもの世界を理解するために

第12章

児童・生徒の発達と学習

　　　　21世紀は情報や経済のグローバル化が急速に進んでいる。遠く離れたヨーロッパの経済危機の話があっという間に日本や世界に伝わり，それぞれの国の景気や経済活動に影響を与える時代である。また，国際間の人的交流や文化交流も盛んになり，異文化理解教育や外国語コミュニケーション能力の育成が急務の課題となってきた。その一方では地球温暖化，食料問題，エネルギー問題など，人類はもはや1つの国だけでは解決できないような地球規模の問題に直面している。こうした新しい時代を迎え，担い，さらに発展させていく今の子どもや若者たちには，必然的にこれまで以上に質の高い資質や能力を身につけることが期待される。本章では，教師や保護者あるいは仲間から見た児童・生徒の客観的な資質・能力ではなく，児童・生徒自身から見た主観的な自己評価に焦点を当て，自己概念，コンピテンス，学校適応感，キャリア意識の視点から児童・生徒の自己評価の発達的変化を理解し，その現状と課題について学ぶ。

1　21世紀を担う子どもに求められる資質・能力

（1）知識獲得から知識創造へ

　社会や時代の急激な変化に伴って，学校教育における学習観や学力の概念も大きく変わってきた。古い学習観では，学習とは知識を獲得することであるとみなされた。この知識獲得型モデルの学習観では，教師は知識伝達型の授業を行い，児童・生徒は受動的に知識を学習していけばよかった。また学力テストでは，知識量や計算等の情報処理の速さや正確さが重視された。

　確かに学習は知識を獲得することから始まる。しかし，新しい時代の学習観では単に知識の獲得で終わるのではなく，獲得した知識を活用してさらに新し

い価値ある知識・情報・技術を開発していく知識創造に力点が置かれる。たとえば，ゲーム開発の世界では，たとえ数年の長い開発時間をかけても他のチームや会社が考えもしない魅力的な新しいゲームを創造できれば莫大な利益に結びつく。このような新しい知識創造型モデルの学習観では，教育のあり方も単に知識や解決方法を暗記したり適用させる受動的な学習から，解決すべき問題それ自体を自分で見つけたり，仲間と協働しながら解決に取り組む能動的な学習へと転換する必要がある。こうした能動的な学習を促進し，既有の知識を活用して新しいものを創り出す力をどのように育成していくかが今後の教育の重要課題となっている。

（2）生きる力の育成とコンピテンスの発達

現行の学習指導要領では，前回の学習指導要領に引き続き「生きる力」の育成が強調されている。たとえば，中学校学習指導要領（文部科学省 2008a）では第1章総則の第1の教育課程編成の一般方針のなかで，次のように述べられている。「…学校の教育活動を進めるに当たっては，各学校において，生徒に生きる力をはぐくむことを目指し，創意工夫を生かした特色ある教育活動を展開する中で，基礎的・基本的な知識及び技能を確実に習得させ，これらを活用して課題を解決するために必要な思考力，判断力，表現力その他の能力をはぐくむとともに，主体的に学習に取り組む態度を養い，個性を生かす教育の充実に努めなければならない。」

なぜ生きる力の理念を継承するのかについては中学校学習指導要領解説（文部科学省 2008b）の総則編で，次のように説明されている。少し長いけれども，生きる力の概念定義や構成要素を考えるために，そのまま引用してみよう。

> 1996（平成8）年7月の中央教育審議会答申（「21世紀を展望した我が国の教育の在り方について」）は，変化の激しい社会を担う子どもたちに必要な力は，基礎・基本を確実に身に付け，いかに社会が変化しようと，自ら課題を見つけ自ら学び，自ら考え，主体的に判断し，行動し，よりよく問題を解決する資質や能力，自らを律しつつ，他人とともに協調し，他人を思いやる心や感動する心などの豊かな人間性，たくましく生きるための

健康や体力などの「生きる力」であると提言した。今回の改訂においては，生きる力という理念は，知識基盤社会の時代においてますます重要となっていることから，これを継承し，生きる力を支える確かな学力，豊かな心，健やかな体の調和のとれた育成を重視している。

　以上のように，生きる力とは児童・生徒の知的側面（確かな学力）だけでなく，人格的側面（豊かな心や人間性），社会的側面（協調性），身体運動的側面（健康と体力）などの多様な側面から構成される包括的な力であり，全人的な力であると考えられている。生きる力の概念は1996年の中央教育審議会答申で初めて公文書に登場したとされているが，人間の知能や能力を多面的に捉える考え方は，外国ではもっと早くから提唱されている。

　その第1は，コンピテンスの概念（White, R. W. 1959）である。ホワイトは，コンピテンスを「環境と効果的に相互作用する有機体の能力」と定義した。この概念は，人に備わっている潜在的な能力だけを指すのではなく，その能力と環境に能動的に働きかけて自らの有能さを追及しようとする動機づけとを一体化して捉える力動的な概念である。つまり，人は能力と動機づけの複合体としてのコンピテンスに基づいて環境とかかわり，その結果として知識や技能を獲得するとともに，コンピテンスをさらに発達させていく。このようにコンピテンスの概念は，環境との相互作用の過程を通して自ら学びつつ成長・発達していく個人の力を重視しており，人の人格形成や自己形成とも密接に関連する概念といえる。

　その後，ハーター（Harter, S. 1982）は，自己概念の形成という観点からコンピテンスの領域と発達について整理し，認知されたコンピテンスを測定する尺度を開発している。この尺度は，認知的コンピテンス，身体的コンピテンス，社会的コンピテンス，行動的コンピテンス，全体的な自己価値の5つの領域から子ども自身に自分のコンピテンスの発達度を自己評価させるものである。わが国では，勝俣暎史（2005）が5つのコンピテンスと24の構成要素からなるコンピテンス論を展開し，生きる力とコンピテンスを比較検討している。それによると，生きる力の定義の記述に含まれている項目はコンピテンスの11構成要素に相当し，残り13項目は生きる力の定義に含まれていないことから，コンピ

テンス概念の方がより幅広い概念であると結論している。

　第2は，ハワード・ガードナー（Gardner, H. 1983, 1999）による多重知能理論の提唱である。彼は，人間には言語的知能，論理数学的知能，音楽的知能，身体運動的知能，空間的知能，対人的知能（他人を理解する能力），内省的知能（自己を理解する能力）という7つの別個の知能があると主張する。学校では最初の2つの知能（言語的知能と論理数学的知能）ばかりが強調されているが，この2つの知能を発達させる教育よりも，これら7つの知能を発達させる教育の方が優れた人材を育成すると考えている。

　ところで，生きる力，コンピテンス，多重知能のいずれにしろ，概念としては素晴らしいけれども，人間の多様な能力をどのような方法で測定するのかという実際問題になると，そう簡単ではない。たとえば，生きる力を育成する先進的な教育を実践したとしよう。その教育実践がどのくらいの教育効果をあげたかを判定するためには，何らかの方法で生きる力の変化を測定する必要がある。おそらく生きる力それ自体は，日常の生活経験や学習あるいは学校教育を通して，子どもの発達と共に高くなっていくだろう。しかし，生きる力を構成する確かな学力は学力テストで測定できるとしても，豊かな人間性や社会性を学力テストで測定することは難しい。こうした側面の測定や評価は，新学力観の興味・関心，意欲，態度と同様に，教師の観察評価や仲間による評価あるいは子ども自身の自己評価に頼る部分が大きい。そこで，以下の節では子ども自身の自己評価に基づく調査結果を中心に取り上げ，多くの子どもたちが自分の能力やコンピテンスをどのように捉えているのか，その主観的な世界を見てみよう。客観的には実力があるのに，主観的には自信がなくてできない子どもがいるように，主観的評価はときとして客観的評価よりも子どもの心理や行動の理解に役立つ重要な情報をもたらすからである。

2　自己概念の発達的変化に見られる日本の子どもたちの現状

(1) 自己概念の自己評価における日米比較

　富岡比呂子（2011）は，同じ自己概念尺度（自己記述質問票）を用いて，日

Ⅲ 子どもの世界を理解するために

表12-1 小学生の自己概念の日米比較

国別	日本			アメリカ		
学年	小3	小4	小5	小3	小4	小5
人数	389	350	310	118	103	87
非学業的自己概念						
1 身体的能力	17.7	16.5	16.0	21.0	19.6	20.6
2 身体的外見	12.9	11.5	11.5	19.6	19.4	19.0
3 友人との関係	16.8	15.3	15.7	20.1	19.7	19.6
4 両親との関係	19.0	18.1	17.4	22.4	22.2	22.6
5 一般的自己	16.5	15.1	15.7	21.4	21.1	21.2
学業的自己概念						
6 国語	14.8	14.2	13.8	20.8	19.8	21.2
7 算数	17.0	17.0	15.8	20.3	19.6	19.5
8 教科全般	14.1	13.4	12.8	18.8	17.6	18.4

(注1) 各項目の得点は1点(まったくあてはまらない)〜5点(とてもあてはまる)の範囲。
(注2) 各セルの数値は5項目の合計得点(25点満点)の平均値。
(出所) 富岡(2011)より作成。

本と米国の小学生を対象に，8領域×5項目の計40項目の質問が自分にあてはまる程度を5段階で回答させた。以下に各領域の質問項目例を1項目ずつあげておく。①身体的能力（例：わたしは速く走ることができます），②身体的外見（例：わたしは自分の顔つきが好きです），③友人との関係（例：わたしは人に好かれる方だと思います），④両親との関係（例：お父さん，お母さんはわたしのことを好きだと思います），⑤一般的自己（例：わたしは他の人とおなじくらいよいところがあると思います），⑥国語（例：わたしは国語が得意です），⑦算数（例：わたしは算数でよい成績をとることができます），⑧教科全般（例：わたしは学校の科目はぜんぶ得意です）。

主な結果は表12-1のとおりである。表12-1から2つのことが読み取れる。第1に，8領域のすべてで米国の児童は日本の児童よりも自己を圧倒的に高く評価していることである。第2に，米国の児童では小3の身体的能力が小4よりも有意に高いけれども，それを除くと，他の領域にはまったく学年差が見られない。それに比べて，日本の児童では非学業的自己概念の身体的能力，身体的外見，友人との関係，両親との関係，一般的自己の5領域で小3から小4や

小5にかけて大きく低下している。さらに学業的自己概念の算数領域でも小3や小4から小5にかけて低下している。

　日米間に大きな相違が見られる第1の結果はどのように解釈したらよいのであろうか。日本の児童は米国の児童よりも自己評価能力が劣っているとは考えられないので，この結果は米国の児童が日本の児童よりも自分をいかに肯定的に見ているかを反映していると見るべきであろう。逆の見方をすれば，日本の児童の自己評価はなぜこんなに低くなるのであろうかという疑問が生じる。

　日米間の相違をもたらした原因は，おそらく1つではなく，複数の原因が重なっていると考えられる。しかし，そのなかでも第1に指摘される要因は，文化・社会のあり方や価値観の相違である（富岡 2013）。個人主義の西洋文化では相互独立的な自己観が優勢であるのに対して，集団主義の日本文化では相互依存的な自己観が強く，他者との和を大切にする（Markus & Kitayama 1991）。相互依存的な自己観のなかで育つと，子どもは友人や家族との関係性のなかで自己を規定し，他人を押しのけたり，変に目立つことを避けるようになる。日本では自信ありげに自己主張したり自慢したりするよりも，自己批判的に実際のレベルよりもやや低めに自己を表現する謙虚さが謙譲の美徳として他者から認められ，結果的に自己を向上・発達させる1つの方法として定着している。

　また，米国では子どもの得意なことや長所をほめて伸ばそうとするが，日本では子どもの不得意なことや短所に目が向きやすく，注意を与えて直そうとする。自尊感情や自己肯定感と同様に，子どもの自己概念も成功や長所をほめられたり認められるときに高まり，失敗や短所について叱られたり注意されるときに低下するであろう。自己高揚的な米国文化と自己卑下的な日本文化の相違が子どもの自己概念の日米差をもたらすことは大いに考えられることである。

（2）中高生の将来展望とコンピテンス自己評価の発達

　達成可能な目標を設定し，自分の努力や頑張りによってその目標を達成したとき，人は達成感を経験し，自己概念も向上すると考えられる。また目標を達成する途中過程であっても，自分の将来や目標に夢や希望をもち，明るい将来展望を描く人は，そうでない人よりも，今がつらくても我慢して頑張るであろ

Ⅲ 子どもの世界を理解するために

表12-2　中学生と高校生の有能感と原因帰属

群	現在重視群			将来展望群		
学　年	中1	中3	高2	中1	中3	高2
人　数	37	49	55	57	61	34
有能感の自己評価						
1 知的有能感	11.1	10.8	10.3	13.0	14.2	11.5
2 社会的有能感	12.4	11.8	9.9	14.5	14.1	10.2
3 身体運動的有能感	12.2	11.3	11.0	13.3	13.7	10.9
4 意志的・行動的有能感	11.4	11.0	10.2	14.0	13.9	10.8
原因帰属の自己評価						
5 能力帰属	10.3	10.3	10.6	7.1	8.7	9.2
6 努力帰属	12.2	12.8	5.7	14.7	14.6	7.4
7 他者帰属	9.8	10.0	9.4	10.6	11.0	9.6
8 運帰属	7.6	7.9	13.6	5.7	6.1	11.7

（注1）　有能感に関する各項目の得点は1点（まったくあてはまらない）〜5点（とてもよくあてはまる）の範囲。
（注2）　有能感に関する各セルの数値は4項目の合計得点（20点満点）の平均値。
（出所）　前田（2001）より作成。

う。このように現在と将来を結びつけて考える傾向を時間的展望という（白井 2001）。

　前田健一（2001）は，進学校の大学附属中・高校生および私立中・高校生を対象に，時間的展望と関連づけて，有能感の自己評価（認知されたコンピテンス）の発達傾向を調べている。時間的展望の調査では「現在をしっかり生きることが，将来を切りひらく」などの将来展望5項目と「今が楽しければ，それでよい」などの現在重視5項目の内容に対して，どのくらい賛成か反対かを1点（反対）〜5点（賛成）までの5段階で評定させた。その結果を組み合わせて典型的な将来展望群と現在重視群を選出し，彼らの有能感の自己評価を比較検討した。有能感の項目は，知的有能感（記憶力が良い，集中力がある，発想がゆたかである，頭の回転がはやい），社会的有能感（人の気持ちを大切にする，リーダーとして活躍する，気軽に人と話せる，人と協力できる），身体運動的有能感（力が強い，動きがすばやい，健康である，器用である），意志的・行動的有能感（ねばり強い，好奇心が強い，実行力がある，自分に自信がある）の4領域で計16項目を使用した。

主な結果は表12－2の上段に示すとおりである。表12－2の上段から，2つのことが読み取れる。第1に，将来展望群は現在重視群よりも，自己の有能感を高く評価している。特に中学生ではその傾向が顕著である。第2に，しかし，高校2年生になると，両群とも有能感の自己評価が大きく低下する。特に，その低下傾向は，現在重視群よりもむしろ将来展望群において大きい。

　自己評価能力それ自体は中学生から高校生にかけて発達していると考えられるので，この結果は評価能力の発達的低下を反映するものではない。それでは学年進行と共に自己の有能感をなぜ低く評価するようになるのであろうか。特に時間的展望をもつ将来展望群でも，低下するのはなぜなのであろうか。

　富岡比呂子（2013）は，年齢に伴う自己概念の低下要因について次の3点を指摘している。第1に，子どもは学年進行につれて親や教師から勉強へのプレッシャーを感じることが多くなるという点である。確かに，現在では大学受験を頂点として，中学受験を控えた小学生，高校受験を控えた中学生，そして大学受験を控えた高校生と発達につれて受験ストレスはますます強くなる。自分ではよく勉強しているつもりでも，これで大丈夫だという安心感や自分の能力に対する自信をもつことができない。こうした不安や自信喪失のなかで，次第に自己概念を低下させていく。

　第2に，子どもは学年進行につれて，他者と成績等を比較される社会的比較の機会が多くなることである。日本の受験生は，ほとんどが学習塾や家庭教師などの指導を受け，効果的な受験対策を進めている。こうしたハイレベルの競争では，自分ではよく勉強しているつもりでも，他の受験生も自分以上に勉強しているのではないかという不安感や焦燥感は高まりやすい。実際，学業成績は高まっても，成績順位はあまり変わらないことも多い。努力のわりには望ましい結果が得られないというジレンマや疲労感のなかで，受験生は次第に自分の能力に対する評価や自信を低下させていく。

　第3に，学業重視や知育偏重の学校教育のなかで，勉強以外の側面で肯定的な自尊感情や自己概念を形成する機会が低下しているのではないかという点である。学力面で高く評価されにくい児童・生徒が，他の側面で認められたりほめられる機会が少なく，その結果として肯定的な自己概念が形成されにくい。

発達に伴う自己概念の低下要因は，以上の3つだけでなく，さらに多くの要因が複雑に絡んでいる可能性もある。たとえば，表12-2の上段から中学生の段階では時間的展望をもって現在の努力を積み重ねている将来展望群の方が自己の有能感を高く評価していることから，時間的展望の有無や程度の要因も自己概念に関連するといえよう。しかし，高校生になると，勉強内容が一層難しくなるとともに，大学受験に対する不安やプレッシャーも強くなる。そうした状況では，自己概念を高める促進的な時間的展望の要因でさえ，不安やプレッシャーなどによって抑制されてしまうのかもしれない。

(3) 中高生の将来展望と原因帰属の関連

表12-2の下段の原因帰属に注目すると，なぜ高校生では有能感の自己評価が大きく低下するのか，その理由の一端を知ることができる。原因帰属とは，人間の行動や成功・失敗の原因を何に帰属させるかという推論過程である。前田健一（2001）は，ワイナーとククラ（Weiner & Kukla 1970）の4因子モデルを参考にして，成功の原因帰属として能力帰属，努力帰属，他者帰属，運帰属の4領域×4項目ずつの計16項目を用意し，各項目内容についてどのくらいそう思うかを1点（まったくそう思わない）～4点（とてもそう思う）の4段階で回答させた。各領域の4項目は学業，スポーツ，自信，対人関係に関する質問内容から構成され，4領域の合計得点は16点満点となる。各領域の質問項目例を1項目ずつあげると，以下のとおりである。「ある人が，学校でよい成績が取れるのは，生まれつき頭がよいからです」（能力帰属領域），「ある人が，スポーツで勝てるのは，努力したからです」（努力帰属領域），「ある人が，自分に自信をもてるのは，周りの人が支えてくれるからです」（他者帰属領域），「ある人が，人から好かれるのは，運がよいからです」（運帰属領域）。

表12-2の下段のうち，特に注目されるのは努力帰属と運帰属の結果である。努力帰属に賛同する傾向は，将来展望群が現在重視群よりも一貫して高いけれども，その傾向は高校2年生で急激に低下している。つまり，高校2年生になると，学業やスポーツあるいは対人関係等の成功は，その人の統制可能な努力によってもたらされるという考え方に賛同しなくなる。その反対に，成功の原

因は運によるとする運帰属に賛同する傾向が急増している。能力帰属と他者帰属では学年差が顕著に見られないことから，中学生のときには自分なりに努力をすれば望ましい結果が得られたけれども，高校生ではその努力が必ずしも成功的な結果と結びつかないという学習性無力感を体験しているのではないか。成功は自分ではどうにも統制できないような運によって決まるという考えにとらわれると，もはやそれ以上の努力は無駄であるとあきらめて意欲が低下したり，自分自身や自分の能力に対する自信を喪失するようになる。進学校でさえ，多くの高校生は自分の努力が成功的結果と結びつかない挫折感や無力感を体験しているのではないかと危惧される。

3　子どもの学校適応とキャリア教育で育成する能力の関係

(1) 子どもの学校適応感の発達的変化

　子どもが学校に適応し，楽しい学校生活を過ごしているかどうかは，保護者や教師にとって大きな関心事である。学校への適応状態は，客観的適応状態と主観的適応状態に大別される（大久保 2010）。客観的適応状態とは，当該の子ども以外の教師や仲間の視点から見た適応状態である。客観的適応状態は，教師による行動評定や仲間から見た人気度評定や行動評定などによって測定されることが多い（前田 2012）。それに対して，主観的適応状態とは，子ども自身から見た自分の適応状態であり，自己評価によって測定される。客観的適応状態と主観的適応状態は一般にある程度の対応関係にある（内藤・浅川・高瀬・古川・小泉 1986）。しかし，客観的に見ると適応していると思われる子どもが主観的には不満や悩みを抱えていることもあり，子どもの主観的な認知や感情に焦点を当てることは子ども理解や支援にとって大切である。

　伊藤美奈子・小澤昌之（2014）は，東京都の小学1年生から高校3年生を対象に大規模調査を実施し，自尊感情，規範意識，学校適応感などの発達的変化を調べている。図12-1は，学校適応感の主な結果を図示したものである。縦軸の得点は1点（まったくあてはまらない）～4点（とてもあてはまる）の範囲の平均値を示している。

Ⅲ　子どもの世界を理解するために

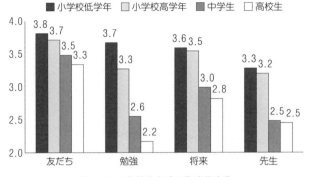

図12-1　学校適応感の発達的変化
（出所）　伊藤・小澤（2014）より作成。

　図12-1から2つのことが読み取れる。第1に，勉強（学習への態度）を除くと，小学校低学年から高学年にかけて適応感の自己評価に大きな低下は見られない。第2に，勉強，将来（進路意識），先生（教師との関係）の適応感では，小学生から中学生にかけて大きく低下している。特に，勉強では中学生から高校生にかけても，さらに低下している。この研究では，同時に調べた自尊感情や規範意識も，小学生から中学生を経て高校生にかけて次第に低下することを見出している。伊藤・小澤（2014）は，これらの低下について次のような解釈を提示している。それによると，中学生から高校生にかけて自己客観視が進み，自分のマイナス面にも目が向き，自分に厳しい評価をするようになる。また，将来への夢や希望と現実的な自己とのギャップを意識するようになり，自己評価が低下すると考えている。

（2）中高生の学校適応感とキャリア意識の関係

　1999（平成11）年12月の中央教育審議会答申「初等中等教育と高等教育との接続の改善について」のなかで初めてキャリア教育という用語が登場したといわれている。なぜキャリア教育が必要となったのか，その背景要因として中学校キャリア教育の手引き（文部科学省 2011）では，求人状況や雇用システム等の社会環境の変化，若者の勤労観・職業観の未熟さや確立の遅れ，子どもの精神的・社会的自立の遅れ，高学歴社会における進路の未決定傾向などの要因を

第12章　児童・生徒の発達と学習

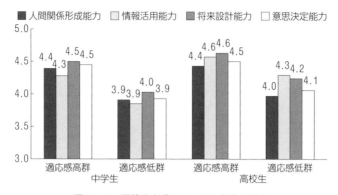

図12-2　学校適応感とキャリア意識の関連
（出所）　新見・前田（2009b）より作成。

あげている。

　さて，キャリア教育で育成することが期待されている能力は，当初4領域8能力にまとめられていた。それらは，人間関係形成能力の領域（自他の理解能力，コミュニケーション能力），情報活用能力の領域（情報収集・探索能力，職業理解能力），将来設計能力の領域（役割把握・認識能力，計画実行能力），意思決定能力の領域（選択能力，課題解決能力）である。これまで小学校から高校までの学校教育においてキャリア教育が盛んに推進されているが，キャリア教育で育成すべき能力を数量的に測定する尺度はまだ十分に開発されていない。そこで，新見直子・前田健一（2009a）は小学生，中学生，高校生に適用できるキャリア意識尺度を作成した。この尺度は，キャリア教育で育成すべき能力・態度等に対する自己評価尺度である。

　図12-2は，中高生用のキャリア意識尺度を使用して，中学生と高校生のキャリア意識と学校適応感の関連を検討した結果を図示したものである（新見・前田 2009b）。キャリア意識の項目は，「友だちが困った時には，助けることができると思う」（人間関係形成），「わからないことは，先生や友だちに聞くことができると思う」（情報活用），「計画や時間を決めて勉強したいと思う」（将来設計），「何でも最後は自分で決めたいと思う」（意思決定）などの計42項目から構成された。各得点は，「とてもそう思わない」の1点〜「とてもそう思

う」の6点までの項目平均値である。

　図12-2から2つのことが読み取れる。第1に，キャリア意識では中学生から高校生にかけて大きな低下は見られない。これは，生徒の現在の能力や態度だけでなく，まだ体験していない今後の事柄に関する能力や態度を評価させたことによるかもしれない。第2に，キャリア意識の4領域とも，学校適応感の高い群は低い群よりも高い得点を示した。第2の結果は，学校生活において友だちからの受容感（私は学校の友達から好かれていると思う）や学業効力感（勉強の仕方が上手だと思う）が高く，学校適応感（学校は楽しい）が高い生徒ほど，キャリア意識が高い関係にあることを示している。子どものキャリア意識は，キャリア教育による直接的な効果だけでなく，子どもの学校適応感を高める間接的な効果によっても促進される可能性が示唆される。キャリア教育は生きる力の育成を目標に導入されたが，学校教育全体のなかではまだまだ中心的な位置にあるとはいえない。知識や学力だけでなく，自分に自信をもち，自分の人生を自分で切りひらく意欲的な児童・生徒を増やすためには，学校での学習が将来の生き方や職業と結びつくキャリア教育に期待するところ大である。

参考文献

伊藤美奈子・小澤昌之（2014）「児童生徒の自尊感情を規定する要因――規範意識と家庭を取り巻く環境に着目して」『奈良女子大学心理臨床研究』1：19-29.

大久保智生（2010）『青年の学校適応に関する研究――関係論的アプローチによる検討』ナカニシヤ出版.

勝俣暎史（2005）『コンピタンス心理学――教育・福祉・ビジネスに活かす』培風館.

白井利明（2001）『〈希望〉の心理学――時間的展望をどうもつか』講談社.

富岡比呂子（2011）「日米の小学生の自己概念――自己記述質問票（SDQ-1）の心理測定的検討」『パーソナリティ研究』19(3)：191-205.

富岡比呂子（2013）『児童期・青年期の自己概念』ナカニシヤ出版.

内藤勇次・浅川潔司・高瀬克義・古川雅文・小泉令三（1986）「高校生用学校環境適応感尺度作成の試み」『兵庫教育大学研究紀要第1分冊，学校教育・幼児教育・障害児教育』7：135-145.

新見直子・前田健一（2009a）「小中高校生を対象にしたキャリア意識尺度の作成」

『キャリア教育研究』27：43-55.

新見直子・前田健一（2009b）「青年期におけるキャリア意識の発達と適応感との関連」『日本心理学会大会発表論文集』73：1123.

前田健一（2001）「次代を担う中高生の将来展望と自己観および社会意識に関する調査研究」『広島西南ロータリークラブ創立15周年記念事業報告書』第Ⅰ部：1-35.

前田健一（2012）「子どもの仲間関係」159-184. 湯澤正通・杉村伸一郎・前田健一編『心理学研究の新世紀③ 教育・発達心理学』ミネルヴァ書房.

文部科学省（1996）中央教育審議会答申「21世紀を展望した我が国の教育の在り方について（第一次答申）」
　http://www.mext.go.jp/b_menu/shingi/chuuou/toushin/960701.htm

文部科学省（1999）中央教育審議会答申「初等中等教育と高等教育との接続の改善について」
　http://www.mext.go.jp/b_menu/shingi/old_chukyo/old_chukyo_index/toushin/1309737.htm

文部科学省（2008a）『中学校学習指導要領』東山書房

文部科学省（2008b）『中学校学習指導要領解説総則編』ぎょうせい

文部科学省（2011）『中学校キャリア教育の手引き』教育出版

Gardner, H.（1983）*Frames of mind : The theory of multiple intelligences*, Basic Books.

Gardner, H.（1999）*Intelligence reframed : Multiple intelligences for the 21st century*, Basic Books.（松村暢隆訳（2001）『MI：個性を生かす多重知能の理論』新曜社.）

Harter, S.（1982）"The perceived competence scale for children," *Child Development*, 53, 89-97.

Markus, H., & Kitayama, S.（1991）"Culture and self: Implications for cognition, emotion, and motivation," *Psychological Review*, 98, 224-253.

Weiner, B., & Kukla, A.（1970）"An attributional analysis of achievement motivation." *Journal of Personality and Social Psychology*, 15, 1-20.

White, R. W.（1959）"Motivation reconsidered: The concept of competence," *Psychological Review*, 66, 297-333.（佐柳信男訳（2015）『モチベーション再考――コンピテンス概念の提唱』新曜社.）

（前田健一）

第13章

高校生の学習と生活──高校生の学習観を中心に

　　本章では，わが国の高校教育の現状を踏まえながら，高校生が学習（勉強）にどのように取り組み，高校生活をどのように過ごそうとしているかを検討する。まず，今日の高校教育はどのような課題や問題に向き合っているのか。つぎに，高校教育の改革の流れを視野におきながら，高校生とって高校をどのように捉え，その生活をどう評価しているか。さらに，高校生活の中心に位置づく学習（勉強）を取り上げ，今日の高校生の学習の特徴および学習に対する考え方，すなわち学習観を実証的データにより明らかにしていく。

1　近年の高校教育を取り巻く状況

　現在の高等学校は，1948（昭和23）年に制度化された。旧制の高等学校とは異なり，学校教育法（第50条）で，「中学校における教育の基礎の上に，心身の発達及び進路に応じて，高度な普通教育及び専門教育を施すこと」を目的と定めている。また，修業年限は同法（第56条）で，全日制の課程が3年，定時制の課程および通信制の課程は3年以上と定めている。高等学校への進学率は，発足以降，わが国の経済発展に伴う国民所得の上昇や教育の機会均等の理念の実現化を図る高校増設政策等のもとで上昇した。

　1974（昭和49）年頃には，進学率が90％を超えた。このため，戦前の旧制中学校や高等女学校，実業学校をモデルとする画一的な教育内容（教育課程の編成）の考え方，すなわち，旧制中学校をモデルとする普通科，高等女学校をモデルとする普通科や家庭科，実業学校をモデルとする工業科，商業科，農業科，水産科等では，多様化した高校生の現状に対応しきれなくなった。産業構造の変化や技術革新の進展などの社会の急速な変化のもとで，高校教育に対する考

え方の変革が必要となった。勉強への強い意思でもって入学するのではなく，高校卒業資格がないと社会では一人前とは認められないことを理由（学歴意識の浸透）に入学した者のなかには，高校での学習にその意義を見いだせず，中途退学をする者が増えた。また，高校は卒業するが，就職意識が低いとか，就職してもすぐ転職を繰り返すという問題も加わり，高校教育を改革すべきという機運も徐々に強まったのである。

1980年代には，高校教育の質的な変革が求められるようになり，教育課程の改編や入試制度の改革が進められた。90年代になると，学校制度面の改革に力点が移り，新しいタイプの高校の設置が始まった。

1つは，単位制高校である。1988年度から制度化が図られ，まず定時制・通信制課程に導入され，1993年度から全日制課程に設置可能となった。その特徴は普通科と専門学科の枠を超えたカリキュラム編成とか高校中退の原因ともなる履修上の学年制を改め，習得した単位の累積加算によって卒業を可能にする点にある。なお，2014（平成26）年度における全日制高校（本校）は4,720校，生徒数（本科）は，322万2,750人（公立全日制高校（本校）は3,392校，生徒数（本科）218万4,301人）。そして，全日制の単位制高校は583校，生徒数33万6,789人（公立高校は536校，生徒数31万4,955人）。つまり，単位制高校は，高校数の12.4％，生徒数の10.5％を，公立校に限れば，高校数の15.8％，生徒数の14.4％を占めている。

2つは，総合学科である。1993年3月に創設された。従来の普通学科と専門学科の2種類の学科に加え第3の学科として位置づけられる。普通教育と専門教育の総合化をめざし，多様な科目を用意し，生徒の科目選択の幅を拡大している。また，将来の職業選択と関連づけて進路への自覚を深めるために，「産業社会と人間」「課題研究」などの科目を設け，実践的・体験的な学習を重視するのが特徴となっている。

2014年度現在で，「総合学科」を設置する高校（本校）は，単独校（1学科設置）255校（全日制が231校，定時制が16校，併置が8校）。総合校（2以上の学科設置）1,403校の内，総合学科を設置する高校は100校である。なお，総合学科で学ぶ生徒数は国公私立を合わせて16万3,568人。ちなみに普通科の生

徒数は232万5,907人，専門学科では工業科が24万6,578人，商業科が20万1,129人，農業科が8万1,834人などである。

　3つは，六年制の中等教育学校である。1998年に新しい学校種として創設され，中高一貫教育制度が導入された。従来の中学校，高等学校という路線の他に，中等教育の多様化に対応した制度と位置づけられている。1999年度から設置されはじめ，2014年度現在（後期課程）で51校（国立4校，公立30校，私立17校）導入された。すべて全日制で，生徒数は15,103人（国立1,524人，公立9,575人，私立4,004人）。なお，県別にみると，21県で設置，公立校に限ると14県。当初500校を全国で設置するという目標が掲げられた。設置の意図としては，「中等教育の多様化を促進」すること，「中学校と高等学校の接続の多様化を図る」「中学校と高等学校の間の壁を取り払う」「カリキュラムや指導方法，教員組織などを，中高6年間を通して，弾力的に調整・編成する」「特色ある教育課程を編成する」などがあげられた。

　こうした改革の動きは多様化という用語で形容される。しかし，多様化には2つの方向が見られる。すなわち，高校間の優劣の競争によってもたらされる格差化と，差異化の競争によってもたらされる個性化という2つの側面を顕在化させた。すなわち，前者の多様化は，従来から指摘されてきた入学試験等にあらわれる偏差値を尺度とした格差であり，たとえば，有名進学校とか，進路多様校といったレベルで捉えられる。他方，後者の多様化は教育内容の違いを尺度とした多様化のレベルである。たとえば，多様化した学科間での性格の違い，学習内容の多様化などのレベルで捉えられる。

2　進学校と中堅校における高校生の学習の特徴

（1）高校生の学習上の課題

　多様化がキーワードになる今日の高校を取り上げ，そこに学ぶ高校生の学習や生活を検討しようとする場合には，高校生が在籍する個々の高校での教育の現状や特色を踏まえたものでなければ問題の核心に迫れないのではないか。高校の多様化が当然個々の高校で学ぶ高校生の学習や生活に違った影響を及ぼし

ていると考えられるからである。

　そこで，大学への進学という点で特徴的な普通科のA高校に在籍する高校生と，大学進学率からみて中堅に位置づく総合学科のM高校に学ぶ高校生を取り上げて比較検討する。なお，A高校は特に大学進学という点で実績を上げている公立高校である。いわゆる進学校とか，受験偏差値の高い生徒が多い受験校と呼ばれる種類の高校である。卒業後の進路選択が，有名大学とか難関大学と呼ばれる大学に向かう生徒の割合が大きい。他方，M高校は単位制の総合学科の公立全日制高校で，進路指導やキャリア教育の充実，生徒の興味関心の多様化に対応した選択科目や学校設定科目の設置などの特徴を備えている。

　さて，高校生は学習とか勉強についてどのように捉えているか。また，この学習や勉強と呼ばれる行動や行為にどのような意味や意義を付与しているのだろうか。周知のことだが，90年代後半から2000年の初めにかけて，国際的な学力テストの結果の公表などのもとで，学力低下問題が大きな社会的関心事となった。問題の発端は，週五日制への移行，ゆとり教育批判の高まりである。しかし，この学力低下にかかわる形で，小・中学生の「学びからの逃走」とか，「階層差による学習時間の拡大」「努力の階層差・不平等」など，学ばない子どもの存在が問題化された。この状況は2010年代に入っても依然として続いる。学習にかかわる問題に共通することは，小中学生から大学生まで，なぜ学習や勉強に取り組まなくなったかということである。

　もちろん，わが国では学習や勉強の価値を肯定する文化だけが強いわけではない。たとえば，受験勉強，受験学力，偏差値教育，学歴主義，ガリ勉，知育偏重，暗記や記憶中心の学習や勉強など，望ましい学習や勉強が他に確固として存在しているかのような形で，子どもの学習や勉強の問題点やデメリットが語られてきている。これでは，学習や勉強という行為に，積極的な意味を見いだすことは難しいのではないか。「教室」を出て「体験」を通して学ぼうとか，教科書や本だけが学習の素材ではない。確かにこうした言説は間違いではないが，学校の「教室」や家の「勉強部屋」での教科書や本に向き合う学習（勉強）の意味や価値を低減させる要因となっていることも確かであろう。

表13-1 高校での授業や勉強への満足度，および（授業や勉強以外）の生活への満足度

	A高校	M高校
1．とても満足	7.3(19.6)	17.2(40.0)
2．不満もあるが，満足が大きい	36.4(42.1)	45.9(35.0)
3．満足と不満足が半々	36.2(21.9)	26.9(15.9)
4．不満の方が少し多い	12.9(8.6)	6.2(5.2)
5．満足していない	7.2(7.8)	3.8(3.9)
	100.0(100.0)	100.0(100.0)

（2）高校での生活と学習に満足しているか

　今日の高校生は高校での生活や学習をどのように受けとめているのか。大学等への進学にかかわる受験準備教育，普通科における画一的な教育内容，怠学による高校中退，部活動を中心とした諸活動での教師による体罰問題などから推しはかると，高校生は高校での生活や学習（勉強）に，何らかの問題や疑問を感じ，満足感を低下させていると考えることができはしないか。

　しかし，A高校とM高校の調査結果をみると，生徒の学校での勉強や生活に対する満足度は低くない。すなわち，授業や勉強への満足度，および授業や勉強以外の生活についての満足度を示したのが表13-1であるが，授業や勉強への満足度が大きい（「とても満足」と「不満もあるが，満足が大きい」の計）と答えた生徒の比率は，A高校で43.7％，M高校で63.1％。また，授業や勉強以外の生活については，満足が大きいと答えた生徒の比率は，A高校で61.7％，M高校で75.0％に達する。すなわち，進学校のA高校の方が中堅校のM高校に比べて，生徒の中で満足を感じている比率は少し低いけれども，どちらの高校でも不満を感じている生徒の比率はかなり低いのである。

　両校の生徒とも，学習と生活の両面で一定の満足度を示しており，学習と生活をどう受けとめているかを理解できる。不満ばかりを感じて高校生活を送ってはいない。授業や学習（勉強）に満足を感じている。しかも，進学校のA高校よりも，総合学科のM高校の生徒の方が満足の程度は高いという特徴がある。進学校であるA高校の方が勉強への圧力が高いことも考えられるし，M高校は総合学科であることから科目選択の幅が大きい点が科目履修の特徴

であり，授業も，普通科とは異なり，生徒の発表や調べ活動，あるいは就業体験・インターンシップなどの体験活動が重視されることにもよるだろう。

なお，高校の生活の中で大きな比重を占める，部活動をみると，「部に入っている」生徒は，A高校の方が参加率が高くて87.5％（1年が91.0％，2年が83.9％），M高校が53.3％（1年が64.5％，2年が53.7％，3年が41.0％）。また，部活動参加者に，「楽しい」「まあまあ楽しい」「何とも言えない，楽しくない」という3段階の尺度で，部活動での楽しさを聞いたが，A高校では，順に48.0％，32.7％，11.9％。M高校では，順に51.8％，26.4％，21.9％。なお，両高校とも，部活動参加者の比率は学年が進むにつれて低くなる傾向がみられるが，「楽しい」と感じる程度は両校ともほぼ同じ傾向である。つまり，高校生の多くが高校での生活にも，学習（勉強）にも，満足していることがわかる。

（3）家庭での学習時間

次に，学習の量的な側面として学習時間を見ることにする。1982年から10年ごとに実施しているNHK調査（2013）によると，21世紀に入り勉強時間の下げ止まりは見られるが，勉強時間は少ないと指摘されている。すなわち，夏休み以外のふだんの日にほとんど勉強しない高校生は30％，勉強時間の平均は，1時間6分（高1が59分，高2が49分，高3が1時間31分）である。

しかし，この勉強時間は高校生のあくまでも平均の数値である。高校の違いにより，勉強時間の差異は当然予想できる。A高校とM高校の調査（表13-2参照）では，学校による差異が大きくあらわれた。テスト等のない平日に，「ほとんど勉強しない」生徒は，進学校のA高校では少ない。1年生が12.3％，2年生が8.2％である。他方，中堅校のM高校では，1年次が63.5％，2年次が55.4％，3年次が58.8％であり，半数以上の者が家で勉強をしていない。勉強をしない生徒の比率は高校間での差異が大きいことがわかる。

なお，塾（予備校含む）に行っている高校生は，A高校では，1年生が52.6％，2年生が58.2％。他方，中堅校のM高校では，1年次が22.9％，2年次が13.1％，3年次が21.4％と，通塾率においても差異は大きい。塾に行ってい

表13-2 平日に，家で週のうち何日ぐらい勉強をするか

A高校

	1学年	平均勉強時間	2学年	平均勉強時間
1．ほとんど毎日する	44.5	2時間10分	52.9	2時間22分
2．3～4日する	28.7	1時間35分	22.5	1時間45分
3．1～2日する	8.4	1時間21分	7.2	1時間33分
4．塾等に行かない日にはする	6.1	2時間6分	9.2	2時間17分
5．ほとんどしない	12.3	0分	8.2	0分
計	100.0	1時間40分	100.0	1時間58分

M高校

	1年次	平均勉強時間	2年次	平均勉強時間	3年次	平均勉強時間
1．ほとんど毎日する	7.2	1時間50分	11.5	1時間35分	23.8	3時間42分
2．3～4日する	7.5	1時間40分	11.2	1時間33分	7.9	2時間1分
3．1～2日する	20.1	1時間12分	21.2	1時間11分	7.9	1時間20分
4．塾等に行かない日にはする	1.7	1時間14分	0.7	1時間30分	1.4	3時間50分
5．ほとんどしない	63.5	0分	55.4	0分	58.8	0分
計	100.0	29分	100.0	34分	100.0	1時間5分

るA高校の生徒の特徴として，塾に行った時にだけ勉強しているわけでなく，塾に行かない平日も家での勉強時間が多い。

3　高校生の学習観

（1）高校生にとっての学習の意味

　高校生は高校生活全般のなかで，学習にどのような意味や価値をおくのか。高校生が自らの生き方を考え，学習という行為を重要だと考えているのか。1日の生活をみると，授業時間が中心にある。そして，教科・科目等の知識や技能の習得の時間が大きなウエイトを占める。もちろん，学習という行為は授業の中だけでなく，家庭や塾（予備校等）でも行われる。なお，学校外での勉強の内容や勉強の時間の多寡等に関しては，個人差が大きいだろう。そこで，高校生は学習の重要性や価値をどう受け，どう評価づけているのか。

　表13-3は「高校生の時には，勉強を第一に考え，一所懸命取り組まないと，

表13-3 「高校生の時には、勉強を第一に考え一所懸命取り組まないと、高校生活は充実しないし楽しくならない。」という考えについて

	A高校	M高校
1. その通りだ	7.6	9.2
2. まあまあその通りだ	29.1	25.7
3. あまり思わない	33.0	38.7
4. まったく思わない。勉強以外にも楽しくて充実することはある	18.2	18.9
5. なんとも言えない	12.0	7.5
	100.0	100.0

高校生活は充実しないし、楽しくならない。」という質問文への回答である。つまり、勉強が高校生活の中心にあると考えるかどうかを聞いている。M高校では、「1.その通りである」と強く肯定する生徒は、全体で9.2％（1年次で7.2％、2年次で11.5％、3年次で9.0％）。「2.まあまあその通りである」と回答する生徒は、全体で25.7％（1年次で24.2％、2年次で31.5％、3年次で21.7％）。

この2つの数値を合わせると、生徒の約35％になる。逆に、必ずしも勉強が中心でないことを示す選択肢、「思わない」を選んだ生徒の方の割合が高く、3人のうち2人の割である。なお、この結果に関しては、A高校も差異はない。進学校の生徒だからといって、勉強第一と考えて高校生活を過ごしている高校生は3分の1に過ぎない。

（2）高校生の成績観

学習の成果に関して、高校生は自らの成績（テストの結果等）の良い、悪いは何（いかなる原因）により決まると考えるのか。成績についての見方、つまり成績観を見ておこう。表13-4は自らの成績（テストの結果等）について満足感をもてる良い場合と、逆にそうでない悪い場合に、そうした成績をもたらした原因を何だと考えるのか。原因帰属論の考え方を参考にし、家庭の経済力等の要因を加味し、次の6つの選択肢を用意し、そのなかから自分の考えに近い原因を順位付けして2つ選ぶ形式で聞いた。想定した原因は次の6つである。

Ⅲ　子どもの世界を理解するために

表13-4　成績（テスト）の良い，悪いは何（要因）で決まると思いますか

	A高校	M高校
1．努力（勉強時間）が多いか，少ないか	77.9 (91.6)	68.8 (88.5)
2．テストに出そうな問題を，自分で計画を立てて勉強したかどうか（傾向と対策しだい）	8.1 (43.8)	14.4 (48.9)
3．その人の生まれついての頭の良さ	8.1 (29.9)	9.9 (24.3)
4．教師（塾の教師も含め）の教え方が上手か，下手か。わかりやすいかどうか	3.4 (19.2)	5.0 (29.7)
5．テストに出た問題が，幸運にも解ける問題であるかどうか（偶然とか，運しだい）	0.6 (4.9)	0.7 (4.8)
6．勉強部屋があるとか，塾や予備校に行くことができる等の家庭の経済力	0.8 (2.6)	0.2 (2.0)
7．その他	1.0 (1.9)	1.0 (1.6)
＊回答項目の前に記している番号は，質問紙での配列順序	100.0 (193.9)	100.0 (199.8)

（注）　各項目の上段の数値は第1位選択，下段の括弧の中の数値は第1位選択と第2位選択の合計。

　1．努力（勉強時間）の多寡。2．テストに出そうな問題を自分が計画を立てて勉強したかどうか。3．その人の生まれついての頭の良さ。4．教師（塾教師も含め）の教え方が上手か下手か。わかりやすいかどうか。5．テストに出た問題が，幸運にも解ける問題であったかどうか。6．勉強部屋があるとか，塾や予備校に行くことができる等の家庭の経済力の有無である。

　A高校では，「努力（勉強時間）の多寡」が最も選ばれている。第1位選択をみると，全体で77.9％（1学年が75.2％，2学年が80.7％）と高い。次いで，「傾向と対策しだい」が8.1％。「生まれついての頭の良さ」も同じく8.1％である。つまり，「努力（勉強時間）」を第1位選択で選ぶ生徒が圧倒的に多数を占める。

　なお，第1位選択と第2位選択を合わせた数値は括弧のなかに示しているが，「努力（勉強時間）」が91.6％，「傾向と対策しだい」が43.8％，「生まれついての頭の良さ」が29.9％である。

他方，選択率が低いのは，「家庭の経済力」と「教師の指導力」である。なお，特徴的なこととして，予想外に低い数値が「教師の指導力」である。全体で3.4％（1学年が3.9％，2学年が2.9％）。このことは成績の良し悪しの原因が教師の指導力にあると捉える生徒が少ないということを意味する。つまり，高校生の4人中約3人の割でテスト等の成績は本人の努力次第で，努力の多寡が成績の良し悪しの原因だと捉えている。

M高校にも同様な傾向が見られる。「努力（勉強時間）の多寡」が第1位選択で68.8％に達し，第2位選択までで88.5％。次いで，「傾向と対策しだい」（第1位選択14.4％，第2位選択まで加えると48.9％）である。他方，「生まれついての頭の良さ」は第1位選択9.9％。また，家庭の文化資本ともいえる勉強への支援としての「家庭の経済力」，或いは「教師の指導力」の選択はわずかである。成績の良し悪しの原因が教師の指導力であると捉える生徒が少ない点は興味深い。

(3) 高校生の教師への対応にみる学習観

授業のなかで，教師の説明や指示を受け入れ，教師から伝達された知識を理解しようとする。教師による説明とか解説をよく聞き，学習していることは高校生の日常生活の一コマであるが，なぜこうした学習態度が生まれるのか。その生まれてくる背景として，授業場面において教師に対応する高校生の姿のなかに，その学習への思いや考え方，いわば高校生の学習観が顕在化していると考えることができはしないか。

わが国の授業風景を象徴する，講義式ないし一斉指導形式のやり方は実によく見られるが，こうした授業を成立させている要因とは何かと考えると，周知のことだが，生徒が教師の話や説明を静かによく聞き，理解に努める学習態度の存在である。生徒が教師の話や説明，発問を素直に受け取ろうとする態度なくしては授業は成立しない。教師が一方的にしゃべるだけの授業，教師の話に耳を傾けず教師の指示や説明を聞き流す授業，私語がうるさくて秩序維持がない授業などでは，望ましい学習が成立しているとはいえない。

そこで，高校生は授業での自らの学習の態度や行動をどのように把握，理解

しているのか。授業場面での態度や行動の違いを手掛かりにして学習観を探ることにする。設定した学習の態度や行動のタイプは次の通りである。

1. 自分の将来のために，学力を身につける必要があるから（学力の必要性）
2. 教師の説明や話をよく聞いて勉強すると，よくわかりテストの成績が良くなるから（授業者としての教師への信頼性）
3. 生徒が学ぶ教科の専門的知識を教師はすでに十分に学んでおり，十分な知識を持って授業をしているから（教科の専門家としての教師への信頼性）
4. 「教師の言うことを聞くのはあたりまえ」という気持ちで，生徒が教師に接することは当然のことだから（正当性に基づく教師への対応）
5. 教師一人ひとりの人間的な魅力に惹かれて，教師を尊敬し，勉強に取り組むことから（個々の教師が備える人間性に対する魅力）
6. 熱心に授業をする教師の態度にふれると，まじめに勉強しなければという気持ちが強くなるから（教師から受ける感化）
7. 授業ではまじめに勉強に取り組まなければ，注意や叱責を受けて，評価（内申等）が悪くなるから（教師からの強制性・罰則性）
8. 授業ではまじめに勉強すると，教師から良く思われ，評価（内申等）が良くなるから（報賞性への期待）

教師に対応する態度や行動にかかわる8つのタイプを，高校生が自らどのように解釈し選択しているのか。さて，表13-5をみると，進学校のA高校も，中堅校のM高校もその数値には差異はみられない。両校の生徒とも，選択率が最も高いのは，自分の将来を考え学力の必要性を感じての選択行動である。A高校では第1位選択で56.2％，M高校のそれは51.8％と，ともに過半数を超える。ただし，第1位選択と第2位選択の数値を合わせると，進学校であるA高校の数値（73.2％）が少し高い。つまり，進学校では教師との関係性でいえば，生徒は自分の将来のためという功利性を重要な基準としている。

なお，この学力の必要性が半数以上の生徒から選択されているために，他は選択率が高くない。続くのが，授業者としての教師への信頼性，そして教科の

表13-5 教師との関係性から考えて、授業の中では、教師の説明や話しを、生徒は、なぜしっかりと聞いて、まじめに勉強しなければいけないか

	A高校	M高校
1．自分の将来のために、学力を身につける必要があるから（学力の必要性）	56.2 (73.2)	51.8 (63.8)
2．教師の説明や話をよく聞いて勉強すると、よくわかりテストの成績が良くなるから　　　（授業者としての教師への信頼性）	14.6 (39.1)	12.5 (31.5)
3．生徒が学ぶ教科の専門的知識を教師はすでに十分に学んでおり、十分な知識を持って授業をしているから　（教科の専門性）	12.3 (32.6)	9.4 (29.2)
4．「教師の言うことを聞くのはあたりまえ」という気持ちで、生徒が教師に接することは当然のことだから（正当性に基づく対応）	5.4 (16.2)	9.5 (22.2)
5．教師一人ひとりの人間的魅力に惹かれて、教師を尊敬し、生徒は勉強に取り組むから　　　（教師の人間性への魅力）	3.4 (5.0)	2.5 (7.5)
6．熱心に授業をする教師の態度にふれると、まじめに勉強しなければという気持ちが強くなるから　（教師による感化）	3.2 (8.9)	3.3 (12.3)
7．授業ではまじめに勉強に取り組まなければ、注意や叱責を受け、評価（内申等）が悪くなるから　（強制性・罰則性）	1.6 (4.7)	4.7 (15.6)
8．授業ではまじめに勉強すると、教師から良く思われ評価（内申等）が良くなるから　　　　　（報賞性への期待）	0.8 (5.5)	4.6 (14.3)
9．その他	2.4 (2.9)	1.7 (3.5)
	100.0 (188.1)	100.0 (199.9)

（注）各項目の上段は第1位選択、下段の括弧の中は第1位選択と第2選択の合計％

専門家としての教師への信頼性である。A高校とM高校の選択率を比較すると、上記の学力の必要性、授業者としての教師への信頼性、そして教科の専門家としての教師への信頼性に関しては、A高校の方の選択率が少し高い傾向がみられ、残りの正当性に基づく教師への対応、個々の教師が備える人間性に対する魅力、教師から受ける感化、そして教師の行使する強制性や報賞性という5つの要因に関してはM高校の方の選択率が少し高い傾向がみられた。つまり、進学校でないM高校の教師の方が生徒との関係性の形成・維持という点ではより多様な対応のタイプが求められているともいえる。

表13-6 最近，大学を卒業しても就職が難しい時代になったといわれます。大学等に進学することについて，どのように考えていますか

	A高校	M高校
1．今までの時代と同じく，有名大学や難関大学に入学し，卒業すると，就職の際に有利で，会社で出世できるし，経済的に恵まれた，充実した生活が送れると思う。	31.7	12.9
2．有名大学や難関大学への進学は重要だが，それだけでは意味がなくなってきている。大学で一所懸命に勉強し，就職した後も，仕事で頑張らないと，充実した生活は送れない。	60.3	45.5
3．どの大学に入学するかは重要ではない。将来の仕事や所得（賃金）や生活の充実は，本人の努力や実力しだいである。	6.5	38.6
4．その他	1.5	3.0
	100.0	100.0

(4) 高校生の大学進学観

　次に，大学へ進学する意味（意義）を見ていくことにする。大学進学にかかわり今日マスコミ等で流布される3つの考え方を設定し，回答を求めた。

1．今までの時代と同じく，有名大学や難関大学に入学し，卒業すると，就職の際に有利で，会社で出世できるし，経済的に恵まれた，充実した生活が送れると思う。

2．有名大学や難関大学への進学は重要だが，それだけでは意味がなくなっている。大学で一所懸命に勉強し，就職した後も仕事で頑張らないと充実した生活を送れない。

3．どの大学に入学するかは重要ではない。将来の仕事や所得（賃金）や生活の充実は，本人の努力や実力しだいである。

　1の考え方は，学歴に価値をおくわが国の典型的な大学進学観である。2の考え方は学歴に依然として価値をおくが，学歴の価値は時代の変化のもとで少し変化してきており，これまでと同程度には価値を持たなくなったという考え方である。3の考え方は，今日のマスコミや産業界の言説にあらわれる語り方であり，学歴よりも実力という言葉が重要になったとする考え方である。

　表13-6から両校を比較してみると，2の考え方を選択する生徒が両校とも最も多い。A高校で60.3％，M高校45.5％。そして，1の考え方である学歴

重視は変化していないという考え方を選択する生徒はA高校で31.7%と高く，M高校で12.9%と低く大きな違いがある。また，3の考え方を選択する生徒は，A高校で6.5%と非常に少ないが，M高校では38.6%とかなり高い数値であり，高校間で大学進学観にかなりの差異があらわれている。

　大学卒という学歴の価値を低く評価し，本人の努力や実力しだいだという言説が近年よく取り上げられるが，A高校のような進学校の生徒はこうした考え方からは少し遠いようだ。大学進学を重要であるという考え方をもち，学習への努力を重要なことだとただ単に頭で考えるだけでなく，学校内外で授業や勉強にまじめに取り組み，その学習時間の多さなどに，進学校の生徒の学習観の特徴がみられた。他方，中堅校のM高校の高校生は，進学校のA高校の生徒とは少し違った大学進学観であることがわかる。1の考え方である学歴主義は普遍で，変化していないという考え方を選択する生徒は少なく約1割程度なのに対して，3の考え方である，大学卒という学歴の価値を低く評価し，卒業後の本人の努力や実力しだいだという言説を受け入れている生徒が約4割に近い。大学進学とその後の職業生活とは関係が薄いと捉えている生徒が中堅校では多いのである。

　なお，この表13-6と先の表13-3とのクロス分析を行うと，A高校では，「高校生活は勉強第一だと思う」生徒は，1の考え方が50.0%，2の考え方が43.2%，3の考え方が6.8%。これに対して，「そうだと思わない」生徒では，1の考え方が28.6%，2の考え方が64.4%，3の考え方が7.0%。他方，M高校では，「高校生活は勉強第一だと思う」生徒は，1の考え方が32.7%，2の考え方が30.6%，3の考え方が32.7%。これに対して，「そうだと思わない」生徒では，1の考え方が9.3%，2の考え方が42.4%，3の考え方が44.1%。

　この結果から，次のことがわかる。すなわち，高校生活を勉強第一と考える生徒ほど，有名大学や難関大学への進学が，その後の人生（職業生活）の充実をもたらすと考える傾向が見られること。特にA高校の生徒にあてはまる。逆に，高校生活を勉強第一と考えていない生徒ほど，大学進学と，その後の職業生活とを関連づけていない比率が高くなっている。とくにM高校の生徒にあてはまる。つまり，大学への進学をどう捉えるかといった進学観の違い，大

学進学と大学卒業後の人生の送り方（主に職業生活）との関連の捉え方の違いも，高校生活を勉強第一と考えるか，考えないかという勉強の位置づけ方（学習観）との間に影響関係が存在していることがわかる。

注）なお，サンデー毎日特別増刊『高校の実力　完全版2015年度版』（毎日新聞出版，2015年6月発行）によると，A高校（一学年8学級）の旧帝大系国立大学（7校）への合格者は74名，その他の国公立大学への合格者は180名。M高校の国公立大学への合格者は3名である。

参考文献
NHK放送文化研究所編（2013）『NHK中学生・高校生の生活と意識調査2012』NHK出版．
NHK放送文化研究所編（2003）『NHK中学生・高校生の生活と意識調査』NHK出版．
苅谷剛彦（2001）『階層化日本の教育危機』有信堂高文社．
樋田大二郎・耳塚寛明・岩木秀夫・苅谷剛彦編（2000）『高校生文化と進路形成の変容』学事出版．
南本長穂（2015）「総合学科高校における高校生の学習観」関西学院大学教職教育研究センター編『教職教育研究』第20号，11-20．
南本長穂（2013）「進学高校における高校生の学習観」関西学院大学教職教育研究センター編『教職教育研究』第18号，9-23．

（南本長穂）

第14章

児童・生徒の学力

　戦後，日本の教育界においては，幾たびも日本の子どもたちの学力をめぐっての論争が繰り返されてきた。それは，子どもの学力低下に対する大人の側からの危機意識から生じており，学力をいかに捉えるかという論争，実際に学力が低下しているのかという検証，そして，学力を高めるための政策論的検討へと展開していく。本章では，学力論争のなかで学力がいかに捉えられてきたのかを概観し，日本の子どもたちの学力の現状を把握する。その上で，学力という観点から見た時の，児童・生徒の側の問題と，彼らを取りまく社会的状況を整理したいと思う。

1　学力概念の変遷[1]

(1) 広岡亮蔵と勝田守一の学力論

　戦後の学力をめぐる議論の論点は，学力の範疇に学ぶ態度を含めるか否かにあった。一般的な学力についての認識は，読み・書き・計算（reading, writing, arithmetic）に代表され，学んだ結果得られた知識や技術を，学力として考えるものであった。これに対して，学ぶ態度を学力に加えるという考え方が1960年代に登場することになる。その代表的論者が広岡亮蔵である。広岡（1964）は，願わしい学力の像を，「高い科学的な学力」と「生きた発展的な学力」であるとし，学力を図14-1に示すように，三層として捉える。三層とは，外層すなわち要素的な知識および技能，中層すなわち関係的な理解および総合的な技術，内層すなわち思考態度，操作態度，感受性表現態度，である。これら三層は，外層と中層を合わせた知識・技術層と，態度層の二層に分けることができる。広岡は，このように学力構造を捉えたうえで，「生きた学力，発展的な学力，一口にいえば転移力ある学力は，態度に裏づけられた知識であるときに，はじ

Ⅲ　子どもの世界を理解するために

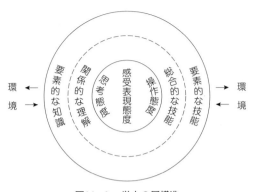

図14-1　学力の層構造
(出所)　広岡 (1964：24)。

めて成り立つことができる」(広岡 1964, 山内・原編著所収 2010：113) とした。広岡によると, 子どもにとっての学力は, 物事の本質構造を実感をもって主体的に把握した知識であるときに, 転移する学力になるという。

　広岡と同じ1960年代の前半に学力論を展開したもうひとりの人物に勝田守一[2]がいる。勝田の学力論の特徴は, 2点ある。1つは, 学力(能力)を, 社会的要求との関連のなかで捉えた点にある。勝田は,「社会のあり方の中で, 個々の能力といわれるものの「とらえ方」や「身につけ方」がちがうということも考慮にいれなければならない」(勝田 1964, 山内・原編著所収 2010：135) という。勝田は, 生産の技術に関する能力(労働の能力), 人間の諸関係を統制したり調整したり変革したりする能力(社会的能力), 科学的能力とよばれる自然と社会についての認識の力(認識の能力), 世界の状況に感応しこれを表現する能力(感応・表現の能力)の4つの能力を想定し, それぞれが相互に浸透しあい, 4つの能力の形成のされ方によって, 個人に特徴が生まれるとした。

　2つは,「学力をはかろうとする社会的要求にこたえて, 学力を考える」(勝田 1972：370) という主張である。勝田は,「能力というものは, かならずしも数量であらわされるとは限らないということを認めた上で」(前掲書：371),「計測されたものが, 学力なのではなくて, 成果が計測可能なように組織された教育内容を, 学習して到達した能力だ」(前掲書：374) と考える。「学力を測

るのは，もともと学習の指導の方法や条件の適否を検証するためです。」(前掲書：371) と述べ，測定可能な部分の検証を優先することを考え，計測不可能である態度は，学力の範疇から除外した。

　態度を学力の範疇に加えた広岡と，教育方法や教育内容の妥当性を検証するために計測可能なものだけをひとまず測ろうとした勝田，両者の違いはここにある。その後，1970年代には学力に関する論争は，藤岡信勝と坂本忠芳らの論争として継承され，ここでも，やはり，態度を学力に含めるか否かが問題となる。両者の論争は，教育内容の組織化の問題へと展開していく。

(2) 生きる力と確かな学力

　1980年代になると，1984年の臨時教育審議会答申，1987年の教育課程審議会答申を受け，1989年に改訂された学習指導要領のなかでは，新学力観が提唱されることになる。新学力観とは，児童・生徒が「自ら学ぶ意欲や，思考力，判断力，表現力などを学力の基本とする学力観」である。ここでは，児童生徒の問題解決能力と個性尊重の原則が打ち出され，学習評価においては，関心・意欲・態度を重視することになる。この路線を継承し，1998年の学習指導要領改訂では，「生きる力」を育てることが目標とされた。生きる力とは，確かな学力，豊かな人間性，健康・体力からなる概念である。中央教育審議会答申 (2003年) によると，生きる力のなかの確かな学力とは，「「生きる力」の知の側面であり，知識や技能はもちろんのこと，これに加えて学ぶ意欲や，自分で課題を見付け，自ら学び，主体的に判断し，行動し，よりよく問題を解決する資質や能力等までを含めたもの」[3]としている。確かな学力の概念は，2008年告示の学習指導要領にも盛り込まれることになる。確かな学力は，「知識や技能の側面」(習得) と「思考力・判断力・表現力・学習意欲などの問題解決能力」(活用・探求) からなるとされ，この期の学習指導要領では，両方の基礎となる言語活動の充実をはかることを教育課題として掲げた。

　ここで注目すべきは，知識・理解，関心・意欲・態度，思考・表現という確かな学力には，広岡亮蔵が示した学力の三層構造が踏襲されていることである。1960年代から始まる学力概念についての議論のうち，態度を学力概念に含める

か否かについては決着をみ，態度を学力の範疇に含めることで共通理解が得られているように思われる。

　加えて，今日では，学力と類似する概念として，コンピテンシー（competency）やリテラシー（literacy）という概念が登場している。コンピテンシーとは，「人の根源的な特性に基礎づけられた学習の力」（ライチェン・サルガニク 2006：9）のことで，OECD は DeSeCo プロジェクト（Definition & Selection of Competencies: Theoretical & Conceptual Foundations）において，自律的に活動する力，道具を相互作用的に用いる力，異質な集団で交流する力，という3つのキー・コンピテンシーを提示している。リテラシー概念は，キー・コンピテンシーの道具を相互作用的に用いる力に相当する。

2　学力に関する実証的調査

(1) コールマン調査

　アメリカでは，子どもの学力への関心は，「教育の機会均等」の実現という点から注視されてきた。1954年に最高裁判所は，人種による合法的分離は機会の不平等を構成する，という判決を下す。この判決により，教育の機会均等の概念は，学校における結果と関連づけられることになる。1964年7月2日に公民権法（Civil Rights Act）が成立し，この402条項には，「合衆国の公立教育機関で，人種，膚の色，宗教，国籍などの理由による教育機会の不平等があるか，この法律が制定されて2年以内に調査し，大統領ならびに議会に報告せよ」と明記された。これを受け，調査を依頼された，コールマン（J. S. Coleman）らは，1965年の秋に，全米の4000の公立学校に在籍する64万5000人以上の児童・生徒を対象とした学力調査を実施することになる。

　図14-2は，コールマンが示した調査結果の一つで，人種（白人と黒人）と居住地域（北東部都市地域と南部農村地域）によって調査対象者を4グループ分けた時の，児童・生徒の言語スキルの推移を示したものである。この図からどのようなことが明らかになるだろうか。

　まず，第一に，言語スキルに人種による違いがあることがわかる。白人と黒

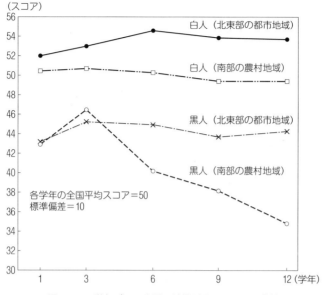

図14-2　学年ごとの人種・地域別言語スキルの成績
(出所)　Coleman (1968：20).

人の言語スキルを比べた時に，明らかに白人の子どもの言語スキルの方が黒人の子どもの言語スキルに比べて高い。第二に，言語スキルに居住地域による差があることである。同じ人種同士で比較したとき，北東部都市地域の子どもの言語スキルの方が南部農村地域の子どもの言語スキルよりも高い。第三に，すでに就学段階（第1学年）で言語スキルには差があり，その差は学年が進行するに従って拡大する傾向にあるということである。

　なぜ，黒人・南部農村地域の子どもの言語スキルは，第6学年以降急激に低下したのであろうか。いくつかの解釈が成り立つ。

　1つ目の解釈は，学校の選抜配分機能が，黒人・南部農村地域の子どもたちに負に作用したということである。白人・南部農村地域の子どもと黒人・南部農村地域の子どもの言語スキルを比較したとき，第1学年ですでに8点の差があった。第3学年では5点に縮まっているが，その後，その差は，第6学年で11点，第9学年で12点，第12学年で15点に拡大する。同じ農村地域での人種

による言語スキルの差の拡大は，学校が，できる子どもを選び出す機能を有しており，結果として，できない子どもを排除している証拠でもある。学校の選抜配分機能の例を一つあげるとするならば，教師の期待効果をあげることができる。教師は，子どもとの日常的な相互作用のなかで，伸びる可能性のある子どもには期待をし丁寧に指導する傾向がある。教師の期待とそれを間近で見ている子どもたち同士の相互評価によって，学校の選抜配分機能は顕現化することになる。

2つ目の解釈として，家庭環境の影響を考えることができる。学校での学業を続けていくためには，家庭の経済的基盤が安定しており，親が教育に対して関心を持っていることが不可欠になる。家庭のなかで親が子どもに対して大人としての役割モデルを示し，十分な愛情をもって育てるとき，子どもは前向きに学ぼうとする。南部農村地域の黒人の子どもの場合は，白人の子どもに比べると，家庭の社会文化的かつ経済的基盤が脆弱であったことが推測される。

3つ目の解釈は，南部農村地域の黒人の子どもにとっての，学校に通うことの意味の変化である。恐らく当初は，学校に通えることを喜び，第3学年頃までは学業に励んでいたものと思われる。しかしながら，学年進行とともに，子ども自身が学校に通う意味を考え始め，学校が彼の将来を保証するものではないことを認識し始めると，彼らの関心は，学校から次第に遠ざかっていくことになる。こうした理由によって，黒人・南部農村地域の子どもの言語スキルは，第6学年以降急激に低下したものと思われる。

コールマンは，「機会の均等への接近は，教育へのインプットによって決まるのではなくて，他の異なる影響に対する学校の影響の強さによって決まる。すなわち，結果の平等は，資源のインプットの平等によって決まるというよりは，学力をもたらす資源の力によって決まる」(Coleman 1968：22) と述べた。図14-2の結果からすると，学校が，成績（言語スキル）に及ぼす影響は，むしろ小さいのかも知れない。なぜならば，学校の力が強ければ，他の如何なる要因も排除して，学力を高めることを可能にするからである。しかしながら，特に，南部農村地域の黒人の子どもの成績を見るとそうはなっていない。このように考えると，学力は，学校が及ぼす影響と学校を取りまく環境要因との相

対的な力関係によって決まることになる。

(2) 日本の子どもの学力の現状
① PISA調査

　PISA（Programme for International Student Assessment）とは，OECD（経済開発協力機構）によって実施される，生徒の学習到達度調査のことである。この目的は，義務教育終了段階（15歳）にある生徒（日本では高等学校1年生）を対象にして，それまで身に付けてきた知識や技能を，実生活のさまざまな場面でどの程度活用できるかを測ることにある。2000年に第1回調査が行われ，以後，3年ごとのサイクルで実施されている。調査の内容は，読解力，数学的リテラシー，科学的リテラシーの3分野で，実施年により特定の分野を詳しく調査することになる。参加国数は，2000年が32ヵ国，2003年が41ヵ国・地域，2006年が57ヵ国・地域，2009年が65ヵ国・地域，2012年が65ヵ国・地域である。

　PISA調査における日本の高校1年生の成績は，表14－1に示す通りである。2000年の第1回調査では，読解力は8位であるが，数学的リテラシーと科学的リテラシーは，好成績をあげていた。ところが，2003年の第2回調査では，読解力と数学的リテラシーに順位の大きな低下が見られた。この原因が，1998年の学習指導要領改訂における大幅な授業時数の削減と学習内容の簡素化にあるとされた。2006年の第3回調査では，さらに順位を下げることになり，その後，2009年の第4回調査でいくらか持ち直している。

　2009年調査は，読解力を中心にした調査であった。調査結果をまとめた国立教育政策研究所は，各リテラシーとも，2006年調査と比べて，レベル2以下の生徒の割合が減少し，レベル4以上の生徒の割合が増加しているが，トップレベルの国々と比べると成績の下位層が多いこと，読解力については，必要な情報を見つけ出し取り出すことは得意だが，それらの関係を理解したり，自らの経験と結び付けたりすることが苦手であること，を指摘している。

　PISA調査の結果は，日本の学力低下論争に大きなインパクトを与え，その結果，知識を活用し自身の考えを論理的に表明する能力を育てる方向へと踏み出すことになる。

Ⅲ　子どもの世界を理解するために

表14-1　日本の高校生の参加国のなかでの順位の推移

実施年＼分野	読解力	数学的リテラシー	科学的リテラシー
2000年	8位	1位	2位
2003年	14位	6位	2位
2006年	15位	10位	6位
2009年	8位	9位	5位
2012年	4位	7位	4位

② 全国学力・学習状況調査

　PISA が国際的な比較調査であるのに対して，国内では，2007年度から，「義務教育の機会均等とその水準向上の観点から，全国的な児童生徒の学力や学習状況を把握・分析し，教育政策の成果と課題を検証し，その改善を図る」ために，全国学力・学習状況調査が実施されることになる。2013年度の調査は，悉皆調査で，全国の小学6年生と中学3年生を対象とした調査であった。調査は，教科に関する調査が，国語と算数・数学で，それぞれ，「知識」に関する問題を中心としたA問題と，「活用」に関する問題を中心としたB問題とからなる。加えて，児童生徒に対しては，「学習に関する関心・意欲・態度」，「家庭学習」，「生活習慣」などの質問がなされている。

　表14-2ならびに表14-3には，全国学力・学習状況調査の都道府県別結果の上位3位と下位3位を示した。これからわかることは，上位県と下位県の固定化である。もっとも，2013年調査においては，小学校では全教科において，各県の平均正答率が全国平均から－5％までに達しない都道府県がなくなり，最低平均正答率と全国平均との差が縮小傾向にあるとされる。同様の傾向は，中学校においても見られる。ただ，上位での秋田県，福井県の固定化と下位の沖縄県の固定化は，不動のままである[4]。

　かつて実施された1964年の学力調査の結果では，秋田県は，小6の国語で43位，中3の数学で37位という位置にあった[5]。その秋田県が，なぜ，いま，義務教育段階で最も学力が高い県になっているのか。秋田大学の浦野弘氏によると，当時の状況を憂えた教育委員会は，学校と家庭の連携を強化し，個々の家庭に対して，子どもが学校に帰ってから家庭での学習時間を確保するよう要請

第14章 児童・生徒の学力

表14-2 全国学力学習状況調査の都道府県別結果（2007年度）

	小学6年生				中学3年生			
	国語A	国語B	算数A	算数B	国語A	国語B	数学A	数学B
1位	秋田(86.1)	秋田(69.0)	秋田(88.4)	秋田(68.6)	富山(85.7)	秋田・富山・山形・福井(77.0)	福井(80.3)	福井(67.6)
2位	青森(85.0)福井(85.0)	香川(68.0)	福井(86.4)	福井(67.9)	秋田(85.4)		秋田(77.5)	富山(65.9)
3位		福井(67.0)	青森(85.8)	香川(76.1)	福井(84.9)		富山(77.2)	秋田・石川・岐阜(65.3)
45位	北海道(79.4)	北海道・大阪・徳島(58.0)	茨城(80.0)	高知・大分・大阪(60.7)	大阪(79.2)	大阪(65.0)	岩手・北海道(68.6)	大阪(55.8)
46位	大阪(79.4)		北海道(76.8)	北海道(58.6)	高知(78.1)	高知(64.0)	高知(62.8)	高知(50.6)
47位	沖縄(76.9)	沖縄(53.0)	沖縄(76.3)	沖縄(54.3)	沖縄(74.3)	沖縄(64.0)	沖縄(57.2)	沖縄(47.6)

表14-3 全国学力学習状況調査の都道府県別結果（2013年度）

	小学6年生				中学3年生			
	国語A	国語B	算数A	算数B	国語A	国語B	数学A	数学B
1位	秋田(71.7)	秋田(59.1)	秋田(82.8)	秋田(67.1)	秋田(81.9)	秋田(74.6)	福井(69.9)	福井(49.2)
2位	青森(68.7)	福井・石川(54.3)	福井(81.6)	福井(65.1)	福井(80.0)	福井(71.7)	秋田(68.9)	秋田(47.5)
3位	福井(68.6)		青森(80.7)	石川(64.3)	富山・山形(78.9)	石川(70.7)	石川・岐阜(66.6)	岐阜(45.7)
45位	滋賀(58.8)	北海道(46.4)滋賀(46.4)	岡山(74.6)	群馬(55.0)	高知(74.3)	和歌山(64.3)	岩手(59.9)	岩手(37.4)
46位	沖縄(58.3)		島根(74.3)	沖縄(54.4)	大阪(73.3)	大阪(63.0)	高知(59.3)	高知(35.4)
47位	静岡(57.7)	沖縄(53.0)	沖縄(73.3)	北海道(54.0)	沖縄(69.2)	沖縄(62.4)	沖縄(53.2)	沖縄(29.8)

し，毎日の家庭学習に力を注いだという[6]。具体的な方法として，「家庭学習ノート」と呼ばれる自主学習ノートを使った家庭学習習慣の定着を図り，学年×10分の学習時間を家庭において確保したことをあげる。こうした地道な取り組みが40年，50年の歳月を経て，今日の上位の結果をもたらしたということである。加えて，子どもの生活の基盤である家庭や地域社会が安定しており，成績が下位にある子どもの割合が少ない事も良好な結果を得ている要因のひとつであると考えられる。その一方で，1964年調査の小6国語で全国6位であった大阪府は，2007年調査では45位に下降した。この原因を，志水（2009b：34）は，大阪という都市に生じている，地域・家庭における安定的な生活・教育環境の急激な解体にあると見ている。

表14-4 正答率の比較　　　　（　）内は％

	アップ	ダウン	横ばい	設問総数
「小国」	1 (3.2)	19 (61.3)	11 (35.5)	31 (100.0)
「小算」	0 (0.0)	45 (86.5)	7 (13.5)	52 (100.0)
「中国」	7 (16.3)	26 (60.5)	10 (23.3)	43 (100.0)
「中数」	1 (3.0)	25 (75.8)	7 (21.2)	33 (100.0)

(注)　「アップ」は3点以上上昇した設問，「ダウン」は3点以上低下した設問。
　　　「横ばい」は変化の軸が3点未満の設問をそれぞれ意味する。
(出所)　苅谷・志水・清水・諸田（2002：13）。

③ 苅谷剛彦・志水宏吉らによる調査

ところで，実際のところ，子どもたちの学力はどのようになっているのだろうか。低下しているのかそれとも向上しているのか。1960年代以降，全国的な学力調査が実施されずじまいであったために，子どもたちの学力の現状を相対的に把握することができない状況が続いていた。苅谷と志水らは，1989年に大阪大学のグループ（代表：池田寛教授）が実施した「学力・生活総合実態調査」と，そこで使用した学力テストの問題を用いて2001年に実施した調査を比較することで，小5と中3の子どもの学力の変化について詳細に検討している。この調査から明らかになった点は，次の3点に要約できる。

第1は，実施した国語，算数・数学の2教科において，相対的な学力低下が見られることである。表14-4からも明らかなように，1989年調査と2001年調査を比較した時，2001年調査で正答率が「ダウン」した設問が多いことがわかる。特に，算数・数学での正答率の低下は顕著である。

第2に，学力の二極化がおきていることである。図14-3は，中学校数学の得点分布の平均を示したものである。これを見ると，89年調査と01年調査との形状が，明らかに異なることがわかる。89年調査では，60点以上と60点未満との間に大きな差があり，全体の75％程度の生徒が60点以上の得点を収めている。一方，01年調査では，30点台と80点台の2ヵ所にピークがあり，成績の分布が「ふたコブらくだ」の形状をしていることがわかる。これは，「子どもたちの学力が全般的に低下してきている」というわけではなく，むしろ「できる子とできない子の格差が拡大して，ふたコブ化が進んでいる」（苅谷・志水・清水・諸

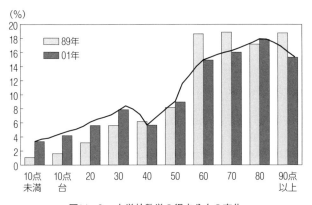

図14-3　中学校数学の得点分布の変化
（出所）苅谷・志水・清水・諸田（2002：16）。

田 2002：17）ことを示すものである。

　第3に，学力に文化的な階層が影響を与えているという発見である。苅谷・志水らは，家庭の文化的環境の影響を見るために，「家の人はテレビでニュース番組を見る」「家の人が手作りのお菓子を作ってくれる」「小さいとき，家の人に絵本を読んでもらった」「家の人に博物館や美術館に連れて行ってもらったことがる」「家にはコンピュータがある」の5項目をもとに，家庭の文化的環境を示す一次元尺度をつくり，これを用いて，家庭の文化的階層を上位，中位，下位の3つの層に分類した。文化的階層と学習意欲，学習行動（勉強時間），学力の関係を示したのが表14-5である。これを見ると，家庭の文化的階層が高い上位グループが，最も学習意欲が高く，家庭での学習時間や読書時間が長く，学習の成果としての学力が高いことがわかる。逆に，文化的下位層は，そのいずれもが低い。したがって，小中学校ともに，家庭の文化階層が，学習意欲，学習行動，学習の成果（学力）のそれぞれに影響を与えているということができる。学力に関していえば，文化的階層の中位層と下位層との間に，大きな差が生じていることもわかる。

　苅谷，志水らの2時点間での学力の比較調査により，相対的な学力の低下傾向の現状が明らかになった。しかも，学力低下の傾向は，学力の上位層では大きな変化はないにもかかわらず下位層で生じていること，さらに，学力と家庭

表14-5 学習意欲・学習行動・学力（文化的階層グループ別）

			小学校			中学校		
			上位	中位	下位	上位	中位	下位
学習意欲	家庭での勉強の仕方	出された宿題はきちんとやる	93.2	90.5	82.2	71.7	67.2	55.9
		授業で習ったことについて自分で詳しく調べる	30.6	21.4	14.2	19.3	15.0	8.0
学習行動	家庭での学習時間（平均時間）		51.2分	38.8分	35.3分	38.9分	27.3分	20.7分
	読書時間（平均時間）		40.2分	25.8分	19.9分	36.8分	24.5分	19.2分
学習の成果	学力テスト（2教科合計得点の平均点）		147点	145点	132点	140点	134点	117点
	算数・数学のテスト（平均点）		75点	74点	67点	69点	65点	55点
	国語のテスト（平均点）		72点	71点	65点	71点	69点	62点

（注）「学習意欲」の数値は「とても」または「まあ」と答えたものの割合（％）
（出所）苅谷・志水・清水・諸田2002：45の表Ⅱ-3より抜粋。

の文化的背景との関連があることが明らかにされた[7]。

3　各調査から示唆されること

（1）態度を学力に含めるということ

　戦後の学力論争を経て，今日では，おおよそ学力に態度を含めることが合意されている。このことは，関心・意欲・態度が，結果として，学力に作用することを経験的に認識したためであろう。A. モライスとI. ネービス（Morais, Neves 2001：198）は，図14-4に示すように，B. バーンスティン（B. Bernstein）に依拠しながら，テクスト産出における，固有のコード化の方向性と社会的感情の気質との関係を示した。児童生徒のなかには，異なる現実があるとはいえ，生徒のパフォーマンス（学力の産出）には，固有のコード化の方向性と社会的感情の気質が相互に規定し合う関係にあるという。

　モライスとネービスも指摘するように，テクストの産出（学力や成果）には，認識のルール（知識の理解）と実現のルール（意味の選択とテクストの生産）に加え，社会的感情の気質という態度概念に相当する意欲や動機づけや価値観

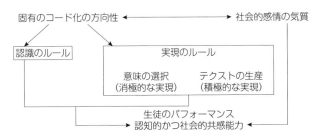

図14-4　文脈に対する固有のコーディングの方向性と社会的感情の気質によって生じる認知的かつ社会的共感能力

(出所)　Morais, Neves (2001：198).

が作用していると見ることができる。

(2) 階層性・地域性の問題

　コールマン調査，苅谷・志水らの研究，そして全国学力・学習状況調査の結果は，学力に階層や居住地域の影響があることを示すものであった。コールマン調査の結果からは，学力に，人種や居住地域の影響が見られ，それは，家庭の経済的基盤や文化的背景と関連があること，そこから生じる学力の差異を学校は克服できていない現状が明らかになった。苅谷・志水らの研究は，約10年間の幅のなかで，児童・生徒の学力が相対的に低下していることを明らかにし，同時に，学力得点には文化的な階層差の影響が見られることを明らかにした。特に，日本社会における社会経済的な階層格差の広がりにより，学力も二極化する傾向にあるという知見は，衝撃的であった。さらに，全国学力・学習状況調査からは，基礎学力の高い県と低い県が固定化される傾向にあることが明らかになった。学力が高い秋田県は，基礎学力の定着を図るために，家庭学習の習慣づけができており，その結果，自ずと低学力層が少なくなり，学力の底上げなされていることがうかがわれた。

(3) 機能する人間観の吟味

　PISA調査の趣旨は，カリキュラムの習得ではなくて，身に付けてきた知識や技能を実生活のなかでどの程度活用できるかをみるものであった。すなわち，

グローバル化した社会のなかで，自分のもっている知識や技能をもとに自分の意見を形作り，論理的に他者に説得できる力を評価するものであった。同様に，全国・学力学習状況調査で問う学力も，知識理解の程度を問い，その知識活用能力を問うものであった。学力が，当該社会の社会的要求の影響を受けることを認めながらも，両調査には，社会で機能する人間を育成しようとする意図が透けて見える。もちろん，国家政策，社会政策的な観点に立てば，こうしたマクロレベルでの学力向上政策も必要になる。児童・生徒の学力や国民の教養の程度が，ひいては，その国，その社会の経済力や国際競争力につながるからである。しかし同時に，個人のレベルで考えてみる時，学力の獲得によって，獲得した学力をどのように生かしどのように生きるかという，人間の主体性や創造性との関連にも意を払う必要があろう。

4　今後の学力研究へ向けて

最後に，今後の学力研究に向けた課題を記しておきたい。第一は，すでに，志水宏吉（2009a）や川口俊明（2010）らによって展開されている効果のある学校研究の方向である。効果のある学校とは，社会文化的にはさほど恵まれていない学校ではあるものの，教育効果を上げている学校のことをいう。コールマンは，学校の影響力が強ければ，学校以外の家庭や地域社会が学校に与える影響を補うに余りあり，学力の底上げや学力向上を可能にすることができると述べた。なぜ，当該学校でそれが可能になっているのか，こうした学校の特徴を探ることが教育実践に有効な示唆を与えることになる。

第二に，学級規模の縮小や教育方法の改善が学力にあたえる影響[8]についてである。学級規模を縮小することになれば，当然のことながら担当教員の数を増やさなければならない。対費用効果からみて有効な政策であるのかの十分な検討が必要になるであろう。私見を述べるならば，筆者は，学級規模よりもむしろ学校規模の方が影響をあたえているのではないかという考えを持っている。なぜならば，学級規模の場合は，教師も児童・生徒も所与の学級規模をありのまま受け止め，そのなかで努力をするので，たとえ10人未満の学級でも40人の

学級でも，大きな差異が現れにくい。しかし，学校規模の場合は，教師や子どもの手を離れたところで作用する環境要因であるので制御しづらく，しかしながら恒常的に子どもの意欲や学力に影響をあたえることになると考えるからである。

　第三に，子どもは教材を授業のなかでどのように学んでいるのかを明らかにすることである。これまでの，教育学研究は，教師が教育内容をどのように教えるかに比重がおかれていた。そのために，教材研究は入念になされるが，子どもの学びの内実についての検討は，結果としての学力の検証ほどには，十分になされることがなかった。子どもはいかに学ぶのか，たとえば，モライスとネービスが示したように，認識のルールの有無，意味の選択とテクストの生産，それに関わる子どもの意欲，その結果としての学びの実態の解明が，今後の課題として存在するように思われる。

注
1) 学力概念の変遷をまとめるにあたり，山内乾史・原清治編の『日本の学力問題　上巻・下巻』(2010) に掲載されている諸論文に依拠した。
2) 勝田守一 (1964) が想定した学力（能力）の構造は，図14-5に示す通りである。

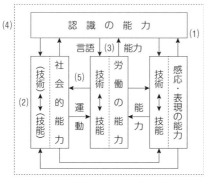

(1) 認識の能力は他の三つに対して，特殊な位置に立つことを示したつもりである。
(2) 社会的能力を技術・技能とするのは，多分に比喩的である。それでカッコにいれた。
(3) 矢印は相互に影響しあい浸透しあっていることを示す。
(4) 点線の囲みは，全体が体制化していることを示す。
(5) 言語能力・運動能力は全体制を支える。

図14-5　学力（能力）の構造（勝田 1964：50）

3) 「確かな学力」という言葉が公的に使用されたのは，2002年1月17日「確かな学力向上のための2002アピール「学びのすすめ」」文部科学大臣・遠山敦子氏によっ

Ⅲ 子どもの世界を理解するために

てであった。1998年に学習指導要領が改訂されたのを受け，学力低下を危惧する声が高まり，文部科学省は，2003年に学習指導要領の一部を改訂し，学習指導要領に記載された目標や内容はその最低限を示したもので，発展的学習を阻止するものではないとした。

4） ただし，2015年調査では，沖縄県は小6国語A20位，国語B13位，算数A12位，算数B26位の成績を収めている。

5） 志水宏吉（2009）『全国学力テスト』（岩波ブックレット No. 747）岩波書店：30。過去の学力調査にかかる実施主体と実施概要については，米川英樹（1983）に詳しい。

6） 浦野弘（2009），ならびに浦野氏による2011年9月3日に旭川グランドホテルで開催された講演内容。

7） 学力と家庭の社会文化的背景ならびに社会経済的要因との関連があることの指摘は，阿部彩（2008）や耳塚寛明（2007）によってもなされている。

8） たとえば，学級規模の縮小と教育方法の改善についての研究として，Glass, Gene V.（1982）や山崎博敏（2014）らの研究がある。

参考文献

阿部彩（2008）『子どもの貧困』岩波書店.

浦野弘（2009）『秋田の子供はなぜ塾に行かずに成績がいいのか』講談社.

勝田守一（1964）「人間の能力をどうとらえるか」『能力と発達と学習』国土社，23-53, 山内乾史・原清治編著所収（2010）『日本の学力問題上巻』日本図書センター，120-140.

勝田守一（1972）「〔誌上パネル〕学力とは何か（一）」『勝田守一著作集第4巻人間形成と教育』国土社，365-379.

苅谷剛彦・志水宏吉・清水睦美・諸田裕子（2002）『『学力低下』の実態』（岩波ブックレット，No. 578）岩波書店.

苅谷剛彦・志水宏吉編（2004）『学力の社会学』岩波書店.

川口俊明（2010）「日本における「学校教育の効果」に関する研究の展開と課題」『大阪大学大学院人間科学研究科紀要』36：157-177.

志水宏吉編（2009a）『「力のある学校」の探求』大阪大学出版会.

志水宏吉（2009b）『全国学力テスト』（岩波ブックレット，No. 747）岩波書店.

ドミニク・S・ライチェン，ローラ・H・サルガニク編著，立田慶裕監訳（2006）『キー・コンピテンシー』明石書店.

広岡亮蔵（1964）「学力，基礎学力とはなにか」『別冊現代教育科学』1：5-32, 山内

乾史・原清治編著所収（2010）『日本の学力問題　上巻』日本図書センター，94-119.

耳塚寛明（2007）「第11回児童の学力を左右する『社会的背景』とは？」『シリーズ「教育大変動」を語る』学研教育総合研究所
http://www.gakken.co.jp/kyouikusouken/edu/series/11/

山内乾史・原清治編著（2010）『日本の学力問題　上巻』日本図書センター．

山内乾史・原清治編著（2010）『日本の学力問題　下巻』日本図書センター．

山崎博敏編著（2014）『学級規模と指導方法の社会学』東信堂．

米川英樹（1983）「学力遅滞」麻生誠編『学校ぎらい勉強ぎらい』（教育病理２）福村出版，77-105．山内乾史・原清治編著所収（2010）『日本の学力問題　上巻』日本図書センター，264-281．

Coleman, J. S. (1968) "The Concept of Educational Opportunity," *Harvard Educational Review*, 38(1): 7-22.

Glass, Gene V., L. S. Cahen, Mary L. Smith and Nikola N. Filby (1982) *School Class Size : Research and Policy*, Sage Publication.

Moraris, Ana and Neves, Isabel (2001) "Pedagogic social contexts: Studies for a sociology of learning," In A. Moraris, I. Neves, B. Davies and H. Daniels eds., *Towards a sociology of pedagogy : The contribution of Basil Bernstein to research*, Peter Lang: 185-220.

（須田康之）

第15章

子どもの遊びとスポーツ

　　　　　日本の子どものスポーツ活動は，学校体育を除けば，小学校では遊びやスポーツ少年団に代表されるスポーツクラブ，中学校では運動部活動のなかで主に行われ，その教育的機能ははかりしれない。そして，子ども時代のスポーツ活動が生涯スポーツの実践に大きな影響を与えている。しかしながら，時代の変化とともに子どものスポーツ活動は小学校でも中学校でも危機をむかえている。この問題を解決するのが総合型地域スポーツクラブである。本章では，総合型地域スポーツクラブと子どものスポーツの関係を述べ，新しいスポーツ活動のあり方を提案する。

1　小学生の遊びとスポーツ

　2020年，東京でオリンピックとパラリンピックの開催が決定した。その際のプレゼンテーションで感動を与えたのがパラリンピックの代表である佐藤真海である。内容としては，自分の故郷が東日本大震災に襲われ，それから復興する際，スポーツのもつ力「そのとき初めて，私はスポーツの真の力を目のあたりにしたのです。新たな夢と笑顔を育む力。希望をもたらす力。人々を結びつける力。……」を説いた。オリンピックあれ，プロスポーツであれ，子どものスポーツであれ，この力は同じものである。同じことは生涯スポーツにもいえる。生涯スポーツにとって，初めてスポーツが好きになる場は将来のスポーツ活動にとって非常に大切である。特に，子ども時代のスポーツ活動は将来のスポーツ活動を決定するといってもよい。2008年今治市の中学校2年生にスポーツや運動が好きになる場を聞いたところ，「遊び」23.3％，「スポーツクラブ（スポーツ少年団，運動部など）」20.5％，「体育の授業」15.9％，「家族や兄弟」12.2％，「テレビや大会見学」11.6％の順であり，遊びとスポーツクラブ

でのスポーツ活動が将来の生涯スポーツに及ぼす影響は大きいといえる。

(1) 遊 び

　遊びは「遊びの活動自体を目的として，自発的に，自由に行われる活動」であり，遊びの持つ教育的機能として，①社会的能力の発達（仲間・人間関係の在り方の学習，社会的ルール・役割・責任の学習・自立の能力の成長），②知的能力の発達（工夫する能力，想像力，イマジネーション），③巧緻性・運動能力・体力の発達，社会的・自然的経験の拡大と充実（近隣社会，キャンプなど），④情緒の安定（欲求不満や緊張の解消），⑤自発性・自主性の獲得など，がある。

　高度経済成長期前の遊びは，映画「ALWAYS三丁目の夕日」に見られるように，異年齢集団の地域での遊びであった。そこにはガキ大将が存在し，リーダーシップとフォロアーシップの経験が出来た。人に使われ，人を使うことでリーダーになることができた。ところが，高度経済成長が始まると，遊びの条件である三つの間（時間・空間・仲間）が悪化してくる。「時間」としては，学習塾やおけいこごととスポーツ少年団，スポーツクラブなどで，放課後のかなりの部分がスケジュール化されている。また，学習塾とおけいごごやスポーツをかけもちしている子どもも少なくはなく，自由時間は決して多いとはいえない。「空間」としては，開発によって自然がなくなり，子どもたちの遊び場であった空き地や原っぱをつぶしてしまった。また，自動車の激増は日常の生活道路までも車道化し，駐車場にし，子どもの遊び場を奪ってしまった。「仲間」としては，遊び集団は異年齢集団から同年齢集団に変化し，その形態も多人数で遊ぶ活動集団から少人数の気の合う人だけで遊ぶ交友集団に変わり，子どもたちを社会化する機能をもつ，多人数で遊ぶ規則がある外で遊ぶゲーム遊びが少なくなってきた。このような状況のもとで，異年齢の遊び集団を通して獲得されてきた子どものリーダーシップ能力は低下してきたものと思われる。このような問題を何とかしようという考え方で出現してきたのがスポーツ少年団である。

（2）スポーツ少年団

　スポーツ少年団とは,「少年（少女）達が,自由時間に,地域社会で,スポーツを中心としたグループ活動を行う団体」である。スポーツ少年団綱領によると,目的として,①少年達の心とからだの健康を養う,②少年達の体力をつける,③よい市民を育てる,④少年達の自由時間を充実する,⑤生涯スポーツの習慣を養う,となっている。

　その背景としては,第一に,大人による子どもの体力・健康づくりがあげられる。1977年の小学校体育の学習指導要領には,昔の遊びの内容が多く盛られている「基本の運動」が入ってきた。第二に,大人による子どもの健全育成である。地域共同体の崩壊によって,昔のしつけ教育ができなくなったことや家庭教育の機能の低下により,スポーツ少年団にしつけ教育を期待する親が多く現れた。第三に,日本体育協会によるオリンピックへの要請である。オリンピックで優勝するためには小学校の時からスポーツをしなければダメである。ところが,体育の教材として,球技はドッチボールやポートボールまでであった。そのため,1977年の学習指導要領にサッカーやバスケットボールなどが入ってきた。また,それまでは,小学生の全国大会はなかった。スポーツ少年団を学校体育から社会体育に移行することにより全国大会に出場することが可能になった。さらに,小学校で事故が起こっても学校側の責任にならなくなった。この流れのなかで,スポーツ少年団の数や加入する子どもたちが増えてきた。

　しかしながら,スポーツ少年団の活動が盛んになるにつれていろいろな問題が起こってきた。一つ目は練習の過熱化である。松山市で実施したスポーツ少年団加入者の調査によれば,練習日が「週6回以上」は15.3％,「週4〜5回」は63.7％であり,実に約8割のスポーツ少年団が週4回以上の練習をしている。二つ目はスポーツ傷害である。週3回以上の練習をすればスポーツ傷害が増えてくる傾向があるという報告がされており,しかも同一のスポーツ種目であるために使う部位が限定され,よりスポーツ傷害が増えてくる。三つ目は勝利至上主義である。スポーツ少年団の指導者は,家庭生活を犠牲にして指導に励む人がおり,どうしても勝利至上主義に陥りやすい。勝利至上主義になると,勝つために審判の見えないところで反則をすることを教えたり,子ども

が考えてプレーすることよりも自分の戦術を子どもに押しつけ，子どもの考える力を奪ってしまう。プロサッカーの中田英寿選手は小学校の時，監督の言うことを守れば勝てると思ったが，その通りにすれば自分がダメになると思い，自分の考えでプレーしたそうである。このような子どもはほとんど見られない。また，テレビなどが試合を放映することによって勝利至上主義はますます加速化する。これらのことから，スポーツのできない子どもは加入しにくい傾向がある。加えて，スポーツ少年団はサッカーと野球が多く，女の子の好きなスポーツが少なく，加入率が低い。その結果，スポーツをする子としない子の二極化が起こり，子どもの体力低下がいわれている。さらに，スポーツ少年団は学校教育に多大なる影響を与えている。

（3）学校教育に及ぼす影響

　昭和50年代，愛媛大学教育学部児童文化研究会の子供会を世話している学生が私に「スポーツ少年団は天敵である。リーダーをみんなスポーツ少年団に取られ，子供会が運営しにくくなってきた」と言った。スポーツ少年団に加入している子どもは地域のおける活動よりもスポーツ少年団の活動を重視するため，スポーツに優れ，かつリーダーシップ能力の高い子どもの子供会への加入が少なくなり，運営が難しくなったそうである。そういえば，漫画の「ドラえもん」もガキ大将の「ジャイアン」はいるが，同じ学年である。また，「学級委員になる子どもが少なくなった」とか「体育の授業でリーダーが出てこなくなった」，「学級経営が難しくなった」などの声が聞かれだした。

　1970年代『子どものからだは蝕まれている』（正木健雄・野口三千三編，柏樹社，1979年）が出版され，1990年代『子どものこころは蝕まれている』（伊藤隆二編，柏樹社，1992年）が出版された。でももっと危ないのは子どもの社会性の問題ではあるまいか。学校で問題を起こすのは人間関係能力の低い子どもたちである。人間関係能力の高いリーダーシップのある子どもたちは，問題を起こさないためリーダーの能力が低下してもあまり問題にはならなかった。

　そこで，1995年，松山市の小学校5年生「子どもの遊びとリーダーシップ」について調査したところ，①遊び場面のリーダーシップ能力は女の子の方が高

い。②遊び場面のリーダーシップが高い子どもは学校生活のリーダーシップが能力が高い。その後，リーダーシップに関する調査で次のようなことがわかった。③今の子どもたちは異年齢の遊び集団を作る能力をもっていない。④スポーツ少年団に加入している子どもたちは他の子どもたちと比較して，学校生活におけるリーダーシップ能力は変わらない。⑤学校生活でリーダーシップを発揮している子どもは，学校生活の満足度も高く，充実した学校生活を送っている。2010年，愛媛県の小学校の教諭に，自分の子ども時代と比べた今の子どもたちのリーダーシップ能力を聞いたところ，「高い」0.0％，「どちらかというと高い」2.1％，「どちらかというと低い」52.1％，「低い」23.8％であり，多くの教師が低いと回答している。これらのことから，遊び場面やスポーツ場面でリーダーシップ能力を高めれば学級経営は楽になりはしないか。

2　中学校運動部

　運動部活動は世界に類のないわが国独自のスポーツシステムである。「金持ちにはスポーツを，貧乏人には体操を」という19世紀のイギリスの言葉がある。「金持ちにはスポーツを」という言葉の意味は，19世紀イギリスがナポレオンと戦争をした時，イギリス軍の指揮官であったウエリントン公爵は，「ワーテルローの闘いの勝利はイートン校のグラウンドにおいてもたらされた」と言った。これは，7つの海を支配した大英帝国がリーダー養成のためにパブリックスクールや大学での運動部活動を奨励したことである。運動部活動は教師の指導はなく，完全に学生の自治的活動である。同じことは明治時代の日本にもあてはまる。日本では，大学や旧制高等学校では運動部活動を奨励し，スポーツは運動部活動から普及してきた。その目的は，イギリスと同じであり，大日本帝国を引っ張っていくリーダーの養成であった。つまり，スポーツのもつ教育的機能（人間形成）のために普及していったのである。
　戦後，保健体育の教材にスポーツが入り，また，運動部活動が盛んに行われてくると，その目的はリーダーの養成から多岐にわたってきた。しかしながら，高度経済成長後，地域共同体が崩壊するにつれて，地域の教育力が弱くなって

きた。それにつれて中学校における教育問題が増加してきた。いじめ，自殺，校内暴力，不登校，校則違反などである。このような状況のなかで，運動部活動の教育的機能は学校現場で大きな役割を担ってきた。運動部活動の役割として，スポーツの楽しさを体感することや体力の向上があげられるが，その他にも，同学年・異学年・教師といった人との交流からのコミュニケーション力や社会的資質の向上，また，集団行動からの責任感や協調性の習得，さらに日常生活の充実といったさまざまなものがある。これらのことから，多くの教育的機能をもつ運動部活動は，中学生にとって欠かせないものある。

　しかし，現在，中学校の運動部活動はさまざまな問題を抱えている。少子化に伴う部員不足（日本中学校体育連盟の調査によると，2013年の運動部加入者は227万人であり，10年前よりも17万人少ない）や，そこからくる部自体の減少，過度の勝利主義による行き過ぎた指導，それが原因となって起こる燃え尽き症候群（バーンアウト）やスポーツ傷害，体罰などの問題である。また，教師の高齢化が進んでいる。愛媛県において愛媛国体が開催される2017年には，50歳代の教師が占める割合は約5割である。さらに，教師の多忙化により顧問になりたくない教師が増加している。22年前，広島県の中学校教諭に「運動部活動の顧問になりたいか」という調査によると，約5割以上の教諭が顧問になりたくないと回答していた。愛媛大学教育学部でも女子学生は運動部にほとんど加入しない。加入している学生は主に保健体育専攻の学生である。千葉県の教育委員会によると，「経験のない先生が顧問になっても技術指導ができない。上手にならなければおもしろくないし，部員が辞めて廃部になる悪循環の例もある。」という報告がなされている。運動部に加入していない学生が中学校の教師になることを思うと運動部の将来は暗い。また，これからの中学校の運動部は，指導者不足を抱えて，外部指導者を入れようとしても，今の教育的配慮の少ない，勝利至上主義のスポーツ少年団の指導者を中学校が入れるとはとても思えない。

　しかしながら，現在，300万人の中・高校生が，年間約700時間を運動部活動に費やしている。これは教科体育の実に7倍の時間にあたる。運動部の持つ教育的機能は大きい。今治市の中学校2年生に学校生活の満足度を聞いたところ，

「授業もわかるし学校も楽しい」40.3％，「授業はわからないが学校は楽しい」41.3％，「授業はわかるが学校は楽しくない」10.9％，授業もわからないし学校も楽しくない」6.9％であった。約8割以上が，学校が楽しいと回答している。「特に授業がわからないが学校は楽しい」と答えた生徒は大切である。彼らは運動部活動や友達との交流などに楽しさを感じ学校に適応している。愛媛県で一番生徒数の多い松山市立中学校の保健体育教師は「運動部がなくなったら学級崩壊が起こる」と言っている。このように，中学校運動部は危機的状況を迎えようとしている。

3　日本のこれからのスポーツのあり方

（1）スポーツを取り巻く社会的状況

　小学校や中学校のスポーツの将来の危機的状況を克服するためには何をすべきであろうか。これからの子どものスポーツを考える場合には，スポーツを社会全体のなかで捉えることが必要である。

　文部省は2000年「スポーツ振興基本計画」を策定した。それによると，第一に，生涯スポーツ社会実現に向けた，地域におけるスポーツ環境の整備充実（総合型地域スポーツクラブの全国展開），第二に，わが国の国際競技力の総合的な向上方策，第三に，生涯スポーツおよび競技スポーツと学校体育・スポーツとの連携を促進するための方策（子ども達の豊かなスポーツライフの実現に向けた学校と地域の連携，国際競技力向上に向けた学校とスポーツ団体の連携）をあげている。なかでも，生涯スポーツ普及のために総合型地域スポーツクラブの育成には力を入れている。

　また，2012年に策定された文科省の「スポーツ基本計画」によれば，今後5年間に総合的かつ計画的に取り組むべき施策として，学校と地域における子どものスポーツ機会の充実をあげている。そのため，子どものスポーツ機会の充実を目指し，学校や地域などにおいて，すべての子どもがスポーツを楽しむことができる環境の整備を図る。そうした取り組みの結果として，今後10年以内に子どもの体力が昭和60年頃の水準を上回ることができるように，今後5年間，

体力の向上傾向が維持され，確実なものとなることを目標としている。具体的には，学校の体育に関する活動の充実として，小学校では，体育専科教員配置や小学校体育活動コーディネーター派遣などの指導体制の充実をあげている。中学校では，体育の武道などの授業や運動部活動に外部指導者の派遣を進めている。また，子どもを取り巻く社会のスポーツ環境の充実として，子どものスポーツ参加の二極化傾向に対応した，総合型地域スポーツクラブやスポーツ少年団などにおける子どものスポーツ機会を提供する取組などの推進をあげている。

　これらのことを推進する中核となっているのが総合型地域スポーツクラブであり，上記における子どもの遊びやスポーツ，運動部活動における問題の解決をめざすのが総合型地域スポーツクラブである。総合型地域スポーツクラブとは世界のスポーツクラブのなかで一番発展しているドイツのスポーツクラブをめざして作られた言葉である（今までの地域のスポーツクラブと分けるために）。総合型地域スポーツクラブには三つの多様性がある。いろいろな種目ができる多種目の多様性，子どもから大人，さらに高齢者とつながる世代の多様性，いろいろな競技レベルのあるレベルの多様性があげられる。総合型地域スポーツクラブが日本に普及すれば，多くの教育問題を解決する糸口になるものと思われる。

（2）小学校での取り組み

　昔のような異年齢の遊び集団を復活させるためには，まず，学校内で異年齢の遊び集団を作ることが必要である。松山市立生石小学校は12年前に異年齢の遊び集団を作る実践を行った。月曜日の5限目と6限目を学校内で学年の枠を超えたタテのいろいろな遊び集団（スポーツや文化活動など）を作った。最初の1年目，子ども達は何をしてよいかわからなかったため，教師が集団の指導をした。しかし，2年目からは，集団のなかでリーダーが出てきて，自主的・自発的な活動が出てきたそうである。当時，松山市内で6校の小学校で調査したところ，遊び場面で1番リーダーシップ能力が高い子どもの割合が高い学校は生石小学校であった。

Ⅲ　子どもの世界を理解するために

　総合型地域スポーツクラブではこのことがより実践できる。総合型地域スポーツクラブのなかで子どもの遊びを取り入れる。遊びは自由で自発的な活動である。また，ルールを変えていけば学年を超えた活動ができる。ルールを変えることは創造的な活動である。そして，失敗してもよい。野球を例にとると，昔よくしていた三角ベースボールや，下手な人は5つ空振りすることで三振になる，などである。また，スポーツ種目は多人数でするものが多く，チームを作るためには嫌いな人とも一緒にしなければできない。指導者は野球の基礎技術（投げ方，取り方，バッティングなど）を教え，後は，子どもたちに任すことである。そうすれば，地域での異年齢の遊び集団の復活し，遊びの形態も「交友集団」から「活動集団」にかわってくる。また，学校と総合型地域スポーツクラブと連携していけばその効果はもっと大きい。

　スポーツ少年団の諸問題（過度の練習，スポーツ傷害，勝利至上主義など）や学級生活においてスポーツ少年団加入者がリーダーシップを発揮していない現状を考察すると，スポーツ少年団は変わらなくてはならない。また，スポーツ少年団は総合型地域スポーツクラブづくりにおいて抵抗勢力になっている場合もみられる。ではどのようなスポーツ少年団になれば子どもの問題を解決出来るのであろうか。それは，スポーツを子どもの手に取り戻すことである。別の言葉でいえば「スポーツ少年団の遊び集団化によるリーダーの養成」である。たとえば，2時間の練習のうち，1時間は練習内容を子どもたちに考えさせるとか，上位の大会につながらない練習試合の監督を子どもたちにさせることである。これは，イギリスのパブリックスクールのスポーツクラブと同じである。

　総合型地域スポーツクラブをつくれば。スポーツ指導者がクラブの理念に沿った指導をするため，いろいろな問題が解決出来る。総合型地域スポーツクラブは多種目をするためにスポーツの下手な子どもも参加出来，二極化を防ぐことが出来る。また，多種目をすることはスポーツ傷害を少なくし，将来のスポーツ活動においてどの種目が自分に合っているかを見つけることができる。加えて，女の子のスポーツ種目を増やすことも出来る。

　さらに，強くすることもできる。1990年第68回全国高校サッカー選手権において，四国で初めて優勝した愛媛県南宇和郡愛南町の南宇和高校のサッカー部

は参考になる。わずか3万人の人口の町で，レギュラーのほとんどが地元出身の選手でありながら優勝できたのは奇跡であった。その方法が，小・中・高校と一貫した指導を地域で行った取り組みである。具体的には，サッカーを教えるのではなくサッカーで遊ばせることである。遊びによってサッカーの楽しさをまず感じさせ，そして遊びのなかで基礎技術の習得，一見矛盾しているようにみえるが。ゲームのルールをいろいろと工夫することによって，これを可能としたのである。たとえば，ボールを数個用いてのゲームや，ロングパスを禁じてドリブルとショートパスのみのゲームにしたりと，ルールの工夫は数知れない。当時南宇和郡一本松小学校での指導者であった先生は，練習を職員室で見て，グラウンドでは子どもたちの自由にさせていた。練習をいつ終了するのかと尋ねたところ，子どもは，疲れたら終わりにすると言っていた。昔の子どもの遊びと同じである。決して，過度の練習ではなく，そのためスポーツ傷害はない。このようなスポーツ活動のなかで，リーダーが育ってくる。また，選手も限られた者だけでなく，どんなに僅差のゲームでも全員出場が行われていた。これは，将来どの子どもが伸びて南宇和高校のサッカー部を支えるか，小学校段階ではわからないという考え方からである。目の前にある勝利を逃してでも子どもが伸びる方を選んでいる。これらは，将来高校レベルのサッカーで勝てることを願う指導者の考え方である。

(3) 中学校の取り組み

中学校運動部活動の問題点を解決するためには，次のような取り組みが必要である。

合同部活動の取り組みは，部員不足からチームスポーツでは，大会に出場できない場合，中学校と中学校が合同でチームを作り，大会に参加する試みである。今では，全国大会でも出場できるようになっている。また，中学校に部活動の種目がない場合，沖縄方式が参考になる。沖縄県のハンドボールは小学校と高校が全国大会で優勝するほど強い。その理由は，小学校のスポーツ少年団でハンドボールをし，中学校で部がなくても，スポーツクラブで練習し，高校でハンドボール部に加入している。また，成人のチームの琉球コラソンとして

日本リーグにも参加している。これは，単一種目の総合型地域スポーツクラブである。

　中学校の指導者不足に対しては外部指導者が必要である。松山市の中学校の調査によると，51％の生徒は外部指導者を望んでいる。東京都杉並区立和田中学校は運動部活動の休日の練習を企業派遣のコーチに委嘱し，家庭が生徒1人1回500円を払っている。休日練習の負担から顧問のなり手が不足するなか，顧問の教員がいなくても練習できる。これは本当にいいことだろうか。地域とのつながりのない指導者の指導で子どもたちは育つであろうか。

　この問題を解決するためには，総合型地域スポーツクラブがかかわるのが一番いいと思われる。山口県岩国市由宇町のゆうスポーツクラブは，2001年，由宇町の体協と中学校運動部，スポーツ少年団を統合した総合型地域スポーツクラブを設立した。中学校運動部とスポーツ少年団はクラブに全員加入である。そして，由宇中学校の運動部をゆうスポーツクラブの指導者が指導している。指導者は，由宇町に居住し，スポーツ少年団を指導しているため子どもたちをみんな知っている。2012年の由宇町で行った住民調査の結果，由宇町の住民のうち81.5％が子どものスポーツ活動が盛んになったと回答し，68.9％の人が子どもたちのマナー（挨拶や礼儀作法）が良くなったと回答している。また，ゆうスポーツクラブの会員ほど非会員よりも良くなったと回答する人が多い。このことは，スポーツ活動により地域づくりができており，地域がしっかりしてくると学校経営が楽になることをあらわしている。ちなみに，全国的に学力の高い県は地域が安定している県が多い傾向があるのではないか。

　さらに，総合型地域スポーツクラブは顧問の実技能力不足を補うヒントを提出してくれる。総合型地域スポーツクラブはマネジメントとスポーツ指導の人を分け，両者で指導している。これを中学校に当てはめると，教師がマネジメントをし，総合型地域スポーツクラブの指導者が外部指導者として実技指導をすることである。その際，あくまでも教師が主導的役割を担い，教師が指導者選択の権限を持つことが必要である。子どもたちの学校生活を知っている教師の運動部活動の指導は一層教育的になると思える。運動部活動は多くの教育的機能を持った日本独特の文化である。これをヨーロッパのようにすべて地域ス

ポーツクラブに移行することは非現実的であり，総合型地域スポーツクラブと小学校・中学校・高等学校運動部の連携が現実的である。

　この連携が上手くいったのが南宇和郡のサッカーである。南宇和郡のサッカーは単一種目の総合型地域スポーツクラブである。昭和20年代の後半，南宇和高校サッカー部はインターハイに出場した。しかしながら，昭和40年代後半まで低迷期を迎える。昭和50年代に入ると，インターハイに出場した選手が南宇和郡でスポーツ指導員や体育指導委員（今はスポーツ推進委員）になり小・中・高校のサッカー部を指導した。中学校では，学校の先生が主にマネジメントをし，地域のスポーツ指導者が実技指導をした。その際，あくまでも運動部活動の中心は先生である。先生は指導しながらわからないことがあれば，実技指導者に聞くというスタンスである。実技指導者は決して出しゃばらない。また，同じ施設で小・中・高校の合同練習をし，全国大会で優勝した。

　最後に，中学校運動部活動に加入していない生徒を加入させる方法について，未加入者が加入したいのはどんなクラブかということを調査したところ，「初心者でもついて行ける部」が37.5％と一番多く，次いで，「先輩・後輩関係なく，友達感覚のような部」の33.3％，「自分たちが活動日や時間を決めて行う部」の25.0％，「自分たちが活動内容を決めて行う部」の20.8％，「活動日数の少ない部」の14.5％と続いていた。そのためには総合型地域スポーツクラブのような同好会を作ればいい，この同好会を運動部員が指導するのである。そうすれば，運動部員にとっても，指導することは技術の本質がわかり，自分の技術の上達に役立つであろう。学校の施設が利用できなければ，地域のスポーツ施設を利用すれば地域での活動も活性化する。

　このように，総合型地域スポーツクラブと学校のスポーツ活動が連携し，教育的機能を重要視した指導していけば，学級経営が非常に楽になり，地域コミュニティができれば学校教育もより充実し成果が上がると思われる。

参考文献
文部省（2000）「スポーツ振興基本計画」．
文科省（2012）「スポーツ基本計画」．

Ⅲ　子どもの世界を理解するために

住田正樹（1985）『子どもの仲間集団と地域社会』九州大学出版会.
堺賢治（1998）「遊び場面におけるリーダーシップに関する研究――仲間集団や学校生活に及ぼす影響」『愛媛大学教育学部紀要』第45巻第1号：131-141.
堺賢治・藤原誠・伊賀上哲旭・山本孔一（2007）「子どもの遊びとリーダーシップに関する研究――スポーツクラブと学校生活の関係を中心に」『愛媛大学教育学部紀要』第54巻：119-127.
堺賢治・藤原誠・伊賀上哲旭（2010）「子どもの学校生活場面のリーダーシップに関する研究――遊びとスポーツクラブ，体育との関係」『愛媛大学教育学部紀要』第57巻：161-167.
堺賢治・藤原誠・伊賀上哲旭（2011）「小学校教諭からみた子どものリーダーシップに関する研究」『愛媛大学教育学部紀要』第58巻：145-149.
堺賢治（2006）「総合型地域スポーツクラブの必要性」『愛媛大学教育学部保健体育紀要』第5号：41-45.
堺賢治（1992）「地域におけるスポーツの一貫指導に関する研究――愛媛県南宇和郡のサッカーの場合」『愛媛大学教育実践指導センター紀要』第10号：9-20.
高橋奈々（2008）「中学校の部活動に関する研究――学校生活における部活動の役割」愛媛大学教育学部保健体育科卒業研究.
堺賢治・藤原誠・伊賀上哲旭・浅野幹也（2013）「総合型地域スポーツクラブの公共性に関する実証的研究」『愛媛大学教育学部紀要』第60巻：177-185.
堺賢治（2015）「遊びを通して子どものリーダーシップを育む」『教育と医学』第63巻8号：22-27.

（堺　賢治）

人名索引

ア行
伊藤美奈子 *181*
小澤昌之 *181*

カ行
片岡徳雄 *38*
勝田守一 *202*
ガードナー，H. *175*
亀山佳明 *35*
苅谷剛彦 *210*
ククラ，A. *180*
コールマン，J. S. *204*

サ行
志水宏吉 *210*
ジラール，R. *36*
杉江修治 *25*
関田一彦 *23*

タ・ナ行
富岡比呂子 *179*

新見直子 *183*
ネービス，I. *212*

ハ行
ハーター，S. *174*
バーンスティン，B. *212*
広岡亮蔵 *201*
ホワイト，R. W. *174*

マ行
前田健一 *178*
モライス，A. *212*
森有礼 *11*
森田洋司 *33*

ヤ・ワ行
安永悟 *23*
山口昌男 *36*
ワイナー，B. *180*

事項索引

A-Z
ICT *101*
ICT 専門職員 *51*
NCLB 法 *94*
OECD *207*
PDCA サイクル *46, 54, 56*
PGCE *91*
PISA *207*
QTS *90*
RTTT *94*
School-Based-Manegement *48*

ア行
アカウンタビリティ *94*

アクティブ・ラーニング *19*
遊び *218*
新しいタイプの高校 *187*
委員会活動 *148*
生きる力 *116, 123, 173, 203*
生きる力の育成 *130*
意思決定 *160*
意思決定能力 *183*
いじめの四層構造 *34*
一種免許状 *4*
一斉教授 *61*
一斉指導 *20*
運帰属 *180*
栄養教諭 *49*

営利企業等の従事制限　82
遠足・集団宿泊的行事　145
オリンピック　218
オンラインシステム　102

カ行
改正教育基本法　117
改善　46, 54
階層性　213
外部指導者　228
外部評価　57
係活動　144
学習意欲　26
学習活動　162
学習過程　162
学習観　172, 196
学習規律　25
学習サポーター　51
学習指導要領　108, 203
学習する集団　22, 23, 24
学習性無力感　181
学習へと解放する規律　26
学年主任　51
　　──会　52
学力　201
学力の三要素　18
学歴の価値　198, 199
課題解決型の指導方法　62
課題関与型　26
学級活動　42, 152
学級経営　139
学級集団の教育的機能　37
学級づくり　139
学校　2, 44
学校医　50
学校運営協議会制度（コミュニティ・スクール）　52
学校慣行　47
学校管理　47
学校給食栄養管理者　50
学校給食部会　52
学校教育法　44, 45, 49, 54, 56 , 109, 186

学校教育法施行規則　109
学校教育目標　55, 56
学校経営　47
学校歯科医　50
学校司書教諭　51
学校適応感　181
学校のアカウンタビリティ　57
学校のチーム力　51
学校評価　56, 57, 111
学校評価ガイドライン　112
学校評議員制度　52
学校薬剤師　50
学校用務員　50
学校令　11
家庭での学習時間　191
課程認定　5
課程認定制度　9
課程標準　98
カリキュラム・マネジメント　46, 48, 53, 54
カリキュラム経営　53
企画調整委員会　52
企画調整会議　52
儀式的行事　145
寄宿舎指導員　50
技術職員　49
規範意識　181
希望降任制度　87
義務教育学校　44
義務教育費国庫負担法　76
キャリア意識尺度　183
キャリア教育　182
給食調理員　50
教育委員会　45
教育改革の時代　61
教育課程　56
教育課程審議会　114
教育基本法　45, 54, 56, 108
教育行政　47
教育公務員　50
教育公務員特例法　70, 75
教育実習　54
　　──事前学習　54

教育実践　45
教育職員免許法　3, 4, 8
教育職員養成審議会答申（1987年12月）　64
教育的価値　56
教育の機会均等　204
教育の論理　46
教育目標　46, 54
教員　2, 49
教員採用選考試験　6
教員数　3
教員の任命権者　76
教員の任用　74
教員の服務　78
教員の身分　74
教員の身分の取扱　83
教員免許　13
教員免許更新制　72
教員免許更新制度の導入の意義　66
教科主任会　52
教科部会　52
教材構成　161
教材作成の学習　128
教師の資質能力　59, 61
教師の実践力　55
教師の指導力　47
教師バッシング　60
教師への期待　60
教授　49
教職課程履修者　54
教職の魅力　62
教頭　49, 50
協働（collaboration）　23
協同（cooperation）　23
共同（joint）　23
協働的チームワーク　47
教務主任　51
教諭　49, 50
勤労生産・奉仕的行事　145
クラブ活動　146
グループ・エンカウンター　41
計画　45, 54
形成的評価力　158

継続的実践　56
警備員　50
ゲスト・ティーチャー　140
欠格条項　77
原因帰属　180
　――論の考え方　193
健康安全・体育的行事　145
県費負担教職員　76
公教育　56
高校生の学習観　192
高校生の成績観　193
高校生の大学進学観　198
高校の多様性　188
講師　49
構想力　28
校長　49, 50
高等学校　44, 186
高等師範学校　12, 14
高等専門学校　44
校内規程　52
校内研修　27, 29
公民権運動　204
校務　49
校務分掌　49
　――図　48
公立校　3
国立校　3
コーチング・パフォーマンス評価　104
コミュニケーション・スキル　127
コンピテンシー　204
コンピテンス　174

サ行

財政的条件　46
自我関与型　26
時間的展望　178
自己開示　40-41
自己概念　175
自己を見つめる　124
資質能力　63
資質能力の向上策　67
支持的風土　38-42

自尊感情 181
実業学校 15
実業補習学校 15
実行 45, 54
実施 54
実践知 22
師弟同行 62
児童会・生徒会活動 147
指導改善研修 69
指導が不適切な教員 71
指導教諭 49, 50
指導主事 118
指導力不足教員 70
縛る学習規律 26
師範学校 11, 12
師範学校規程 13
師範学校令 11
師範教育令 12
師範教育令改正 14
事務職員 49
社会科授業力スタンダード 165
社会形成 160
社会構成主義的な授業 25
社会参加 161
社会的比較 179
社会認識論 163
自由学期制 100
自由研究 114
集団凝集性 40-41
十年経験者研修 68
主幹教諭 49, 50
授業研究 155
授業構想力 156
授業自己評価力 158
授業デザイン 158
授業展開力 156
授業読解力 28
授業評価力 156
授業や勉強への満足度 190
授業力 157
受動的な学習 173
守秘義務 80

准教授 49
生涯スポーツ 218
小学校 44
小学校教員免許規則 12
条件系列 46
情報活用能力 183
将来設計能力 183
助教 49
助教諭 49
職員会議 51, 52
職務上の義務 78
職務専念義務違反 80
職務に関する命令 79
職務に専念する義務 79
女子高等師範学校 14
初任者研修 67
私立校 3
人格的な特質 63
人格の完成 54
診断的評価力 158
人的条件 46
信用失墜行為 80
進路指導主事 51
スクール・ダイレクト 92
スクールカウンセラー 51
スクールソーシャルワーカー 51
スケープゴート型いじめ 34-36
スポーツ基本計画 224
スポーツクラブ 218
スポーツ少年団 218
スポーツ振興基本計画 224
生活科 116
政治的行為の制限 80
生徒指導主事 51
生徒指導提要 140
生徒指導部会 52
説明 160
全校研修会 52
全国学力・学習状況調査 208
戦後の学制 8
戦後の教員養成制度 8
専修免許状 4, 10

戦前の教員養成制度　*10*
戦前の中等教育　*8*
専門学校　*49*
総括的評価力　*158*
争議行為等の禁止　*81*
相互依存的な自己観　*176*
総合型地域スポーツクラブ　*218*
総合学科　*187*
総合単元的道徳　*136*
総合単元的な発想　*126*
総合的な学習の時間　*117*
相互独立的な自己観　*176*
組織系列　*46*
組織としての学校　*45*
組織の論理　*46*
組織マネジメント　*46, 48, 56*

タ行
大学　*44*
大学における教員養成　*8*
大学の教育理念　*54*
体験活動　*127*
確かな学力　*203*
多重知能理論　*175*
単位制高校　*187*
地域教育計画　*48*
地域性　*213*
知識基盤社会　*66*
知識伝達型の授業　*25, 61*
知・徳・体　*54, 115*
地方教育行政の組織及び運営に関する法律　*75, 110*
地方公務員法　*75, 77*
チームティーチング　*95*
中央教育審議会答申
　——（2002年2月）　*65*
　——（2005年10月）　*65*
　——（2006年7月）　*66*
　——（2015年）　*66*
中学校　*44*
中等教育学校　*44*
懲戒　*83*

懲戒処分　*83*
　——の状況　*84*
　——の手続き　*84*
地理認識　*164*
展開力　*28*
点検評価　*45, 54*
答申　*63*
同等制の根幹　*131*
道徳教育との関連　*141*
道徳教育の意義と重要性　*122*
道徳教育の要　*126*
道徳教育の具体的取り組み　*124*
道徳教育の指導内容　*132*
道徳教育の本質　*133*
道徳教育の目標　*130*
道徳性の低下　*129*
道徳的価値　*123, 135*
　——意識　*129*
道徳的実践　*132*
道徳的実践意欲と態度　*131*
道徳的心情　*131*
道徳的判断力　*131*
道徳の時間　*115*
道徳ノート　*134*
特別活動の意義　*137*
特別支援学校　*44*
「特別の教科　道徳」　*118, 125*
　——の指導方法　*134*
　——の授業　*132*
　——の設置　*128*
　——の評価　*133*
　——の目標　*131*
特別免許状　*4, 10*
努力帰属　*180*

ナ行
内規　*52*
内部規範　*47*
内部評価　*57*
内容系列　*46*
為すことによって学ぶ　*151*
二種免許状　*4*

日本国憲法　45, 56
日本体育協会　220
人間関係形成能力　183
任命権者　75
任免　75
任用　75
年間指導計画　126
能動的な学習　173
望ましい集団活動　138

ハ行
発達段階を考慮した指導方法　134
パートナースクール　91
バーンアウト現象（燃え尽き症候群）　63
評価力　28
副園長　49
副校長　49, 50
服務の宣誓　79
普通免許状　4
文化的行事　145
分限　83
分限処分　85
　　──の状況　86
法定研修　67
ポートフォリオ評価　134
保健主事　51
ボローニャ・プロセス　89

マ行
学び合い　21
学び続ける教員　27, 29
身代わりの山羊　36
身分上の義務　78
免許更新講習会　72
免許状の種類　4
模擬授業　61
目標系列　46
モビリティ　90
問題解決　160
問題解決力の育成　135

ヤ行
有能観の自己評価　178
ゆとり　116
養護助教諭　49
幼稚園　44

ラ行
ライフロング・ラーニング　90
理解　158
リーダーシップ　219
リテラシー　204
臨時免許状　4
歴史認識　164
六年制の中等教育学校　188

執筆者紹介（執筆順，執筆担当）

南本　長穂（みなみもと・おさお，編者，元・関西学院大学）第1，5，6，9（編），13章
高旗　浩志（たかはた・ひろし，岡山大学教師教育開発センター）第2章
太田　佳光（おおた・よしみつ，愛媛大学教育学部）第3章
前原　健三（まえはら・けんぞう，武庫川女子大学文学部）第4章
醍醐　身奈（だいご・みな，武蔵野音楽大学音楽学部）第7，8章
遠藤　敏朗（えんどう・としろう，松山市立雄郡小学校校長）第10章
加藤　寿朗（かとう・としあき，島根大学大学院教育学研究科）第11章
前田　健一（まえだ・けんいち，岡山商科大学経済学部）第12章
須田　康之（すだ・やすゆき，兵庫教育大学大学院学校教育研究科）第14章
堺　　賢治（さかい・けんじ，愛媛大学名誉教授）第15章

新しい教職概論
──教師と子どもの社会──

2016年4月25日　初版第1刷発行	〈検印省略〉
2017年9月20日　初版第3刷発行	

定価はカバーに表示しています

編著者　　南　本　長　穂
発行者　　杉　田　啓　三
印刷者　　江　戸　孝　典

発行所　株式会社　ミネルヴァ書房
607-8494 京都市山科区日ノ岡堤谷町1
電話代表 (075)581-5191
振替口座 01020-0-8076

© 南本長穂ほか，2016　　共同印刷工業・清水製本

ISBN978-4-623-07032-9
Printed in Japan

▌教職をめざす人のための **教育用語・法規**
―――――――― 広岡義之編　四六判 312頁　本体2000円

●194の人名と，最新の教育時事用語もふくめた合計863の項目をコンパクトにわかりやすく解説。教員採用試験に頻出の法令など，役立つ資料も掲載した。

▌**これからの学校教育と教師**――「失敗」から学ぶ教師論入門
―――――――― 佐々木司・三山　緑編著　A5判 190頁　本体2200円

●教職「教育原理」「教職の意義等にかんする科目」向けの入門書。各章末で，現在教壇に立つ現場教員の「失敗・挫折」を扱ったエピソードを紹介，本文と合わせて，そこから「何を学ぶのか」，わかりやすく解説する。

▌**教育の歴史と思想**
―――――――― 石村華代・軽部勝一郎編著　A5判 240頁　本体2500円

●西洋／日本の代表的な教育思想家，実践家の思想と実践を，その時代背景（社会，教育制度の変遷）とともに紹介する。各都道府県の教員採用試験「教育史分野」で頻出する人物を網羅，採用試験対策時の参考図書としても有用。

▌**教育実践研究の方法**――SPSSとAmosを用いた統計分析入門
―――――――― 篠原正典著　B5判 220頁　本体2400円

●分析したい内容項目と分析手法のマッチングについて，知りたい内容や結果から，それを導き出すための分統計分析方法がわかるように構成した。統計に関する基礎知識がない人，SPSSやAmosを使ったことがない人でも理解できるよう，その考え方と手順を平易に解説した。

▌**事例で学ぶ学校の安全と事故防止**
―――――――― 添田久美子・石井拓児編著　B5判 156頁　本体2400円

●「事故は起こるもの」と考えるべき。授業中，登下校時，部活の最中，給食で…，児童・生徒が巻き込まれる事故が起こったとき，あなたは――。学校の内外での多様な事故について，何をどのように考えるのか，防止のためのポイントは何か，指導者が配慮すべき点は何か，を具体的にわかりやすく，裁判例も用いながら解説する。学校関係者必携の一冊。

――――― ミネルヴァ書房 ―――――

http://www.minervashobo.co.jp/